新常态下的财税与公共政策研究

——天津财经大学财政学科与公共管理学科
2015年学术年会论文集

主 编 张进昌 杨书文 张 平

南开大学出版社

天 津

图书在版编目(CIP)数据

新常态下的财税与公共政策研究：天津财经大学财政学科与公共管理学科2015年学术年会论文集 / 张进昌，杨书文，张平主编. —天津：南开大学出版社，2017.6
ISBN 978-7-310-05380-3

Ⅰ. ①新… Ⅱ. ①张… ②杨… ③张… Ⅲ. ①财税—文集 Ⅳ. ①F810—53

中国版本图书馆 CIP 数据核字(2017)第 113074 号

南开大学出版社出版发行
出版人:刘立松
地址:天津市南开区卫津路 94 号 邮政编码:300071
营销部电话:(022)23508339 23500755
营销部传真:(022)23508542 邮购部电话:(022)60266518
*
唐山新苑印务有限公司印刷
全国各地新华书店经销
*
2017 年 6 月第 1 版 2017 年 6 月第 1 次印刷
260×185 毫米 16 开本 19.25 印张 363 千字
定价:60.00 元

如遇图书印装质量问题,请与本社营销部联系调换,电话:(022)23507125

前　言

　　每年 12 月初，我们都会迎来一个学术盛会，那就是自 2010 年起连续举办的天津财经大学财政与公共管理学科学术年会，至 2015 年已是第六届。每届年会选取的议题都紧扣当年财政学界的热点问题，2015 年年会的主要议题是"新常态下的财税与公共政策选择"。

　　我国经济发展新常态，可以理解为与过去 30 多年粗放式高速增长期不同的新经济发展阶段。2014 年年底召开的中央经济工作会议将其准确地阐述为"正从高速增长转向中高速增长，经济发展方式正从规模速度型粗放增长转向质量效率型集约增长，经济结构正从增量扩能为主转向调整存量、做优增量并存的深度调整，经济发展动力正从传统增长点转向新的增长点"。

　　党的十八届三中全会通过的《中共中央关于全面深化改革若干重大问题的决定》指出："财政是国家治理的基础和重要支柱，科学的财税体制是优化资源配置、维护市场统一、促进社会公平、实现国家长治久安的制度保障。"我国应充分运用财税政策工具，加快推进创新驱动发展，培育经济新增长点，增强稳定增长能力，尽快进入和适应经济发展新常态。

　　2015 年 12 月 5 日，由天津财经大学财政与公共管理系、公共管理硕士教育中心、公共经济与公共管理研究中心联合举办的财政与公共管理 2015 年年会暨"新常态下的财税与公共政策选择学术论坛"召开。来自南开大学、天津大学、天津市经济发展研究院、天津市财政科学研究所、天津市行政管理学会、天津师范大学、天津商业大学、天津外国语大学、天津职业技术师范大学等单位的领导和专家学者出席本次论坛。学者们就新常态下的财税与公共政策选择问题作了报告发言，并进行了深入和富有创见的研讨。

　　会议共收到论文 55 篇，现从中选取 32 篇结集出版，与财政与公共管理学界同仁及各界朋友分享研究成果。入选论文重点围绕新常态下的公共文化政策、人口与家庭友好型政策选择、税制改革新思维、地方政府"权责悖论"、税收筹划经典案例的启示、新常态下的财政政策等问题展开探讨，希望能为推进新常态下的财税与公共政策选择问题的研究贡献力量。

　　由于篇幅所限，还有一些优秀论文未能编入本书，我们在此深表歉意。本书的出版凝结了天津财经大学财政与公共管理学科诸位老师的辛苦付出，特别是齐文老师在文稿编辑整理过程中做了大量细致、繁杂的工作。南开大学出版社编辑专业与高效的工作保证了本书的顺利出版，在这里一并表示感谢！

　　由于编者水平所限，不妥之处在所难免，恳请广大读者批评指正。

编者
2017 年 3 月

目 录

第三编　教学改革研究

第一编

财税改革研究

现代预算制度视野中的财政预备费管理
——国际比较及其启示[*]

马蔡琛　隋宇彤

摘　要： 财政预备费管理是当前全面深化财税改革的重要内容，也是建设现代预算管理制度的核心议题之一。针对财政预备费的类型设置、规模确定、使用规定等方面，各国进行了长期的探索与改革，并取得了一些颇具共识性的经验。就中国财政应急性资金的管理改革而言，可以从合理设置预备费比例、优化管理方法等方面来加以改进。

关键词： 现代预算制度；财政预备费；应急财政；预算法

1 财政预备费管理的由来、现状与挑战

财政预备费（也称财政总预备费）作为应急财政管理的重要内容，在各国预算管理中均具有重要的地位。就其内涵而言，财政预备费是指在预算筹编过程中，针对临时性或紧急性的资金支出需求而设置的、不预先确定具体用途的后备性基金，这是现代预算审慎管理原则的重要体现。

早在近代财政预算理念在中国传播之初，就有学者指出，预备费是为预算平衡的必要而设——于国家财政不敷开支时，经严密审查，认为必要者，得以预算中预备费酌量拨给[1]。在中国近代预算制度的草创时期，《预算法》的修改就主要集中在"新增费用"和"临时费用"两项，并规定政府因特别事业，或为备预算不足或预算所未及，得于预算案内设预备费①。

在现代预算实践的演化过程中，通常认为，预备费提供了一种为未来可能的

---

* 国家社科基金重大项目"我国预算绩效指标框架与指标库建设研究"（12&ZD198），国家社科基金一般项目"我国预算制度的演化与改进研究"（12BJY134），南开大学亚洲研究中心 2014 年度资助项目"国家治理视野中的跨年度预算平衡机制"。本文受南开大学百名青年学科带头人培养计划和天津市高等学校创新团队培养计划资助。

资金用途而提前做好准备的合理机制，同时也可以促进经济波动时期的财政稳定
[2]。在现实的中国，财政预备费管理的理论研究与改革实践，均显得相对较为滞后。
根据中国知网（CNKI）的文献检索分析，近三十年来，专门针对财政预备费问题
的研究文献仅有 10 余篇，即使检索范围扩大为"财政应急管理"也不过 30 篇左
右。其相关研究局限于提高预备费总量等总体性建议，鲜有较具可操作性的具体
改革思路。

在各国预算管理实践中，当遭遇各类突发事件之时，均需要坚固殷实的财力保
障，以使政府能够有效应对。而财政预备费作为应急财政资金的主体，在应对突发
事件中具有举足轻重的作用。近年来，随着各类突发事件的频繁发生，应急财政支
出的规模不断增长。2008 年的南方冰雪灾害，仅中央财政就支出了 27 亿元[3]；汶
川地震后，中央财政通过动支中央预备费和调整支出科目等途径，统筹安排抢险救
灾资金 250.92 亿元[4]，后续的各级财政支出更是高达 809.36 亿元。2013 年，我国
多地出现"人感染 H7N9 禽流感"病例，中央财政专门拨付了逾 3 亿元的补助资金，
各地方财政亦加紧下拨专项资金[5]。

财政预备费管理也引起了众多国际组织的高度关注。OECD、世界银行与泛美
开发银行在世纪之交前后，展开了针对各国预算实践及预备费管理的调查与评估。
将预备费能否满足不可预知的预算支出、法律法规是否明确规定了其具体用途，以
及准许动支预备费的决策机制等方面，作为衡量各国预算改革成效的重要依据之
一[6]。研究显示，在设置财政预备费的国家中，其使用偏重于突发事件，但也有少
数国家将其用于平衡预算或提升政策激励效果。就预备费的规模设定而言，大多不
超过当年预算总额的 1%。

在现时的中国，预算法对于财政预备费问题仅有原则性界定，而未就其计提、
动支、结转等方面做出具体规定。例如，1994 年颁布的《预算法》第三十二条规定，
各级政府预算应当按照本级政府预算支出额的百分之一至百分之三设置预备费，用
于当年预算执行中的自然灾害救灾开支及其他难以预见的特殊开支。而在 2014 年 8
月修改通过的新《预算法》中，第四十条规定：各级一般公共预算应当按照本级一
般公共预算支出额的百分之一至百分之三设置预备费，用于当年预算执行中的自然
灾害等突发事件处理增加的支出及其他难以预见的开支。

部分国家的财政预备费计提情况参见表 1 所示。

表 1　部分国家的财政预备费计提情况

用途	各国预备费占预算总额比例（%）								
用于突发事件	奥地利	哥斯达黎加	捷克	芬兰	英国	希腊	匈牙利	意大利	日本
	0.6	0.005	0.3	0.01	1	0.1	0.5	0.25	0.4
	丹麦	新西兰	葡萄牙	斯洛文尼亚	韩国	西班牙	土耳其	委内瑞拉	
	0.05	0.25	1	0.22	1	0.19	0.5	1	
用于平衡预算	冰岛				土耳其				
	0.5				0.2				
用于新政策激励	土耳其								
	0.3								
用于其他用途	匈牙利、秘鲁、斯洛伐克、斯洛文尼亚、西班牙								

资料来源：OECD Working Party of Senior Budget Officials. International Budget Practices and Procedures Database. http://webnet.oecd.org/budgeting/Budgeting.aspx，2007.

　　对比新旧预算法中有关财政预备费的规定，其变化主要体现在两个方面：一是收窄了提取预备费的口径，由"本级政府预算支出"改为"本级一般公共预算支出"。也就是说，预备费的提取基础不包括政府性基金预算、国有资本经营预算、社会保险基金预算等部分。这实际上在预备费的计提基数中，剔除了具有特定安排的预算项目，从而变相缩小了预备费的提取口径。二是预备费的动支方向由"自然灾害救灾开支"改为"自然灾害等突发事件处理增加的支出"，扩大了预备费的用途。事实上，在中国市场化进程中的预备费管理实践中，诸如"非典""禽流感"等突发性事件，也调用了中央和地方的预备费。这一修改实际上矫正了既往法条规定的不严谨，也更加符合实际情况。

　　综上所述，目前我国的预算管理制度中，并未专门设置应急性预算资金管理的相应条款，作为应急财政集中体现的预备费管理制度则过于粗放。在当前建设现代财政预算制度的时代背景下，急需借鉴国际经验，实现财政预备费管理的规范化运作，建立起高效有序的应急财政管理机制。

2　财政预备费管理的国际经验借鉴

　　各国因社会制度、经济状况、文化传统等背景差异，对预备费管理的规定也各具特色。本文对财政预备费管理的国际比较，将从预备费的设置类型、数额确定及动支规定等方面加以展开。

2.1　财政预备费的设置类型

在预算管理实践中，各国预备费的设置并不仅限于应急财政问题。很多国家设有专门的自然灾害基金，而预备费则因多种目的而设立，并非单纯针对自然灾害的救济问题。在现时的中国，一旦发生重大自然灾害，往往不得不动支各级财政预备费或预算稳定调节基金，这本身就是财政管理尚不够成熟的表现②。

在预算管理制度相对成熟的美国，预备费包括资本公积金、维修准备基金、应急和税收稳定储备基金等多种类型[7]。美国多个州均通过专门法律来规定预备费的设立与使用[8]，就联邦预算而言，只有在面临重大灾害且经总统授权后，方可动支联邦预备费，用来向灾区提供财政支持[9]，其筹集方式也并非以预算拨款作为唯一途径，还可通过专门目的税来加以筹措。例如，美国加州的阿拉米达市（Alameda），在早年间就曾通过征收 1%的房产税，来积累储备资金[10]。

从财政预备费的设置目的来看，可以分为应急预备费、预算平衡预备费、公共设施建设预备费等主要类型。

其中，应急预备费（Contingency Reserve Fund）是最为常见的，主要针对紧急情况而设置，我国预算法规定的预备费用途亦属此列。其早期的实践，可以追溯至20 世纪 30 年代"大萧条"期间的反危机政策组合。当时，美国调整了其原有的单一预算体系，将灾后恢复重建作为一种新的紧急情况分类，从总预算中区分开来。与以往不同的是，这种新的应急预算模式不必遵循此前繁琐的信用评估程序，也不必再经常另设临时预算[11]。此外，日本、新加坡、印度及我国台湾地区的预备费也属此种类型，主要用于自然灾害、公共卫生突发事件处理以及各种难以预见的开支。

预算平衡预备费（Budget-stabilization Reserve Fund）主要用于弥补预算缺口，满足因经济衰退等原因而难以维系的公共支出需求。最典型的案例是，在 2002 年经济增长强劲的背景下，美国为预防经济衰退和其他不可预知事件，在其《个人责任与就业机会协调法》（PRWORA）中规定，政府可以设置预备费，其实际作用相当于不景气基金（Rainy Day Funds），并可结转至后续财年[12]。就平衡预算的功能而言，此类预备费与我国的预算稳定调节基金具有一定的相似性。预算稳定调节基金就是依"超收"或"超支"的不同情形，发挥稳定预算的蓄水池作用。

从与经济景气循环的相关度来看，加拿大和法国的预备费也可归入此类。法国工业危机委员会（Commission on Industrial Crises）于 1909 年设立的特殊预备费，就是在经济衰退年份用于增加开支[13]。其作用机理在于，财政收入总量在衰退年份会下降，而财政自动稳定器功能会导致失业救济、社保等支出增加，收支矛盾更显突出，须预留更多的预备费。此外，加拿大政府自 1999 年起，为增加信息的可信性，以私人部门的经济预测，代替了原有的政府部门预测[14]。财政部通过在私人部门经济预测的基础上，再上调 0.5～1 个百分点的方式，来规划政府的财政目标。作为制度转换的缓冲，加拿大政府相应建立了每年达 25～30 亿加元的意外开支预备费，并规定只能作为预测错误和意外事件的补偿，而不能转用于任何新的政策激励[15]。

公共设施建设预备费（Public Works Reserve Fund）则主要针对公共服务、基础设施的建设维修而设立。如美国威斯康星州的密尔沃基市（Milwaukee）曾拥有一项针对紧急事项的应急资金，1921 年后则改为公共设施建设资金[16]。在德国，1920 年之前的很长时间内，均设置预备费以支持包括高校建设、道路拓宽、公共浴场等在内的公共设施建设[17]。该预备费可以在经济衰退时期使用，但在物价低廉、劳动力资源充裕时，则应转而进行资金积累[18]。

2.2　财政预备费规模的确定方法

各个国家（或地区）为实现预备费的规范化管理，以及央地间支出比例的协调，对预备费规模的确定方法也各具特色。

我国台湾地区采用的"捆绑式"预算管理激励机制，就是一种颇具启示性的管理方式。在该模式下，通常将下级政府实际获批的灾害援助资金数额，与其预算申报的真实程度联系起来，利用可调增或调减的奖罚措施，来督促地方政府据实申报[19]。例如，下级政府提供的恢复重建经费，经审查小组审核后，如核定数占申报数的比率达到 80%以上，可以调增灾害救助经费的拨款上线（由 5%提高至 7%）[20]。这一举措有助于激励下级政府如实申请灾害财政援助，避免援助资金的低效浪费。

又如，为提高地方政府应急预算的真实程度，新加坡国会每年对各地方主管部门的预算进行质询和审批，并对上一年度的预算外透支，予以审计和追加。当出现资金不足的情况时，国会将召开紧急会议，以国家储备金中的计划外资金，给予紧急追加[21]。

印度各邦按照其财政委员会的建议，建立了灾难救济基金（Calamity Relief Fund）[22]，由全国委员会规定一般救助标准，中央政府出资 75%，邦政府出资 25%。财政委员会在综合研判此前十年的灾难救助和恢复费用资金规模的基础上，确定当期总规模[23]，而各邦的具体标准则由一个邦级委员会提出建议[24]。

在澳大利亚，对于突发事件采用"自然灾害救济和恢复安排"（NDRRA）来加以应对[25]。对于灾后重建支出，实行两条预算控制线的管理方式。③ 如果在一个预算年度内，州（或领地）用于救灾与重建的支出，没有超过第一预算控制线，联邦政府将承担救灾与重建支出的 50%；如果超过第一预算控制线但在第二控制线之内，联邦政府除承担救灾与重建支出的 50%外，还承担修复基础设施和向个人提供贷款补贴等支出的 50%；如果超过了第二预算控制线，则由联邦政府承担上述几类支出超出第二预算控制线部分的 75%[26]。该原则保证了在一般性灾害条件下，地方政府自行承担部分责任，不至过分依赖联邦政府；而在受灾严重且资金需求巨大时，联邦政府则相应给予更高比例的援助。

2.3　财政预备费的使用及监管

对于针对自然灾害等突发事件的预备费，世界各国（或地区）多有专门法律规范其设置比例、央地分担和监管等。

在预备费的设置比例方面，美国 20 世纪 70 年代通过的《斯坦福法案》（即《联邦灾难救济和突发事件救助法案》）规定：联邦政府对州政府的援助不应少于 575000 美元或当年财政支出的 1%（以更低者为标准），但不超过 15%。美国各州和地方政府依据相关法案设立灾害预备金。针对应急性需求的财政投入，1991 年占 GDP 的 9.0%（历史最高），1999～2002 年间占 GDP 的 6.3%（历史最低），13 年来平均占 GDP 的 7.3%[27]。

我国台湾地区则采用了双重预备金的特殊方式，即第一预备金和第二预备金，大陆地区的财政预备费大体相当于台湾地区的第二预备金[28]。依台湾地区"预算法"规定，第二预备金数额的确定，需视财政情况而定，"立法院"审议删除或删减之预算项目及金额，不得动支预备金；但法定经费或经"立法院"同意者，不受此限。各机关动支预备金，其每笔数额超过五千万元者，应先送"立法院"备查，但因紧急灾害动支者，不在此限。

关于预备费的央地分担问题，各国之规定也颇具特色。日本的中央政府、地方政府均设置预备费，但在资金使用方向上，前者侧重于国土安全和灾害预防，后者则主要用于应急响应和灾民救助，二者事权范围清楚[29]。其中，国土开发费、保全费以及自然灾害恢复重建费用支出，中央负担 27%，地方负担 73%[30]。

与之相似，为了确保财政资金的应急功能、合理分配央地间的支出责任，加拿大政府设立了灾害融资补助专项资金（DFAA，Disaster Financial Assistance Arrangements）④。自 1970 年该资金设立以来，加拿大政府已投入逾 34 亿美元，用于诸如 2003 年英属哥伦比亚的森林大火及 2005 年阿尔伯塔洪水等灾后支持与复建[31]。

在预备费的监管方面，各国往往设置特定部门来具体负责。例如，美国《斯坦福法案》规定，防灾减灾基金实行基金式管理，其支用须经过财政部审核和总统批准。2007 年，该法案由国会再次修订[32]，联邦政府据此设立了专门的赈灾基金，并由应急事务管理机构——联邦紧急事务管理署（FEMA）负责管理[33]。

而我国台湾地区实行的四层次资金准备机制则更具特色。以"中央"政府为例，用于应急和灾后重建的财政资金计有四类："中央"政府包括灾害准备金（不低于当年总预算支出的1%）、第二预备金、调整预算、特别预算，并规定了依次调用的顺序[34]，在动支过程中需经过主计机关、审计机关、财政主管机关、行政、立法等多部门备案、编制、审查、核定[35]。

日本国会各院的预备金分别由各议长管理，支出时受到议院运营委员会批准，并且该委员会主任应定期追踪报告承诺。日本《灾害救助法》规定，各都道府县都有预存基金的义务，其金额一般为过去三年间其普通税收平均值的千分之五（最低限额为500万日元）。

3　中国财政预备费管理改革的启示与借鉴

3.1　扩大财政预备费的计提规模

尽管近年来我国财政预备费的绝对数量不断增长，但因社会经济转型过程中的突发事件相对频繁，财政预算对于应急事项的投入仍不敷所需。如表2所示，2008年之前，我国中央本级预备费的实际计提比例，一直受制于3%的上限。新近的《预算法》修正并未对1%～3%的预备费设置比例加以调整。其实，从各国预算管理实践来看，1%的提取下限也并不很低，但在实践中预备费提取不足的情况，却时有发生。其实，我国可以借鉴发达国家的经验，对预备费提取不设上限[36]，从而预留更大的应急资金弹性提取空间。

表 2　中央本级预算、预备费及其占比　　　　单位：亿元，%

年份	中央本级预算支出	中央本级计提预备费	占比	法定区间*
2008	13205	350	2.65	132.05～396.16
2009	14976	400	2.67	149.76～449.28
2010	16049	400	2.49	160.49～481.47
2011	17050	500	2.93	170.50～511.50
2012	18519	500	2.70	185.19～555.57
2013	20203	500	2.47	202.03～606.09

* 注：预备费法定提取区间系指，依据中央本级预算支出的1%~3%计算而来。

资料来源：财政部预算司官网，http://yss.mof.gov.cn.

3.2　优化央地政府间的预备费管理方式

回应公共需求、承担公共责任、追求公共利益作为现代政府治理的核心价值[37]，在不同层级政府之间还是存在一定差异的。因此，在预备费管理问题上，还要处理好不同层级政府间的权责分布问题。

长期以来，我国地方政府（特别是中西部地区）对上级财政转移支付的依赖程度较高，在某些情况下未能依法足额提取预备费，甚至存在未提取或随意挪用预备费的现象。这造成了一旦发生突发性事件，当地政府往往陷入无钱可用的窘境，而中央政府出于社会影响的考虑，不得不承担起主要责任[38]，这又进一步诱发地方政府不足额计提预备费的道德风险。据不完全统计，地方财政预备费的计提和使用情况，其公开资料大多语焉不详。根据政府预算报告的信息检索显示，2005 年汇报预备费计提情况的省份，竟然接近空白。即使考虑到有些省份可能提取了预备费但未公开等因素，其总体规模较之依法测算的应计提规模（640 亿元）而言⑤，也难免存在为数不少的偏差。

为了避免地方政府对中央援助的过度依赖，可以借鉴前述澳大利亚有关"两条预算线"的规定[39]，进一步合理划分我国央地政府间的应急财政管理责任。可以按照所需资金的多寡，确定责任归属份额，避免地方对中央援助的过分依赖。具体方法也可参考我国台湾地区的经验，将地方政府申报应急事项资金需求的真实程度，与中央政府的财政援助比例相挂钩，以促使其据实申请资金，切实防范地方政府的道德风险。

3.3　提升财政预备费的资金使用绩效

从国际上看，各国（或地区）大多设置有类似于印度财政委员会和我国台湾地区专门审议小组的应急支出绩效评价机构。评价机构通常从预防、过程和恢复三个方面进行绩效考核，并根据效益评价的高低，决定是否加大投入，抑或给予削减（甚至叫停）。例如，我国台湾地区的绩效评价，就从业务、经费和人力三方面来测度，强调以结果为导向，将绩效目标及衡量指针纳入年度及中期施政计划[40]。又如，在澳大利亚，地方政府为获得联邦政府的援助，除需严格界定救灾项目外，还要制定减灾战略并定期提交评估报告，并公布详尽的开支预算。

就设置目的而言，各级财政的预备费与预算稳定调节基金是不同的。财政预备费采用的是流量式管理方法，而预算稳定调节基金则采用滚动基金式的管理方法。也就是说，预备费与当年财政预算绑定，只限当年使用、不滚动累计，当年未用完的余额，通常不能结转至下一年（即年度余额为零）。其优点在于，可以根据每年的具体情况，灵活设置预备费规模。然而，流量式管理方法导致年度之间的不连贯，制约了预备费的调度与平衡功能，管理缺乏长期性，可能导致突发性事件出现时财政资金供应不足。

在预备费管理的各国实践中，不乏采用基金式管理的成功案例。例如，美国《斯坦福法案》规定，国家防灾减灾资金实行基金式管理。相似地，日本、加拿大、澳大利亚等发达国家均有基金形式的应急财政管理模式。基金式管理有助于预备费的滚存积累，从而避免过于频繁的临时性预算调整以及正常开支的强制性缩减。因此，在我国财政预备费管理改革中，可以考虑引入公开透明的基金式预备费管理方式，并推进其国库专户管理，将年末尚未支用的预备费转入基金专户，并谋划保值增值的切实举措。

注　释

[1] 中华民国宪法草案（天坛宪草，1913 年拟定）第九十九条规定，政府因特别事业，得于预算案内预定年限，设预备费。第一〇〇条规定，政府为备预算不足或预算所未及，得于预算案内设预备费。预备费之支出，须于次会期请求众议院追认。

[2] 其实，财政上的预备费和军事上的预备队颇有相同之处，均系针对不可预知及极端情况而预设的应对手段。再精密的预算和计划，也不可能就未来发展的所有方面都算无遗策，因此如何使用预备队（预备费）正是军事家（财政管理专家）必备的本领。电影《辽沈战役》里有一段经典的片段：在解放锦州的关键时刻，战况最吃紧的塔山阻援方向传来不利战报：塔山部分阵地被攻陷。紧张之时，参谋长刘亚楼建议林彪，动用总预备队 1 纵支援塔山。在刘亚楼电话已接通 1 纵司令员开始下达命令时，林彪却将电话按下并平静地说："总预备队不动！"在该战役中，总预备队最终没有用上，这是好事，说明战役的主动权始终掌控在我方手中。

[3] 以州财政收入的 0.225% 为第一预算控制线，以第一预算控制线乘以 1.75 为第二预算控制线。各州的预算控制线由澳大利亚联邦统计局以书面形式，通知各州或领地。

[4] 该资金设立于 1970 年，地方政府用于灾难应急和重建的资金，超过自身财政能力时，可以获得。

[5] 根据预算法的规定测算，2004 年地方预备费的提取值为 520 亿元，2005～2011 年均为 640 亿元，2012 应为 950 亿元。

参考文献

（1）毛起. 经济宪法. 载《东方杂志》1933 年第 30 卷 14 号.

（2）Division of Local Government and School Accountability Office of the New York State Comptroller. Local Government Management Guide：Reserve Funds，www.osc. state.ny.us/localgov/pubs/lgmg/reservefunds.pdf，2010.

（3）冯俏彬. 我国应急财政资金管理的现状与改进对策. 财政研究，2009（6）：12～17.

（4）谢旭人. 充分发挥稳健财政政策作用 促进经济社会又好又快发展. 经济日报，2008-8-16.

（5）中国新闻网. 中国财政拨数亿元防控人感染 H7N9 禽流感. http://www.chinanews.com/gn/2013/ 04-24/4761308.shtml

（6）Filc G，Scartascini C. Budget Institutions and Fiscal Outcomes：Ten Years of Inquiry on Fiscal Matters at the Research Department. Presentation at the Research Department 10th Year Anniversary Conference. Office of Evaluation and Oversight. Inter-American Development Bank, 2004.

（7）Division of Local Government and School Accountability Office of the New York State Comptroller. Local Government Management Guide：Reserve Funds，www.osc.state.ny.us/localgov/pubs/lgmg/reservefunds.pdf，2010.

（8）Community Associations Institute（CAI）. Summary of State Reserve Fund Laws，www.caionline.org，2013-9.

（9）Townsend F F. The federal response to Hurricane Katrina：Lessons learned. Washington，DC：The White House，2006.

（10）Mallery O T. The Long-Range Planning of Public Works. Business cycles and unemployment. NBER，1923：233-263.

（11）Sundelson J W. The Emergency Budget of the Federal Government. The American Economic Review，1934：53-68.

（12）Loprest P，Schmidt S，Witte A D. Welfare Reform Under PRWORA：Aid to Children with Working Families? Tax Policy and the Economy，Volume 14. MIT Press，2000：157-203.

（13）International Association on Unemployment. Bulletin，January to March，1914：263.

（14）Mühleisen M，Danninger S，Hauner D，et al. How do Canadian budget forecasts compare with those of other industrial countries?. IMF Working Papers，2005：1-49.

（15）Blondal J R. Budget reform in OECD member countries：common trends. OECD Journal on Budgeting，2003，2（4）：7-26.

（16）Mallery O T. The Long-Range Planning of Public Works. Business cycles and unemployment. NBER，1923：233-263.

（17）SHILLADY，JOHN R. Planning Public Expenditures，to Compensate for Decreased Private Employment during Business Depressions.（Mayor's Committee on Unemployment，New York City，November，1916）

（18）张德峰. 德国经济协调储备金制度之内容与借鉴. 西南政法大学学报，2006，8（5）：123～129.

（19）秦锐. 财政公共危机管理的财政保障研究. 财政部财政科学研究所，2013.

（20）侯东哲. 台湾财政救灾中的"中央"与地方关系. 新理财（政府理财），2010（10）：036.

（21）2014 Government of Singapore，About The Budget Process，http://www. singaporebudget.gov.sg/ budget_2014/AboutTheBudgetProcess.aspx

（22）嘉定民防办. 印度灾害管理简介. http://www. mfb.jiading.gov.cn/mfzs/fzzs/ 227636.html

（23）秦锐. 财政公共危机管理的财政保障研究. 财政部财政科学研究所，2013.

（24）牟卫民. 印度危机管理机制与政策调整. http://www.china.com.cn/xxsb/txt/ 2006-10/ 10/content_ 7228142.htm

（25）NAustralian Government Disaster Assist. Natural Disaster Relief and Recovery Arrangements, http://www.disasterassist.gov.au/NDRRADetermination/Pages/default.aspx

（26）Austrian Government，Department of Finance，Review of the Insurance Arrangements of State and Territory Governments under the Natural Disaster Relief and Recovery Arrangements Determination 2011，http://www.finance.gov.au/publications/ review-natural-disaster-relief-recovery-arrangements

（27）Sources：1990～2000 actual data，Congressional Budget Office，The Economic and Budget Outlook.

（28）马蔡琛，张洺. 海峡两岸政府预算制度的比较研究. 河北学刊，2014（4）：106～110.

（29）陈玉娟. 我国应急财政资金管理研究. 山东财经大学，2014.

（30）日本财务省，http://www.mof.go.jp/index.htm

（31）Public Safety Canda Disaster Financial Assistance Arrangements（DFAA），http://www.publicsafety.gc.ca/cnt/mrgnc-mngmnt/rcvr-dsstrs/dsstr-fnncl-ssstnc-rrngmnts/index-eng.aspx

（32）FEMA. Robert T，Stafford. Disaster Relief and Emergency Assistance Act，Washington DC，2007.

（33）FEMA，Disaster Relief Fund：Monthly Report，http://www.fema.gov/media-library/assets/documents/ 31789

（34）冯俏彬，侯东哲. 财政救灾的国际比较. 电子科技大学学报（社科版），2011（6）：7.

（35）侯明菁. 台湾政府特别预算研究. 暨南大学硕士研究生毕业论文，2006.

（36）陈玉娟. 我国应急财政资金管理研究. 山东财经大学，2014.

（37）颜佳华，周万春. 整体性治理视角下的政府职能转变研究. 湖南财政经济学院学报，2013（6）：6.

（38）肖超. 完善地方应急预算管理制度之我见. 财会月刊，2010（9）：19.

（39）周松. 澳大利亚应急管理体系概述. 大众商务，2010（2）：25～26.

（40）马蔡琛，张洺. 海峡两岸政府预算制度的比较研究. 河北学刊，2014（4）：106～110.

作者简介

马蔡琛，南开大学经济学院教授、博士生导师、南开大学中国财税发展研究中心主任。研究领域：公共预算与财税管理。邮箱：mqynkjy@163.com

隋宇彤，南开大学经济学院财政学专业本科生。

美国公共图书馆财政经费拨款的现状研究[*]

张进昌　孔雪晓

摘　要： 公共图书馆是国家基本公共文化服务的重要组成部分，充足和持续的经费投入是其建设和发展的基本保障。鉴于公共图书馆对社会的公共服务特性，它的主要经费来源只能是各级政府的财政拨款。相比我国，西方发达国家的公共图书馆在财政经费拨款方面的做法更加成熟，经费保障体制更加完善。文章选取美国就其公共图书馆财政经费的拨款依据、拨款主体、经费来源结构、拨款数目、拨款分配方式、经费标准、经费的申请和批准、经费管理等经费保障的现状加以分析和研究，以期对我国公共图书馆财政经费拨款的实践有所启示和借鉴。

关键词： 美国公共图书馆；财政拨款；经费保障

1　法律保障与拨款依据

公共图书馆财政经费的立法保障对于本国公共图书馆事业的长效发展有着举足轻重的作用。早在美国公共图书馆初创时期，美国政府是不参与图书馆的建设与服务提供的。因为缺乏政府的资金援助和法律法规的硬性规范，美国公共图书馆只能依靠私人捐赠或向使用者收费的形式来维持图书馆特定范围内对特定群体的服务，显然这种资金提供机制是远远不足以支撑公共图书馆的全面免费服务和长效发展的。而通过政府主导与立法，公共图书馆财政经费的来源变得可靠和稳定，经费数量或经费增长能够得到保证，经费拨款方式、经费标准以及经费的管理都能做到有法可依，公共图书馆事业从服务于小范围群体上升到有益于国计民生、有利于增强国家竞争软实力的大事业。可以说，公共图书馆立法是实现公共图书馆经费保障、确保公共图书馆财政经费的来源和有效拨付的最可靠依据，是图书馆事业兴旺发达

---

　* 本论文是作者张进昌教授承担的国家社科基金项目《公共图书馆以财政投入为主体的资金保障体系研究》（项目编号：14BTQ004）的研究成果。

及可持续发展的根本保障。

美国公共图书馆事业发达的重要基础就在于其经费保障制度及体系的完善。美国通过联邦、州和地方政府①多个层面颁布法律、法规和标准等来规定对公共图书馆的拨款事项。美国现行联邦级图书馆专门法是 1996 年颁布实施的《图书馆服务与技术法》（Library Services and Technology Act，简称 LSTA），它与《博物馆服务法》一起共同构成了《博物馆与图书馆服务法》（Museum and Library Services Act），并于 2010 年 12 月 22 日做出最新修订。②修订后的图书馆法对授权拨款、联邦拨款的保留与分配、基本项目经费的联邦分担比例和效果维持要求、州计划、给州的拨款、经费管理等都做了详细规定。《图书馆服务与技术法》的框架结构如表 1 所示。

表 1   2010 年最新修订的《图书馆服务与技术法》的框架结构③

SUBCHAPTER II - LIBRARY SERVICES AND TECHNOLOGY ACT（图书馆服务与技术法）
Sec.9121. Purpose.（目的）
Sec.9122. Definitions.（定义）
Sec.9123. Authorization of appropriations.（授权拨款）
PART 1 - BASIC PROGRAM REQUIREMENTS（基本项目要求）
Sec.9131. Reservations and allotments.（保留与分配）
Sec.9132. Administration.（管理）
Sec.9133. Payments; Federal share; and maintenance of effort requirements.（支付、联邦分担比例、效果维持要求）
Sec.9134. State plans.（州计划）
PART 2 - LIBRARY PROGRAMS（图书馆计划）
Sec.9141. Grants to States.（给州的拨款）
PART 3 - ADMINISTRATIVE PROVISIONS（管理规定）
SUBPART A - STATE REQUIREMENTS（对州的要求）
Sec.9151. State advisory councils.（州咨询委员会）
SUBPART B - FEDERAL REQUIREMENTS（对联邦的要求）
Sec.9161. Services for Native Americans.（针对美国土著居民的服务）
Sec.9162. National leadership grants, contracts, or cooperative agreements.（国家领导力奖金、合同或合作协议）
Sec.9163. State and local initiatives.（州与地方政府职责）
PART 4 – LAURA BUSH 21ST CENTURY LIBRARIANS（劳拉·布什 21 世纪图书馆员）
Sec.9165. Laura Bush 21st Century Librarian Program.（劳拉·布什 21 世纪图书馆员计划）

---

① 美国的政府体系大致分为联邦、州和地方政府三级，州政府是联邦政府的"成员政府"，而地方政府是指郡、市、乡、镇、学区和专区政府等，由州政府管理。

② Institute of Museum and Library Services. Museum and Library Services Act of 2010[EB/OL]. http://www.imls.gov/about/imls_legislative_timeline.aspx

③ Institute of Museum and Library Services, Museum and Library Services Act_2010_asamended[EB/OL]. http://www.imls.gov/about/imls_ legislative_ timeline. aspx

联邦级图书馆法对美国公共图书馆各部分职能起着整体统筹和合作协调的作用，并为全国的公共图书馆提供了大量的物力财力资源，但是由于它不直接接触各地图书馆的日常运作，对各地方图书馆的影响力仍然不如地方层级的图书馆法。

美国各州及地方政府层面，最早制定本州图书馆法始于 1796 年的纽约州，从此开各州制定图书馆法和治理模式的先河，并早于联邦政府图书馆立法好几十年。目前美国各州都有至少一部有关图书馆的立法，有的单独放置在州法下设的"图书馆"一章，有的列示于州法的市政或教育法之下，还有的隶属于州政府或市政府的其他相关法律。[①]各州图书馆法的相关法律中大都明确规定了图书馆的经费来源、财政经费拨款主体、经费比例和经费使用方式，通常都规定由地方政府来设立各地公共图书馆，并授权地方政府征收图书馆税以此直接为地方公共图书馆提供部分发展资金。

在政府事权划分上，图书馆事业属于各州及地方政府的事务，州议会有绝对的权力和责任为图书馆事务的发展制定法律法规和财政预算。在落实法律规定时，美国绝大部分州议会都授权设立州图书馆委员会，让州图书馆委员会制定相关的法规和执行细则。然后，各州大多再授权下面的郡或市级政府的议会成立当地的图书馆委员会，来直接负责各地区的图书馆事务。[②]虽然郡或市级图书馆委员会的权责有限，但对当地图书馆的日常运作有着非常直接的影响。

总之，不论是联邦政府还是各州与地方政府，它们的这一系列立法工作都旨在规范美国政府对各地图书馆的拨款计划和经费保障机制。

2 财政经费拨款的具体现状

2.1 经费来源结构及比例

在美国，建设和发展公共图书馆是联邦、州和地方政府的共同责任与义务，各级政府的财政拨款始终是美国公共图书馆经费的基本来源。其中，来自地方政府和州政府的经费占绝大部分，来自联邦政府的拨款占很小比重，而来自社会及私人的捐赠、基金会等其他资金来源占了相当的比重，这也是美国之于我国的一个特色之处。2000~2012 的 13 年间，美国联邦、州和地方政府对公共图书馆的财政投入情况如表 2 所示。

---

① 李国新，段明莲等.国外公共图书馆法研究[M]. 北京：国家图书馆出版社，2013：30.
② 刘朱胜. 美国公共图书馆法研究[J]. 图书馆，2012(3)：1.

表2　美国2000~2012年公共图书馆经费投入的比例情况表①

年份	联邦政府投入比例	州政府投入比例	地方政府投入比例	其他资金来源比例
2000	0.7%	12.8%	77.1%	9.4%
2001	0.6%	12.7%	77.3%	9.4%
2002	0.5%	11.7%	79.1%	8.7%
2003	0.5%	10.9%	80.0%	8.6%
2004	0.5%	10.0%	81.5%	8.0%
2005	0.5%	9.6%	81.5%	8.4%
2006	0.4%	9.2%	81.7%	8.7%
2007	0.5%	9.0%	81.8%	8.7%
2008	0.4%	8.7%	82.7%	8.2%
2009	0.4%	7.5%	84.2%	7.9%
2010	0.5%	7.1%	84.8%	7.6%
2011	0.5%	7.5%	84.8%	7.2%
2012	0.5%	6.9%	84.4%	8.2%

注：其他资金来源，包括社会和私人捐赠、基金会、罚款、贷款和图书馆自身创收等。

由上表可清晰地看出，美国公共图书馆经费来源中，地方政府投入的经费是最主要的来源，并且除了2012年度外，其余12年内有逐年缓慢增长的趋势。其次是州政府的经费，有逐年少量减少趋势。再次是社会和私人捐赠、罚款、贷款和图书馆自身创收等其他经费来源，有波动递减趋势。占比重最小的是联邦政府的拨款，虽然每年拨款数额巨大，但比例近年来基本维持在0.4%~0.5%的水平。

2.2　联邦政府的拨款数额

2010年最新修订的《图书馆服务与技术法》（LSTA）中，Sec.9123授权拨款部分规定：授权2011财政年度为LSTA中chapters 1,2,3拨款2.32亿美元，2012~2016财政年度的拨款在此基础上酌情考虑。②表3详细列出美国联邦政府2008~2016年

---

① 本表是笔者根据"于良芝，邱冠华，李超平等著. 公共图书馆建设主体研究——全覆盖目标下的选择. 北京：国家图书馆出版社，2011:32"和"Institute of Museum and Library Services. Public Libraries in United States Survey: fiscal year 2011（调查结果产生于2014年6月）Part2. Section 2. Financial Health of Public Libraries. Indicator 6. Revenue per Capita"整理而成。

② Institute of Museum and Library Services, Museum and Library Services Act_2010_asamended[EB/OL]. http://www.imls. gov/about/imls_legislative_ timeline.aspx. 法律原文："There are authorized to be appropriated to carry out chapters 1, 2, and 3, $232,000,000 for fiscal year 2011 and such sums as may be necessary for each of the fiscal years 2012 through 2016."

每个财政年度对 LSTA 的拨款数据。

表3　IMLS 向 LSTA 的拨款历史，2008～2016[①]　　　　单位：千美元

法定权限(Statutory Authority)	FY2008	FY2009	FY2010	FY2011	FY2012	FY2013	FY2014	FY2015	FY2016 Request （预算）
给州的拨款（A）(Grants to States)	160885	171500	172561	160032	156365	150000	154848	154848	154500
美国土著居民/夏威夷人图书馆服务（a）(Native American/Hawaiian Library Services)	3574	3717	4000	3960	3869	3667	3861	3861	4063
国家领导力奖金（b）(National Leadership Grants)	12159	12437	12437	12225	11946	11377	12200	12200	17500
劳拉·布什 21 世纪图书馆员计划（c）(Laura Bush 21st Century Librarian Program)	23345	24525	24525	12818	12524	10000	10000	10000	10500
图书馆服务与技术法拨款合计（B）(Subtotal, LSTA)	199963	212179	213523	189035	184704	175044	180909	180909	186563
A 占 B 的比重（A/B）	80.46%	80.83%	80.82%	84.66%	84.66%	85.69%	85.59%	85.59%	82.81%

注：1. 表头中的 IMLS(Institute of Museum and Library Services)指美国联邦政府的博物馆与图书馆服务署；FY 指财政年度，美国的一个财政年度是从上年的 10 月 1 日到下年的 9 月 30 日。

2. 表中最后一行 A 占 B 的比重是笔者计算得来的。

3. LSTA 有一个"给州的拨款"计划包含在"图书馆计划"中（对应表 1 LSTA 框架结构中 PART 2 的 Sec.9141）；有三个自由分配的图书馆服务计划（Discretionary Programs for Library Services），分别是：Native American/ Hawaiian Library Services（用 a 代表）、National Leadership Grants（用 b 代表）和 Laura Bush 21st Century Librarian Program（用 c 代表），分别对应表 1 LSTA 框架结构中 PART 3 的 Sec.9161、Sec.9162 和 PART 4 的 Sec.9165。

根据已收集到的数据[②]做出如图 1 所示的柱形图和散点图，并加以分析。

① Institute of Museum and Library Services, 2016 Congressional Budget Justification. FY 2016 Appropriations Request[EB/OL]. http://www.imls.gov/about/ budget_and_performance_links.aspx.

② 数据来源于 Institute of Museum and Library Services. 2016 Congressional Budget Justification. FY 2016 Appropriations Request. Table 1: IMLS Appropriations History, 2006–2016[EB/OL]. http://www.imls.gov/about/budget_and_performance_links.aspx.

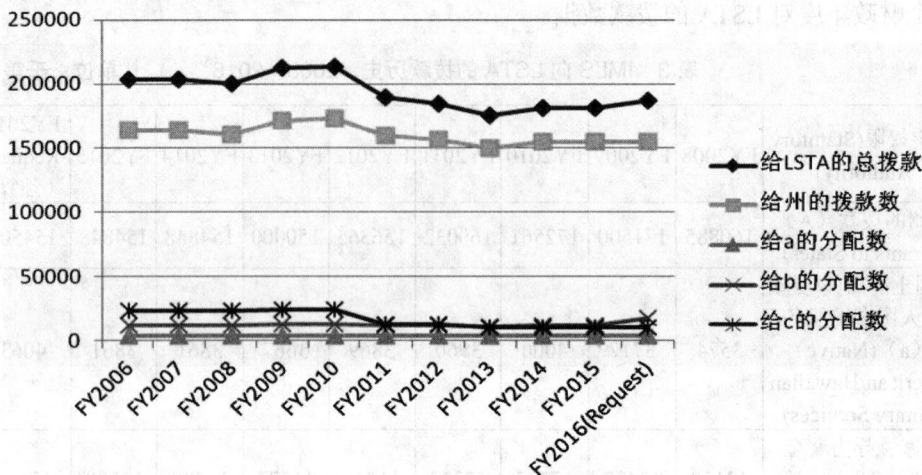

图1　2006～2016财政年度美国联邦政府对公共图书馆拨款数据的散点图

由该柱形图和散点图可直观看出，美国联邦政府十多年来对公共图书馆的拨款数额比较稳定，只存在小幅度的上升或下降，但近四年（2012～2015财年）的拨款数额相比往年是较低的。2006～2008这三年，不论是给州的拨款还是给LSTA的总拨款，拨款数额相差甚微，接着2009、2010两年拨款数额有所增加，而到2011财年，拨款数额出现较大下降，之后特别是近四年维持相对较低的水平。另外还可注意到，给LSTA的总拨款数基本随着给州的拨款数同增同减，这与后者占前者的比重很大有直接关系，正如表3中A占B的比重近四年分别为84.66%、85.69%、85.59%、85.59%，比重相当大。三个自由分配的图书馆服务计划中给a的分配数十年来一直很稳定；给c的分配数2006～2010财年保持较高水平，2011年有较大幅度下降，之后一直保持较低水平；给b的分配数2006～2015年间一直很稳定，但2016年预期会有所增加，原因在于2016年计划增加530万美元的经费来支持国家数字平台（National digital platform），该项目正是由公共图书馆服务中的国家领导力奖金项目（b）来资助的。①

综上分析，我们得知美国联邦政府对公共图书馆的财政支持力度是非常大的，不仅包括给州的拨款这样长期性广泛性的图书馆计划，而且还涵盖了一些受众范围小的特定项目的财政支助，并且每年都会制定和公布对公共图书馆的财政预算，这样就能够强有力地保证财政经费数额的持续和稳定，为美国公共图书馆事业的发展提供了可靠资金保障和坚实后盾。

---

① Institute of Museum and Library Services. 2016 Congressional Budget Justification. Introduction: Creating a Nation of Learners[EB/OL]. http://www.imls.gov/about/budget_and_performance_links.aspx.

2.3　州及地方政府的财政支助

公共图书馆来自州和地方政府的经费，一是州政府的经费援助，二是地方税收。州政府的经费援助，就是州政府为地方公共图书馆提供经费拨款，以补充地方政府对公共图书馆的财政投入。比如，密歇根州州法中规定，援助经费的多少会视每个图书馆系统的运作方式和服务人口而定。到目前为止，美国有过半的州图书馆法对州政府的经费援助有明确规定。[①]

对于地方政府，它可以通过征税直接为地方公共图书馆提供资金支持。因为一个地区的公共图书馆基本服务于该地区的人民，遵循谁受益谁付费的原则，地方税收也就自然来自该地区。地方政府征税主要有两种：一种是地方政府征收的财产特别税（美厘税），美国州图书馆法中对用于支持公共图书馆发展的征税税率一般都有最高限定，比如 0.001 厘的最高征税税率；另一种是地方政府从地方一般税收收入中划拨的一定比例的资金。由于地方政府负责拨付绝大部分所需经费，各地方政府的财政实力和重视程度也就决定了公共图书馆财政经费的多少，所以美国公共图书馆建设和服务提供质量的地区性差异也是客观存在的。

2.4　人均经费

根据收集到的一手资料，得出美国公共图书馆人均经费的情况，如表 4 所示。

表 4　2002～2012 财年美国公共图书馆的人均经费变化情况表[②]（美元价值以 2012 年为基期）

人均经费	2002 财年（美元）	2011 财年（美元）	2012 财年（美元）	1 年的变化率（2011～2012）	10 年的变化率（2002～2012）
来自当地政府的人均经费	30.71	32.86	32.05	-2.5%	+4.4%
来自州政府的人均经费	4.54	2.92	2.60	-10.9%	-42.7%
来自联邦政府的人均经费	0.22	0.19	0.20	+5.3%	-9.1%
其他来源的人均经费	3.36	2.79	3.13	+12.2%	-6.9%
总计	38.83	38.76	37.98	-2.0%	-2.2%

注：后两列的变化百分比是由笔者计算得来的。

从表 4 的数据可知，2002～2012 年间，美国公共图书馆的人均财政经费整体是有所下降的，其中来自州政府的人均经费下降幅度最大，来自联邦政府的和其他来

---

① 李国新，段明莲等. 国外公共图书馆法研究[M]. 北京：国家图书馆出版社，2013：41.

② 数据来源于 Institute of Museum and Library Services. Public Libraries in United States Survey: fiscal year2012. Part2.Section 2. Financial Health of Public Libraries. Indicator 6. http://www.imls.gov/research/public_libraries_in_the_us_fy_2012_report.aspx，December 2014.

源的人均经费有所下降，但幅度不太大，而由当地政府提供的人均经费却是增加的，这个结果也与表2（美国2000～2012年公共图书馆经费投入的比例情况表）所列数据显示的结果是一致的，也即长远来看，地方政府在为公共图书馆提供财政经费保障方面起着重要支撑作用，是整个财政经费支助中的中坚力量。2011～2012财年一年间的变化可能受短期内各地经济发展状况、财政收支状况、各级政府财政投入比例的倾斜调整等因素影响，与十年间的变化情况有所不同，但也有很大的参考价值。

从另外一个角度来看，做出的以公共图书馆支出分类划分的人均可用支出数据如表5所示。

表5 2002～2012财年美国公共图书馆以支出分类划分的人均可用支出数据表
（美元价值以2012年为基期）[①]

财政年度	员工安置支出（美元）	其他支出（美元）	采集支出（美元）	总计（美元）
2002	23.47	7.58	5.24	36.29
2003	23.92	7.36	5.05	36.33
2004	23.96	7.64	4.82	36.42
2005	24.12	7.62	4.83	36.57
2006	24.44	7.85	4.89	37.18
2007	24.91	8.09	4.99	37.99
2008	25.43	8.30	4.97	38.70
2009	25.87	8.33	4.65	38.85
2010	25.19	8.04	4.39	37.62
2011	24.43	7.88	4.17	36.48
2012	23.99	7.45	4.03	35.47

从表5可知，图书馆支出绝大部分是和员工安置相联系的，比如2012财年员工安置支出占所有图书馆支出的67.6%，采集支出占11.4%，其他支出占21%。另一明显的现象是从2010～2012的连续三年，人均总可用支出、员工安置支出、采集支出和其他支出都在下降，其中2012财年，人均可用支出总数是35.47美元，相比上年减少2.8%。另外，人均总可用支出在各地区间有所不同：城市37.03美元，郊区39.39美元，城镇25.32美元，农村27.46美元。而这四个地区的人均总可用支出相比2011年度也都减少了：城市减少了4.3%，郊区减少了4.4%，城镇减少了5.0%，

---

① 数据来源于 Institute of Museum and Library Services. Public Libraries in United States Survey: fiscal year2012. Part2.Section 2. Financial Health of Public Libraries. Indicator 7. http://www.imls.gov/research/public_libraries_in_the_us_fy_2012_report.aspx，December 2014.

农村减少了 0.3%。^①

综合考虑表 4 和表 5，单从人均经费的合计数额来看，能保证每人均摊 35～39 美元的图书馆经费也说明了美国公共图书馆事业发展的高水平现状，但从 2008 年世界金融危机以来，美国公共图书馆事业也受到了一定程度的负面影响，在经费总额和人均经费数额上的下降正是这一影响的直观反映。

2.5　联邦拨款的分配方式

2010 年最新修订的 LSTA 第一部分"基本项目要求"中，Sec.9131 保留与分配部分规定了联邦拨款的分配方式：对于每个财政年度的联邦拨款，首先提留 1.75% 用于 Sec.9161 针对美国土著居民的图书馆服务，提留 3.75%用于 Sec.9162 国家领导力奖金、合同或合作协议，提留在 IMLS 的这些拨款用于在国家层面开展一些全国性项目，然后再向所有符合资格的各州和地区分配一个最低拨款数量（minimum allotment），最后剩余资金再按照人口比例分配给各州。^②

在分配部分的最低拨款数量处规定：每州最低分配数额为 68 万美元，美属维尔京群岛、关岛、萨摩亚群岛、北马里亚纳群岛共和国、马绍尔群岛、密克罗尼西亚联邦以及帕劳共和国最低为 6 万美元。^③同时也规定，如果某一财政年度，Sec.9123 授权拨款的拨款总数目不足以完全满足，那么每州的最低拨款数额应按比例减少。

Sec.9133 支付、联邦分担比例和效果维持要求中的"联邦分担比例"部分规定：各州计划的所需基本项目经费中，联邦政府拨款承担 66%，其他 34%的份额必须由非联邦资金支付，各州或地方政府自行解决。同时，"效果维持要求"中州支出要求部分规定：各州上一年度对图书馆的资金投入不得低于其前三个财政年度投入资金总和的平均值，否则，该州所获联邦拨款将相应减少。拨款减少数额等于各财政年度拨款分配数乘以一个分数。这种对州政府配套资金的约束要求，是为了确保各州对图书馆事业的经费投入，防止地方政府过分依赖联邦拨款。

---

① Institute of Museum and Library Services. Public Libraries in United States Survey: fiscal year2012. Part2.Section 2. Financial Health of Public Libraries. Indicator 7. 原文引用：Total operating expenditure per capita vary across locality: city ($37 .03), suburb ($39 .39), town ($25 .32), and rural ($27 .46) . All localities experienced a 1-year decrease in total operating expenditure per capita: city (4 .3 percent), suburb (4 .4 percent), town (5 .0 percent), and rural (0 .3 percent).

② Institute of Museum and Library Services, Museum and Library Services Act_2010_asamended[EB/OL]. http://www.imls.gov/about/imls_legislative_ timeline.aspx

③ Institute of Museum and Library Services, Museum and Library Services Act_2010_asamended.法律原文：For purposes of this subsection, the minimum allotment for each State shall be $680,000, except that the minimum allotment shall be $60,000 in the case of the United States Virgin Islands, Guam, American Samoa, the Commonwealth of the Northern Mariana Islands, the Republic of the Marshall Islands, the Federated States of Micronesia, and the Republic of Palau.

2.6 　财政经费的申请和批准

根据最新修订的 LSTA 中 Sec.9134 州计划的"州计划要求"部分的规定，获得联邦政府拨款的前提条件是，各州应在每个拨款循环之初提交一份州计划，由各州的州图书馆管理机构(State Library Administrative Agency，简称 SLAA)上交给博物馆与图书馆服务署（IMLS），并获得 IMLS 和州政府的批准。它要求各州在每个财政年度末向 IMLS 提交年度报告，在每个 5 年周期结束时向 IMLS 提交累计评估报告。州计划应覆盖 5 个财政年度，必须建立在 LSTA "给州的拨款"项目所规定的资金使用优先顺序的基础之上，并确定每个州在未来 5 年周期内将要实现的目标和成果。州计划最近一次提交是在 2012 年 12 月，覆盖了从 2012～2017 财政年度的活动计划。联邦财政经费申请和批准的具体流程如图 2 所示。

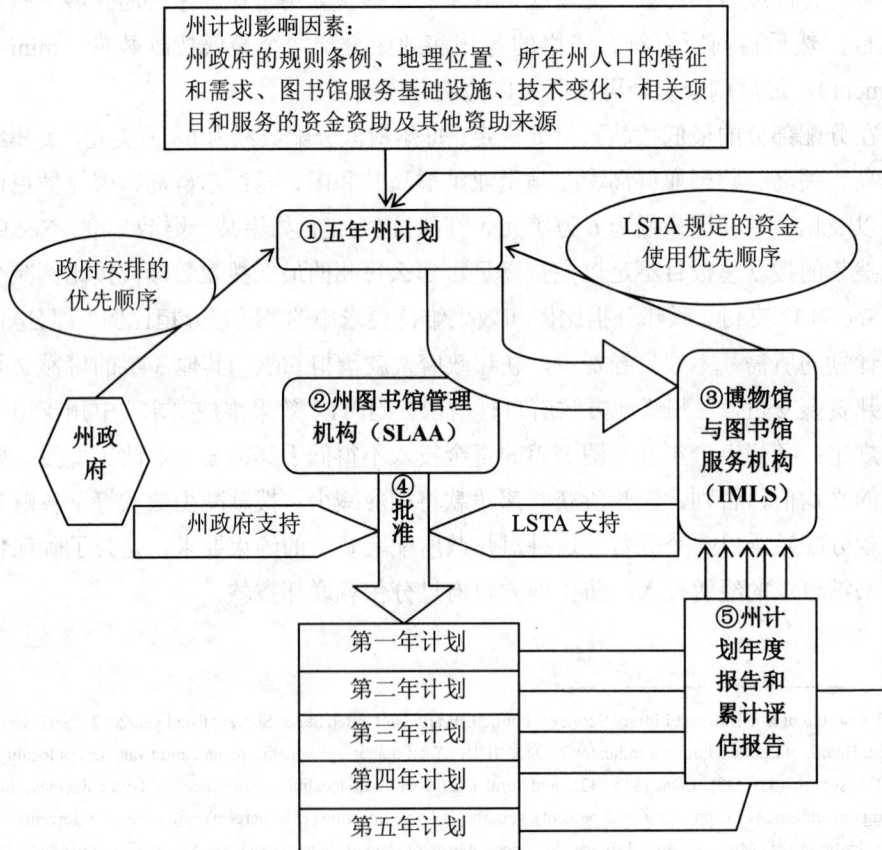

图 2 　州计划拨款申请流程图[①]

---

① Institute of Museum and Library Services, A Catalyst for Change: LSTA Grants to State Program Activities and the Transformation of Library Services to the Public, June 2009. How the Grants to States Program Works.

同样，接受州政府经费援助的地方图书馆通常也需要满足一定的条件或标准，比如达到某种服务标准、每周最少开放时间、地方税率是否达到要求、地方政府是否同时提供配套资金等。[①]要想获得州政府的经费援助，地方公共图书馆必须经由地方政府向州政府提出申请，并能提供相匹配的地方经费，这一申请获得州图书馆主管单位和州议会的批准之后才能得到后续拨款。

2.7　经费管理

目前，美国联邦政府分配给各州的大部分拨款通过联邦的博物馆及图书馆服务署（IMLS）分配给各州，也就是主要通过 IMLS 向公共图书馆以及其他图书馆提供财政支持，由美国国会下设的 Labor, Health and Human Services, and Education 拨款小组委员会进行拨款，以此来资助每个州，对全国的图书馆产生最广泛的影响。在经费管理的运作方面，联邦分配给各州的拨款由各州的州图书馆管理机构（SLAA）根据当地情况灵活运用，灵活开展地方性项目。

每个州大多设有图书馆委员会等行政单位，主管全州的图书馆政策和事务，当然也包括图书馆经费的管理。由于美国人普遍视图书馆为教育系统的一个重要组成部分，所以许多主管图书馆的单位是州教育委员会或教育厅。[②]郡或市的图书馆委员会大多对当地图书馆的日常运作和经费管理具有最直接的影响。

3　总结和启示

3.1　总结

1. 美国在公共图书馆事业上有联邦、州和地方政府的多个层面颁布法律、法规和标准，有着法定的财政拨款依据，拨款主体在各级政府间非常明确。

2. 公共图书馆的财政经费结构清晰，分别有联邦政府、州政府和地方政府的财政投入，而且三部分所占比重长期以来在相对固定的范围内小幅波动。

3. 美国三个层次的政府每年对公共图书馆的财政拨款数额巨大且持续，保障了财政经费的充足和稳定，而且拨款数额、人均经费都有明确的法律法规和标准可遵循，做到了财政拨款有法可依。

4. 地方政府是美国公共图书馆事业的主体建设者，是财政经费的主要提供者，

---

① 李国新，段明莲等. 国外公共图书馆法研究[M]. 北京：国家图书馆出版社，2013（8）：42.

② 刘朱胜. 美国公共图书馆法研究[J]. 图书馆，2012（3）：2.

它提供了公共图书馆所需财政经费的绝大部分，这就需要各地方政府在资金援助上要有自己的渠道，或收取特定税目或从一般税收收入中划转。

5. 在联邦级的图书馆专门法中可明确获知联邦拨款的分配方式，各地方政府的拨款分配方式虽然不一，但也都有各自的分配依据。

6. 美国各州和各地方政府在获取上级政府的财政拨款时需达到规定条件，公共图书馆财政经费的申请和批准有法定的流程和规范。

7. 美国各层级政府都有相对应的图书馆管理机构，比如州、郡、市的图书馆委员会，各级的图书馆管理机构分别负责本级财政经费的管理。

8. 在美国，不管是联邦层级还是州、地方政府层级每年都会对外公布公共图书馆的经费分配情况和预算报告，并有专门机构公布公共图书馆行业的调查报告，信息非常详尽，每年的经费数额、支出数额、人均经费、公共图书馆的数量、人流到访量、资料利用情况等信息都可获知。

3.2　启示

近两年来，在我国文化建设强力推进的时代背景下，有关基本公共文化服务的新政策频出，在战略层面和顶层设计上大力支持公共图书馆的发展。公共图书馆等基本公共文化服务的发展形势如火如荼，国家欲加大此方面的投入和产出，大力提升文化服务质量，加快步伐来满足民众对公共文化的需求，为民众提供终身学习、持续教育和再教育的机会，提高人民群众的精神文化水平。鉴于我国公共图书馆事业的发展还处于不断探索和改革阶段，在具体实施和实践上还存在许多不完善和不成熟的地方。而在公共图书馆发展方面卓有成效的美国的一些优势做法能给予我们很大程度上的启发，不可照搬却可借鉴。

1. 公共图书馆立法。不论对于政府直接提供文化服务经费，还是对于政府向社会力量购买公共服务间接提供经费的模式，公共图书馆立法都是实现对公共图书馆财政拨款的最可靠依据，是图书馆事业兴旺发达及可持续发展的根本保障。因此，我国公共图书馆法的出台更显迫切。

2. 细化有关公共图书馆财政经费提供的明文规定。要明确拨款主体，制定合理的财政拨款结构及比例，规定获取拨款的条件，量化拨款数额，保证人均经费，强化经费绩效的考核，重视年度拨款预算的决策。加强公共图书馆经费的管理，依法设立专门的管理机构，明确权责，摸清政府拨款和其他经费来源的来龙去脉，让经费用到实处、高效管理。

3. 建立一系列激励地方政府提供持续稳定公共图书馆财政经费的机制。要想获得上级政府的经费拨款，下级政府必须提供一定的配套资金，而且配套资金不限于当年，可以追踪连续几年的地方政府资金提供情况。同时，强化对图书馆服务标准、开放时间、图书馆工作人员的技能和素质的要求，将这些因素与政府拨款的数量挂钩，在各地区各图书馆之间形成一种竞争机制，有效提高公共图书馆建设和服务的质量。另外，从地方政府的角度出发，除了上级政府的拨款，建议地方政府还可从地方一般税收收入中划拨一定比例的资金，用作公共图书馆经费，保障经费数额，夯实经费后盾。

最后一点深切体会，美国公共图书馆经费信息公开之彻底、范围之全面、内容之详细、发布之及时，乃是我们从未做到过的，值得我国深刻学习和借鉴。拨款信息的公开和透明，有助于增加公众的参与度和信任度，更有助于强化监督，动员社会资源，更大程度地促进图书馆发展。

参考文献

（1）李国新，段明莲等. 国外公共图书馆法研究[M]. 北京：国家图书馆出版社，2013：18～42.

（2）于良芝，邱冠华，李超平等. 公共图书馆建设主体研究——全覆盖目标下的选择[M]. 北京：国家图书馆出版社，2011：32.

（3）刘朱胜. 美国公共图书馆法研究[J]. 图书馆，2012（3）：1～2.

（4）刘朱胜. 美国公共图书馆法研究（续）[J]. 图书馆，2012（4）：1～3.

作者简介

张进昌，女，1957 年 7 月出生，天津财经大学经济学院，教授。邮箱：zhangjinchang@tjufe.edu.cn

孔雪晓，女，1990 年 6 月出生，在读研究生。邮箱：kkqqff@126.com

政府预算管理改革探讨——基于新预算法对地方政府性债务管理影响的视角

李兰英

摘　要： 近年来，我国地方政府性债务出现了增速较快等一系列问题，这与原《预算法》禁止地方发债、却留有制度漏洞有重要关系，地方政府虽然不能公开发行债券，却可以通过各类融资平台来"隐形"、间接发债，积累了大量风险。当前，我国政府性债务总体可控，但存在着一定的局部风险隐患。新的预算法赋予地方政府依法适度举债融资权限，对于规范地方政府性债务管理、防范化解局部风险、促进新型城镇化建设、实行"量价并重"的调控政策具有重要意义。

关键词： 地方政府性债务；新预算法；举债融资权限

预算是公共财政的基石，是国家治理的命脉。历经"十年长跑"和几度博弈反复，2014 年 8 月 31 日十二届全国人大常委会第十次会议通过了《全国人民代表大会常务委员会关于修改〈中华人民共和国预算法〉的决定》（以下简称《决定》），并重新颁布修订后的预算法，新《预算法》自 2015 年 1 月 1 日起施行。这是我国建立现代财政制度、推进国家治理体系和治理能力现代化进程中的里程碑。其中，新《预算法》为地方政府债务"修明渠、堵暗道"的法律规定，具有重大意义。

1　禁而不止，地方政府性债务积累的主要原因

1995 年 1 月 1 日起实施的《预算法》第 28 条规定："除法律和国务院另有规定外，地方政府不得发行地方政府债券。"这一规定原则上禁止了地方债的存在，但实际上并未在现实中得到有效的推行。究其成因，源于地方财政失衡的压力。在行政主导的分税制体制下，多次财政调整都显现出"财权上收、事权下移"的倾向，而政绩考核压力又使得地方政府必须采取积极的财政政策以拉动经济增长，加之"结

构性减税"与"营改增"的影响，地方政府收支缺口日益扩大。为了弥补财政缺口，发债成为地方政府的重要手段。虽然原《预算法》禁止地方发债，却留有制度漏洞，没有对地方政府的融资行为进行有效的约束与监督。因此，地方政府虽然不能公开发行债券，却可以通过各类融资平台来"隐形"、间接发债。在经济危机引发的财政压力之下，地方政府无视《预算法》的禁令，中央政府则"睁一只眼闭一只眼"，选择性忽视地方政府这一行为。在这种"默契"之下，地方债难免愈演愈烈。根据审计署 2013 年年底发布的全国政府性债务审计结果，我国地方政府债务总计将近 18 万亿元，这一数据已经超过当年 GDP 的 30%，严重影响到了财政稳健与安全。

可见，地方债问题有其深刻、复杂的成因，牵涉到整个中央与地方财税体制的架构。在地方财政失衡的大背景下，单纯的"堵"只能催生地方政府的各类博弈行为，至多使得债务"改头换面"，无法真正取得实效。更为严重的是，法律如果仍然只是一味禁止而无视地方债已经大量存在的事实，这种"掩耳盗铃"式的做法会使大量债务游离于法律控制之外，使之无法在预算中得到准确反映，从而脱离上级政府与同级权力机关的监督，大大加剧财政风险。

进一步看，地方债也并非洪水猛兽，政府适度规范举债，能够弥补建设资金不足。只要能够保证债务规范有序、规模可控、代际公平，那么发行地方债就可以成为开辟地方财源的有效路径。事实上，政府债券是国际通行的地方政府融资方式。在世界 53 个主要国家中，有 37 个允许地方政府举债。实践中，我国也曾多次突破修改前《预算法》的规定，进行地方政府发债的探索。早在 1998 年，为了应对亚洲金融危机，我国通过转贷国债的方式进行了初步尝试。2009 年，中央开始代发地方债券。2011 年下半年，国务院批准上海、深圳等财力较强的四地市启动地方政府自行发债试点，这一政策被普遍认为是地方债"松绑"的信号。2014 年 5 月，试点规模进一步扩大到上海、浙江等 10 个省市地方政府。

2 地方政府性债务风险的基本判断

我国政府性债务是经过多年形成的，在经济社会发展、基础设施建设和改善民生等方面发挥了重要作用。目前，我国政府性债务风险总体可控，但局部地区存在一定的风险隐患，旧的举债融资模式不可持续。

2.1 总体风险可控

截至 2012 年底，我国政府性债务的总负债率为 39.43%，低于《马斯特里赫特条约》规定 60%的控制标准参考值。由于养老金负债等未纳入中央政府债务以及当前我国资产价格高企，负债率等指标可能存在一定的低估。但是，我国部分投向市政交通等领域的债务资金形成了可变现、有收益的资产，能够产生稳定的现金流。同时，我国政府拥有庞大的土地资产和国有企业资产，必要时可以处置政府资产偿还债务。因此，即使考虑到低估等问题，我国政府性债务的债务负担仍处于相对安全的区间。

从债务增速来看，审计署的数据显示，2014 年下半年到 2015 年 3 月底期间，全国 18 个抽审地区的政府性债务余额增长 3.79%，比 2013 年前 6 个月的平均增速下降 7 个百分点，债务增长速度有所放缓。此外，近几年，政府连续出台多个规范地方政府融资平台的文件，要求各地加强对政府融资平台的清理和管理，这些措施的效果正在显现。目前，我国商业银行地方政府融资平台的不良率在 0.1%～0.2%左右，与商业银行 1.08%的整体不良率相比，仍处于较低水平。总的来看，我国政府性债务风险总体可控。

2.2 局部风险不容忽视

以负债率、债务率等指标衡量，我国政府性债务风险总体可控。但在"三期叠加"的新形势下，局部存在一定的风险隐患。

一方面，由于区域发展状况、债务管理水平方面的差异，部分地区尤其是基层政府已出现偿债困难。截至 2013 年 6 月底，县、乡级政府负有偿还责任的债务余额为 4.26 万亿元，占地方政府债务的近 40%。截至 2012 年底，有 3 个省级、99 个市级、195 个县级、3465 个乡镇政府负有偿还责任债务的债务率高于 100%；其中，有 2 个省级、31 个市级、29 个县级、148 个乡镇 2012 年政府负有偿还责任债务的借新还旧率超过 20%，存在一定的风险隐患。[①]

另一方面，当前我国正在步入"新常态"，在经济下行压力加大、房地产市场调整和产能过剩化解的背景下，地方政府的财政收支压力进一步加大，一些地区的财政收入已无法覆盖到期债务本息。受房地产相关税收增幅明显回落等因素影响，2014 年 8 月地方本级财政收入同比增长 6.6%，比 1～7 月回落 3.4 个百分点。在新形势下，地方政府债务风险的防范和化解面临一系列新的挑战。

3 新预算法赋予地方政府依法适度举债融资权限的重要意义

在试点经验的基础上，新《预算法》着眼于修改前地方债"禁而不止"的局面，

---

① 《中华人民共和国审计署审计结果公告》2013 年 32 号（总第 174 号），审计署官网。

转而"以疏代堵",在允许地方依法适度发债的前提下对发债主体、用途、规模、程序、监督和问责等方面作了严格规定,体现出以法治方式规范地方债务的治理思维。这种"开前门、堵后门、筑围墙"的改革思路,将原先不受约束的"隐形"发债权引导到法治阳光下,使之受到预算的规范和约束,对地方政府债务风险化解、新型城镇化建设等具有重要意义。

3.1 允许地方政府发债,具有破冰意义

从推动市场经济深层次发展来讲,其突出的作用体现在为地方政府发债"松绑",政府筹集建设资金的自主权扩大,不再单纯依赖于银行贷款和实行土地出让,不再被动消化地方政府预算紧张的矛盾,不再为基础性建设和公益性投资项目的建设资金短缺而大伤脑筋。从经济学意义上讲,允许地方政府发债是强化地方政府职能、完善分税制的必然选择。按照政府职能划分理论,全国性公共产品应由中央政府提供,地方性公共产品应由地方政府提供,新的预算法赋予了省、自治区、直辖市一级政府发行债券,意为地方预算中必需的建设投资的部分资金,可以在国务院确定的限额内,通过发行地方政府债券举借债务的方式筹措,由此地方政府提供公共产品,完善基础设施,促进地方经济发展,不再捉襟见肘,这会在一定程度上缓解地方财政压力。

3.2 新城镇化建设有了多渠道融资支持

新型城镇化是关系现代化全局的大战略,事关几亿人生活的改善。目前,新型城镇化建设的试点工作正在推进过程中。《国家新型城镇化规划(2014~2020年)》提出,"以人为本"是新型城镇化的核心,要把进城农民纳入城镇住房和社会保障体系,促进约1亿农业转移人口落户城镇。在此过程中,地方政府在保障房建设、公共服务投资等方面的支出将会进一步加大。当前,我国正在步入"新常态",经济增速回落,财政收支矛盾加大,各类风险逐渐暴露。修订后的预算法明确将地方政府债务纳入预算管理,将有助于规范地方政府的举债行为。同时,通过PPP(政府与社会资本合作)模式吸引社会资本进入公共服务领域,建立地方政府多元化可持续的投融资机制是新型城镇化建设的必然选择。

3.3 有助于"量价并重"的货币政策调控

将地方政府债务纳入预算,硬化地方政府的预算约束有助于我国货币政策框架转向"量价并重"。传统的货币政策框架以数量调节为主,中介目标是货币供应量等

数量指标。未来的货币政策框架将转向"量价并重",在货币总量调控的同时,更加重视价格调控,即将央行的政策利率列入中介目标。近期,央行已经通过 PSL、SLF 以及正回购等货币政策工具的利率引导市场利率。实际上,在预算软约束下,政府融资平台对利率不敏感。赋予地方政府适度的举债权限,地方政府举债融资的市场化程度将加大,地方政府债券市场"用脚投票"的机制将增强地方政府的预算约束,从而有助于货币政策框架的转型。

4　新预算法背景下地方政府债务管理的方向

预算法的修订,为建立以政府债券为主体的地方政府举债融资机制创造了良好的契机。为了实现地方政府债务的可持续增长,有效发挥地方政府规范举债的积极作用,下一阶段地方政府债务管理的重点主要有以下几个方面:

4.1　继续扩大和推进地方政府债券自发自还试点

自 2014 年 5 月起,上海等 10 省市试点地方政府债券自发自还。10 个省市 2014 年自发自还政府债券的额度为 1092 亿元,约占全部地方政府债券规模的 27%,未来地方政府债券自发自还试点范围和规模将会进一步扩大。目前,试点地区的政府债券发行市场化程度还不是很高。试点省市的经济发展程度、财政状况不同,但自发自还政府债券均获得了 AAA 级评级。同时,评级只是对债券评级,还未实现对发债主体评级。此外,自发自还政府债券的利率大都低于或仅略高于同期限国债利率,没有实现市场化的价格。未来,要加快推进地方政府信用评级制度建设,逐步提高地方政府债券发行的市场化程度。

4.2　逐步剥离融资平台的政府融资功能

规范地方政府性债务管理,防范化解局部地区的风险,不仅要加强对新增债务的管理,还要处理好存量债务,确保在建项目有序推进。

《关于 2014 年深化经济体制改革重点任务的意见》提出,"规范政府举债融资机制,开明渠,堵暗道,建立以政府债券为主体的地方政府举债融资机制,剥离融资平台公司政府职能"。对于高成本的存量债务,要分类处理:融资平台中属于企业的债务,政府可通过补贴或 PPP 模式给予支持;属于政府的公益类债务,可通过申请发行债券转换成政府债务,纳入预算管理。2014 年国务院批准的地方政府债券总规模为 4000 亿元,而今年到期的负有偿还责任的政府性债务为 2.38 万亿元。置换高息存量债务,优化期限结构,是化解地方政府债务风险的重要一步,但从目前的情况看,此举并不能一蹴而就,而是需要随着地方政府债券发行的规范成熟而逐步落实。

4.3　鼓励社会资本通过 PPP 模式更多地进入公共服务领域

党的十八届三中全会提出要让市场在资源配置中起决定性作用。新常态下,宏观调控将更加注重市场的调节作用,鼓励社会资本通过 PPP 模式更多地进入公共服务领域,激发市场的活力。推进 PPP 模式还将缓解地方政府单纯依靠财政收入的资金压力,降低地方政府的债务融资需求,减少地方政府的新增债务。目前,各地已经在积极开展 PPP 模式的试点项目,各地区需在试点过程中不断积累经验,逐步扩大试点范围。

4.4　将债务指标纳入地方官员考核机制

2014 年 7 月,多部委联合印发实施《党政主要领导干部和国有企业领导人员经济责任审计规定实施细则》,其中明确将地方政府性债务的举借、用途和风险管控等情况列为地方各级党委主要领导干部、地方各级政府主要领导干部的经济责任审计的主要内容,经济责任审计结果将作为干部考核和任免等的重要依据。下一步,宜进一步细化经济责任审计中债务、环保以及民生改善等指标,同时把债务作为硬性指标纳入政绩考核,改变过去"以 GDP 论英雄"的官员考核机制,转变地方官员"透支未来"的行为,实现地方政府债务的可持续增长。

参考文献

(1)十二届全国人大常委会. 全国人民代表大会常务委员会关于修改《中华人民共和国预算法》的决定. 2014-8-31.

(2)国务院办公厅. 国务院关于加强地方政府性债务管理的意见. 2014-9-21.

(3)国家发改委. 关于 2014 年深化经济体制改革重点任务的意见. 2014-4-30.

(4)路勤学. 我国地方政府自行发债的可行性和必要性研究. 投资与合作, 2014(3).

作者简介

李兰英,女,1957 年生人,天津财经大学管理学博士,教授。邮箱: lilanying2006@126.com

新常态下跨国公司转让定价反避税的思考

高树兰

摘　要：伴随我国改革开放的深化和发展，"请进来"和"走出去"的企业越来越多，跨国公司避税越来越普遍化。重视关联企业间转让定价问题，培养转让定价反避税人才，完善管理、服务、调查三位一体的反避税防控体系，是新常态下防范税收流失、保护国家利益的重要课题。

关键词：转让定价；关联企业；反避税；控制

伴随我国改革开放的深化和发展，"请进来"和"走出去"的企业越来越多，跨国纳税人的生产经营和交易活动日益频繁，国际避税问题也随之呈现了纷繁复杂的新局面，近几年接连曝出的星巴克避税案、亚马逊避税案、谷歌避税案和苹果避税案等，越来越多地引起国际媒体和相关国家政府的关注。

1　我国反避税工作现状

我国的反避税工作起步于 20 世纪 80 年代。1987 年深圳市政府颁布了全国第一个反避税地方性规章——《深圳经济特区关联企业之间业务往来税务管理暂行办法》，开始了我国反避税之旅。1991 年出台的《中华人民共和国外商投资企业和外国企业所得税法》是我国关于转让定价的第一次立法，可以看作是中国反避税立法的开端。我国开始关注转让定价反避税立法工作。1998 年税务总局颁布《关联企业间业务往来税务管理规程》，首次提出以预约定价的方式解决转让定价问题，自此，我国开始对预约定价问题进行实践。2002 年出台的《中华人民共和国税收征收管理法实施细则》中，第五十三条列入了预约定价制度，标志着我国正式启动了预约定价管理制度。

2005 年税务总局建立了全国反避税案件监控管理系统，各地所有的反避税调查案件均通过该系统进行立案和结案，并逐级层报税务总局审核。2008 年《中华人民共和国企业所得税法》及其实施条例在特别纳税调整章节完善了转让定价法律法规，引入了国际反避税的经验，形成了我国比较全面的反避税立法。

2014 年 12 月，为进一步完善我国一般反避税的相关法律，税务总局发布《一般反避税管理办法（试行）》，建立了更加透明、统一和公平的一般反避税机制，我国反避税工作开始走向成熟和规范。国家税务总局通报显示，2014 年各级税务部门通过管理、调查和服务三个环节对税收增收贡献 523 亿元。管理方面，全年促使 1562 户企业改变定价或税收筹划模式，增加税收收入 396 亿元；调查方面，反避税调查立案 272 件，结案 257 件，补税入库 79 亿元，平均个案补税金额 3068 万元，补税金额超千万元的案件 83 个，超亿元的案件 20 个；服务方面，2014 年我国与 8 个国家就 33 个案件进行了 10 次双边磋商，通过双边磋商实现在我国补税 10.23 亿元。[①] 2012～2014 年，我国反避税调查补税由 46 亿元增加至 78 亿元，年均增长 30%。[②]

目前，全球有 8 万余家跨国集团，而全球 90%以上的跨国公司通过在避税港建立控股公司、各种基金等形式进行避税活动。[③]从实际业务工作角度看，我国对跨国公司转让定价避税规模缺乏了解。一些非营利组织通过初步估算发现，每年从发展中国家转移出去的利润高达 350 亿美元。国家税务总局 2004 年的数据显示，跨国公司每年的避税活动给中国造成 300 亿元的税收损失。2008 年的数据显示，美国通过反避税调查查补的税款是 1000 亿美元左右，而我国仅有 7 亿美元。[④]

2　我国转让定价反避税工作中存在的问题

2.1　转让定价反避税立法存在先天不足

（1）关联企业认定

1998 年颁布的《关联企业间业务往来税务管理规程（试行）》第 4 条以及第 9 条对"关联企业间关联关系的认定"均列叙较为详细、具体的解释，但是对于企业间产品购销、劳务供给、经营交易等的控制情形中的"控制"二字，没有给出相应

---

① 税务总局：2014 年反避税工作贡献税收 523 亿元。
http://www.chinatax.gov.cn/n810219/n810724/c1507274/content.html
② 温彩霞，王槟. 把握机遇 提高新形势下反避税能力——访国家税务总局国际税务司副司长王晓悦[J]. 中国税务，2015（03）：10～13。
③ 温彩霞，王槟. 把握机遇 提高新形势下反避税能力——访国家税务总局国际税务司副司长王晓悦[J]. 中国税务，2015（03）：10～13.
④ 跨国公司在华年避税 300 亿，财经频道，中国青年网。
http://finance.youth.cn/finance_gdxw/201411/t20141127_6130864.htm

的数量标准。此种模糊规定，容易导致在税务管理工作中执法依据缺失，引发征税机关和纳税人之间的矛盾。

（2）我国转让定价反避税调查的局限。目前我国转让定价反避税更多侧重于有形资产购销的转让定价问题，对于无形资产转让、股权转让等新问题，成本分摊、受控外国企业、资本弱化、一般反避税等新措施很少触及。

另外，《中华人民共和国个人所得税法》中，尚未涉及反避税条款；现行《税收征管法》及其实施细则也仅明确了转让定价和预约定价两项内容，没有包括反避税港避税等措施；《企业所得税法》规定的同期资料管理、加收利息、第三方提供资料等条款，缺少约束纳税人履行义务的制约措施。

2.2　关联企业滥用税收优惠以及财政返还问题普遍

现行《企业所得税法》统一了税率、税前扣除办法和标准，统一了税收优惠政策，从过去以区域优惠为主调整为以产业优惠为主、区域优惠为辅的优惠格局。如为支持西部地区的经济发展，国家从 2001～2010 年对设在西部地区国家鼓励类产业的内资企业执行 15%优惠税率；2011～2020 年新一轮为期 10 年的西部大开发税收优惠政策继续执行。又如，为了优化产业结构，国家对重点扶持的高新技术企业执行 15%的优惠税率，同时享受研发费用加计扣除税收优惠。部分企业集团滥用税收优惠，通过关联交易和转让定价，把高税负企业的利润转移到享受优惠的低税负企业，不仅造成国家税收流失，也破坏了公平竞争的税收环境。[①]部分地区通过财政返还招商引资，如某地规定"境内外来资金到我区投资新办企业，注册的工业企业，在三年内按当年上缴所得税地方留成部分的 70%由财政部门拨补扶持"。通过财政返还，企业实际税负低于法定税负。部分企业集团为获取更大利益，往往滥用招商引资政策，通过关联交易和转让定价将利润转移到享受财政返还的企业。表面上看，企业在当地履行了纳税义务，实质上财政返还负担了企业应负担的税款支出，这样，企业税款缴纳得越多，地方政府的财政返还支出也越大。这种没有合理商业目的的关联交易，既给当地政府造成财政损失，又破坏了市场经济秩序。

2.3　缺乏激励机制，专业人员培养不足

目前，国家税务总局对各省级税务机关的考核主要是按年度对立、结案数量和入库税款金额的考核，省级税务机关将考核指标分解到各地级市。尽管这种考核机制对推动反避税工作的开展起到了一定的积极作用，但是，各地为了完成考核指标，

[①] 成都市国际税收研究会课题组. 集团公司境内关联交易避税与防范[J]. 国际税收，2014（03）：64～66.

难免出现案件处理过于鲁莽或者急于结案入库税款而草草结案的情况。个别跨国企业正是抓住了我国税务机关的这种考核机制，更加肆无忌惮地进行避税安排，一定程度上削弱了反避税工作的威慑力。

我国从事反避税工作的专业人员数量与发达国家差距很大。一是 2013 年 9 月 16 日国家税务总局关于印发《全国税务领军人才培养规划（2013～2022 年）》的通知，预计到 2022 年拟分税收法制、税务风险评估、国际税收管理、税务稽查、税收经济分析 5 个专业领域，建立总量为 1000 名左右的税务领军人才队伍。而目前全国税务系统反避税专家型人才大约仅 100 人，甚至不如一些发展中国家。为数不多的国际税收人才分布过于分散，难以形成管理合力，不利于反避税队伍的积累经验和技能提高，另外，各种原因造成的专业人才流失问题也很突出。二是反避税专业人才的培养主要由国家税务总局负责，各省级税务机关还没有形成专业人才的培养机制，大多数地市级税务机关更是没有能力进行专业人才的培训，人才补给严重不足。三是部分地区的反避税工作基本上是单兵作战，反避税工作的开展情况仅依靠一两个人的专业能力，与跨国企业的专业化团队相比，税务机关往往在实力上存在一定差距。

从近些年的税务实践分析，从事国际税收工作税务干部的待遇水平与一般税务干部没有区别，行政级别也普遍偏低。但是，这些人离开税务系统后，大部分会在中介公司或跨国企业谋取到很高的职位和待遇，这也导致了反避税人才流失现象的发生。需要关注的是，税企双方专业水平差距明显。跨国企业大多拥有自己的税收筹划专业团队，团队成员深谙各国税制，筹划方案也要经过反复论证，尽量避免各国税收风险。相比而言，我国的反避税队伍人员不稳定，由于岗位变动和晋升受阻等诸多原因，人才流失问题突出，加之专业人员补给和培养不足，专业知识水平与跨国企业存在着一定的差距。

2.4　信息化建设有待进一步加强

我国当前反避税工作的信息化程度和风险管理体系与跨境交易的复杂性、跨境税源的分布状况、风险管理的要求不相适应，与国际先进水平相比，还存在很多不足。一是跨国企业信息来源不足、缺乏有效的分析和应对机制。二是我国转让定价反避税案件调整过程中税务机关能选用的公开数据主要是 BVD 数据和标准普尔数据，这两个数据库的企业绝大部分是上市公司，企业规模巨大，往往是跨行业经营。而税务机关要调整的企业经营规模大多偏小，行业单一。以上述两个数据库数据为标准进行调整，结果往往会偏离真实性。另外，对于目前已有的数据库，由于反避税人员受训不足，尚不能充分利用。同时，税务机关所掌握的数据信息仍然不完全，寻找可比企业仍有局限性。

反避税案件处理没有形成联动机制。跨国企业多是集团化经营，产业链中不同企业分别执行不同的职能。税务机关在进行转让定价调查时，应充分分析链条中的各个企业的具体情况，对于国内涉及的关联企业更应当进行实地调研或者向兄弟税务机关发起联查。目前，我国税务机关在处理反避税案件时，大多是各扫门前雪，没有形成针对某一跨国企业的避税行为进行全国联查的机制。

3 促进我国转让定价反避税工作的建议

3.1 完善转让定价反避税立法

国家税务总局对无形资产、市场溢价、成本节约、价值链分析、超额利润分割、资金池等反避税难点问题仍缺少明确的法律规定，尤其是市场溢价和成本节约理论已在联合国范本明确，并且有利于我国转让定价反避税工作的开展，国家税务总局应尽快在相关税收文件中予以体现。

理清规范地方政府财税优惠政策，尤其是财政返还问题，它造成我国境内不同地区的企业所得税实际税负差异较大，跨国企业仅在我国境内就可以进行转让定价避税安排，主管税务机关难以搜集证据进行反避税调查。

3.2 加强与世界各国的税收情报交换工作

在国家间的税收协定中，基本上都规定了为防止偷避税而交换情报的条款。税收情报交换是根据国家间签订的关于对所得（财产）避免双重征税和防止偷漏税的协定进行的，对于防止国际偷税和避税具有非常重要的意义，被各国税务部门称为国际税收协定中的"协定中的协定"。2001 年国家税务总局发布了《税收情报交换管理规程》，对实施税收情报交换的工作作出了明确规定。根据该规定，税收协定缔约国各方，均有义务将协定所涉及的有关税种与国内法律规定，包括协定生效期间内有关税法的修改和变化，特别是跨国纳税人的纳税申报、纳税信息，或自动或被动地向缔约国的一方或多方提供。

目前一个国家的税务当局仅靠国内获取的税收情报，是不可能彻底地妥善处理国际偷税和避税问题的。近几年来，中国每年收到外国税务当局提供的情报近万份，同时也为其提供了大量的专项情报，税收情报交换国际联络网已经初步建立。随着中国经济融入国际市场步伐的加快，对情报交换进行制度化和规程化已经十分必要。《税收情报交换管理规程》明确了情报交换涉及的税种主要为企业所得税，个人所得税，对股息、利息、特许权使用费征收的预提所得税，可以进行情报交换的情况包括纳税人基本资料、境外收入以及跨国交易的真实性和合法性等。《税收情报交换管理规程》的发布，既能使各地税务机关严格按照规定和国际惯例进行操作，又能使税务机关充分利用这一渠道更有效地查处打击跨国偷税行为，及时掌握跨国劳务和跨国交易的有关信息，尤其是目前迫切需要掌握的在华外籍个人境外所得、境外关联企业交易的有关资料等，对中国的反避税工作是非常有利的。

3.3　完善跨国企业同期资料审核分析方法

（1）首先，跨国公司一般会对其关联企业盈利水平进行设计，使其利润率恰好落在了可比企业利润率的上四分位数和下四分位数之间。按照税务系统掌控标准，企业盈利水平如果处于可比区间的下四分位数之上，一般不列为重点反避税调查嫌疑企业。税务机关需要对跨国集团所选取的可比企业进行分析，注意其与我国的国情区别。其次，关注可比企业的经营范围。最后，注意税务机关从 BVD 数据库中进行筛查，找到的可比企业与跨国集团提供的企业名单并不一致，企业存在人为调节可比企业名单的行为。

（2）税务机关在审核企业同期资料时，不能仅仅审核资料结构和表面结果，而应该结合 BVD 数据库，侧重对企业的功能分析和可比性分析。通过对同期资料中列举的可比企业进行复核性分析，查找同期资料中存在的疑点，对存在疑点的进行重点调查，加大反避税打击力度，进而促使企业自觉提高盈利水平和同期资料质量。

3.4　完善转让定价税收制度，推进预约定价制

关联企业转让定价，又称转让价格，它是指关联企业之间转让产品、半成品、原材料或提供服务、专有权利、资金信贷等活动中确定的集团组织内部的结算价格。转让定价往往不受市场供求关系的影响，不依照市场买卖规则和市场价格进行交易，而是按照双方的意愿，以高于或低于市场交易的价格转移利润，逃避税收负担。转让定价的税收管理是目前我国反避税工作的重心。我国已着手建立反避税管理信息系统解决跨国公司关联企业转让定价的税收管理问题。反避税管理信息系统由两部分构成，第一部分是业务信息管理，主要是建立和完善反避税工作的基础资料，包括法律法规、税收协定、案例信息、商品（产品）价格与费用标准信息、外汇汇率以及企业资料等，为对具体企业进行转让定价调查与调整提供了丰富的资料；第二部分是业务操作管理流程，包括关联关系认定及交易额认定、调查审计对象的选择、调查审计实施、举证和举证核实、调查方法的选择、税收调整的实施等部分构成，使转让定价的选案、调查及调整遵循统一的标准和规范的流程，可以大大提高反避

税工作的准确性、科学性和效率。

但各国税收实践表明，关联企业转让定价的事后调整工作繁琐、费时，效率较低，因此当前发达国家普遍试行预约定价制作为转让定价调整的方法。预约定价制（Advanced Pricing Agreement，简称 APA）于 1991 年由美国率先推出，也称预先认定制（pre-confirmation system），指的是纳税人事先将其和境内外关联企业之间内部交易与财务收支往来所涉及的转让定价方法（Transfer Pricing Methodology，简称 TPM）向税务机关申请报告，经税务机关审定认可后，可作为计征所得税的会计核算依据，并免除事后税务机关对定价调整的一种制度。预约定价制中述及的 TPM，其内容包含受同一利益支配的关联企业之间交易及财务往来而发生的收入、费用、折让、摊销、补贴等的分配或分摊所涉及的内部作价标准的方法。APA 突出的优点是税务机关把对关联企业转让定价的事后审计改变为事前审计，对保护纳税人的合法经营和税务机关的依法征税都有好处。同时，一国政府如果将经审定认可的 TPM通过协商程序得到相关国家政府的认可（即建立双边 APA 或多边 APA），就可纳入国际税收协定的实施范围，并可免除转让定价首次调整和相应调整的繁琐程序。这有利于国际经济交往和合作，对全球经济一体化将产生积极的影响。

3.5　加快专业人才培养

专业人才匮乏是我国国际税收管理水平提高的最大瓶颈，应采取措施加强国际税收机构建设和人员配备。目前，我国税务系统反避税专职人员只有 300 多人，远远不能满足对跨国企业反避税管理工作的需要。应按跨国公司转让定价人才招募标准招聘反避税人才，并从税务系统内选拔一批业务能力强、英语水平高的人才充实到专业化队伍中，加强专业知识培训。另外，应该保证现有人员的稳定，提高相应待遇。

参考文献

（1）刘剑文，王桦宇. 中国反避税法律制度的演进、法理反思及完善——以《税收征管法》为中心[J]. 涉外税务，2013（02）：5～7.

（2）陈仁艳. 我国转让定价反避税的立法缺陷和完善路径[J]. 吉林工商学院学报，2014（02）：99～102.

（3）朱长胜. 关于转让定价反避税中的可比性分析[J]. 财会通讯（综合），2012（12）（中）：6～7.

（4）苏建. 转让定价反避税制度的发展趋势及我国的对策[J]. 税务研究，2012

（5）：93.

（5）成都市国际税收研究会课题组. 集团公司境内关联交易避税与防范[J]. 国际税收，2014（03）：64～66.

（6）温彩霞，王槟. 把握机遇 提高新形势下反避税能力——访国家税务总局国际税务司副司长王晓悦[J]. 中国税务，2015（03）：10～13.

作者简介

高树兰，女，1965 年生人，天津财经大学经济学院财政与公共管理系，经济学博士，教授。邮箱：gaoshulan2004@126.com

"营改增"后我国地方税体系重构问题分析

刘秀丽　林雨薇

摘　要：全球金融危机爆发后，我国的经济增长速度整体呈现出前高后低的趋势，现阶段，我国的经济发展处在新旧动能转换的关键时刻，经济的发展已进入新常态。在复杂的国际和国内宏观经济环境下，随着"营改增"的推进，我国地方政府的地方税收收入大量减少、征管业务量缩减以及征管效率下降等问题日益突显，急需重新规划我国地方税体系结构。本文以经济发展新常态为宏观背景，探讨分析了现今我国地方税体系的特点，并通过阐述"营改增"这一税制改革对地方税体系的影响，提出科学划分中央与地方财权、改革完善地方税种、加强税收征管制度的建设、健全地方税收法制体系与建立健全相关配套措施等五项改革建议。

关键词：地方税体系；"营改增"；新常态

自 2008 年全球金融危机后，全世界范围内都出现了罕见的经济衰退，受外需环境恶化等因素的影响，我国也出现了经济增长放缓的现象。近年来，我国的 GDP 增速维持在 7.5%左右，而 2015 年前三季度的 GDP 增速更是降到了 6.9%[①]。我国经济正处在新旧动能转换的艰难进程中，经济的发展已进入新常态。在这样的宏观环境下，我国的税收也随着经济发展进入了新常态，税收收入的增长速度由高速向中低速转变，在新常态下，我国地方税体系存在的问题也被进一步放大，为优化税制结构而实施的"营改增"的关键一步，又在一定程度上增加了地方政府的财政压力，为了改善地方政府的处境，急需重新规划我国的地方税体系以增加地方税收收入，减轻地方政府的财政压力。

1　我国地方税体系的现状

我国目前实行的分税制财政体制是经济管理体制改革发展到一定程度的产物，

---

① 数据来源：中华人民共和国国家统计局网站。

在这种体制下，全国的财政收入和财政支出由中央和地方按照一定的比例和原则分配，与享受一定的财权对应的就是承担相应的责任。在地方税体系的整体框架中，财源运动是这个系统重要的动态表现，而地方税收收入作为地方政府的重要财源是地方政府实现管理公共事务的职能和满足地方公共事业的重要保证，也是分税制体制的表现形式。目前我国的地方税体系主要具有以下几方面特点：

1.1　税源零星分散，地区差异显著

"营改增"全面覆盖之前，我国地方税体系所包含的税种包括增值税、营业税、企业所得税、个人所得税等大税种以及资源税、契税等多个小税种，税源涵盖如此多繁杂的税种，尤其是流动性较强的车船税等，以及一次性课征的契税、耕地占用税。对于房产税来说，出租房产等税源信息比较分散且难以获取，很容易在税款的征管中产生漏洞，造成本来就不多的地方税款的流失。除此之外，地方税税源受地区差异的因素影响较大，此现象在经济发达以及欠发达地区尤为显著，比如经济发达地区房价相对较高、车船税税源较丰富，地方税种房产税和车船税的收入自然也比较多，而经济欠发达地区房产税和车船税的税收收入则相对较少。

1.2　对共享税依赖大，独享税占比较低

在我国分税制的财政体制下，税收收入可以按照立法权、收入使用权和执法权的标准分为三大类，即中央政府固定收入、地方政府固定收入以及中央政府与地方政府的共享收入。一般而言，征收管理权限在地方，收入划归地方所有的都可以称为地方税，而地方税体系包含的税种有地方政府固定收入和中央与地方共享收入，以我国 2014 年地方政府取得的收入中各税种所占比例为例，具体情况如图 1 所示。从图中可以看出，地方税体系的 14 个税种中，增值税、营业税、企业所得税、个人所得税、资源税、印花税和城建税都是中央和地方共享税，而以上 7 个税种在 2014 年地方税收收入中占比高达 76.07%，其余几个地方独享税的收入占比仅为 24% 左右，这使得地方政府的税收收入仅仅表现为种类多，而数量却很少，从而导致地方税收收入的整体规模较小，进而无法满足地方政府日常支出，影响地方政府的正常运作，增加中央政府转移支付资金压力，不利于经济社会健康发展。

1.3　征收管理工作依赖性强

地方税的收入来源主要是土地、房屋、车船等，税源几乎遍及城乡，掌握地方税的主要税源信息的政府主管部门一般在十多个左右。由于我国尚未建立财产登记

制度，也没有对自然人实行普遍税务登记制度，所以地税机关无法通过正常征管系统直接从纳税人那里采集全面的纳税人信息，只能依赖有关部门提供。但是如果单纯依靠税务管理人员到社会上采集信息又是不现实的，不仅成本太高，而且也会降低征管效率。除了税源信息为有关部门掌握外，地方税诸多控管措施，如先税后证、先税后书、土地丈量、以税控税等也需要房产、土地、国税等有关部门的配合才能够更好地实施征管，从而导致地方税体系中征管水平较低的小税种加大了地方政府税收收入流失的可能性。

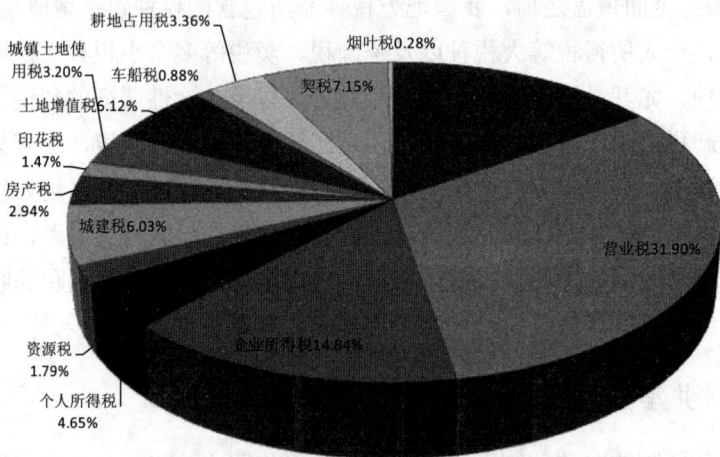

数据来源：根据《中国统计年鉴（2014）》数据计算而得。

图 1　2014 年我国地方税收收入中各税种所占比例

2   "营改增"对我国地方税体系的影响

2.1   "营改增"对地方税税种结构的影响

"营改增"实行之前，我国地方税中占比最高的主体税种就是营业税，近年来，其占地方税收总额的比重基本上在 33%左右。[①]"营改增"这一税制改革措施无疑动摇了营业税的主体地位，使地方税收收入大量减少，造成了地方税主体税种的缺失，改变了地方税体系的税种结构。为弥补"营改增"所带来的地方税空缺，需要重新确立新的地方税主体税种，以此来保证地方政府能够拥有稳定可靠的收入来源。

---

① 崔志坤."营改增"背景下完善地方税收体系的思考[J]. 经济纵横，2014 (1).

2.2 "营改增"对地方税收收入的影响

地方税收收入是地方政府财源的重要保证，但是从目前情况看，主要依靠地方税收收入支撑的地方政府收入严重不足，常常入不敷出。从本文上面的分析可以看出，对地方的税收收入贡献最大的是营业税，仅 2014 年占比就达到 31.90%。分税制决定着营业税的收入主要由地方政府支配，而增值税作为共享税，地方政府只能按一定比例享有其税收收入，目前该比例为 25%，这样看来"营改增"后地方税收收入总量会受很大影响。此外，以劳务营业额计征的营业税的计税依据比按产品和劳务增值额计征的增值税大，而实行"营改增"后增值税收入的增加额显然不足以弥补营业税收入的减少额，又从另一方面减少了地方政府的收入。这就说明了"营改增"这一改革措施直接导致了地方税收收入总量的大幅下降，进而减少了地方财政收入，拉大了中央与地方收入的差距。

2.3 "营改增"对地方税征管的影响

2.3.1 对地方税征管业务量的影响

地方税务机关的主营业务是营业税的征收，营业税征管的业务量占地方税务机关全部税收征管业务量的比重大约 50%。[①]地方税务机关负责征管的是地方税，比如营业税，而像增值税这种中央与地方共享税则是由国家税务机关征收，"营改增"无疑在一定程度上缩减了地方税务机关的征税业务量，而国家机关征税业务量则呈上升趋势，"营改增"全面覆盖后按照现行的征税原则，可以预见地方税务机关的征管业务量会缩减到原来的一半，从而使得地方税务机关与国家税务机关征管业务格局的重构问题再一次成为讨论的热点。

2.3.2 对税收征管效率的影响

从短期视角来看，"营改增"可能会降低税收征管的效率。因为一方面地税部门需要整理以前应交纳营业税的企业的相关资料转交国税部门，而往往交接工作过程中可能出现一些纰漏导致税收未能及时征收；另一方面，在"营改增"减少了地方政府收入的背景下，地税部门配合改革实施的积极性可能会降低，这造成地税部门办事拖拉，降低征管工作的效率。

但从长远视角来看，"营改增"在一定程度上也可以提高税收征管效率。营业税与增值税并征期间出现了不少问题，比如对于一些兼营企业，增值税与营业税都可以缴纳，这样就使得税收征管机关不能够准确地确定其税基与计税依据，一些企业以此来进行避税，甚至偷税、漏税，这成为税务机关征税过程中面临的难题。增值

① 高培勇. 营改增三个需要考虑的后续安排[N]. 中国财经报，2015-2-10 (006).

税发票由国税局统一管理，且具有防伪技术，在我国管理较严格，在一定程度上减少了虚假发票泛滥的现象。"营改增"后原先缴纳营业税的企业的税收发票全部纳入税控联网，有效地抑制了偷税漏税等违法行为的发生，使税收的公平和税收征管效率进一步提高。

3 "营改增"后重构地方税体系的思考

3.1 科学划分中央与地方财权

"营改增"这一改革所涉及的并不仅仅是营业税与增值税的整合，还牵涉中央与地方财政关系的调整。随着营业税改征增值税，地方政府几乎算得上是唯一的主体税种也缺失了，实质上是打破了自 1994 年以来的分税制财政体制格局。"营改增"以来地方政府的税收收入越来越少，但事权却有所增加，比如城乡一体化带来的农村建设问题，居民的社会保障问题等都需要地方政府承担很大的责任，这种财权与事权不匹配的矛盾非常不利于经济社会的健康发展以及财政收入的合理划分。因此需要合理规划中央与地方的财权，保障各自的基本权益以及职能的发挥。除此之外，中央还应该合理地增加授予地方政府的财权，为地方政府增加税收收入提供更多可能性，从而改善地方政府入不敷出的处境。首先应通过调整增值税中央与地方分享比例来提高地方政府所占份额；其次应允许地方政府按照当地实际情况调整部分税种税率；此外还应该增加各征管部门的内在联系、合作与信息互通，简化征管程序，提高工作效率。

3.2 改革完善地方税种

"营改增"使地方税失去了主体税种，为了维持地方税体系的稳定和健康发展，需要尽快探索新的地方税来替代营业税。财产税具有税源流动性低，税收来源与规模较稳定客观的特点，且财产税的税基会随着经济发展变宽，税基变宽意味着税收收入增加，从而为其日后成为地方税的主体税种提供可能性。此外，开征财产税也有利于缩短地区间的贫富差距，使各地区之间协调发展。

另外，合理制定辅助税种的制度也是完善地方税体系的有效方法。首先，应改革完善现有税种，对于个人所得税应逐步实行分类与综合相结合的模式，严格控制纳税人自行申报与第三方信息核对的税源管理。另外，由于消费税是对特定税目征收的税种，可以采取扩大征税范围的方式，尤其应涵盖高消费、高污染、高能耗的税源；对于资源税则应将征税范围扩大到森林等自然资源，并且适当提高实行从量计征税源的征收标准，增加其税负。其次，应开征新的税种。如开征遗产税与赠与税，除可以增加税收收入，还可以缩短贫富差距，要合理确定纳税人、计税依据、税率、税收扣除项目等，使其充分发挥调节社会再分配的作用。最后，还应开征环境税，以环境税取代排污费，在扩大资源税征税范围，改变计征方法，将更多污染产品纳入消费税征税范围的基础上，最主要的是将一般污染物和二氧化碳排放纳入征税范围。

3.3　加强税收征管制度的建设

首先，"营改增"实施的相当一段时间内由于存在将地税部门原来征收营业税的那部分税源的权利转向了国税部门的问题，这需要国税、地税两部门主动联系，协调合作，同时还应保持各部门的独立性，不受其他部门的影响。其次，应当合理明确国地税部门的征管权限，避免由于国地税部门征管权限的不明确造成的征税混淆、重复征税的现象。此外，应加强税收征管力度，加大稽查管理力度，对于偷税漏税的违法违规现象加大惩罚力度，使征管更加法制化、严谨化、高效化。最后，应当提高税收征管部门人员的整体素质，不但要对其进行专业培训提高业务素质，还应加强其法律意识、自我约束的能力以及爱岗敬业的精神。

3.4　健全地方税收法制体系

税收立法权在我国相对比较集中，使得地方政府在这方面没有自主权，无法根据各地区的实际情况完善税制，进而缩小地区差异，只能被动接受全国人大制定的税收法律，并在不违背法律的情况下制定一定的法规条例，这样使得地方政府自主发挥职能的范围受限。因此，应该赋予地方政府一定的立法权限，主要是对于开征地方税税目和调节地方税税率的权力，以此来进一步保证地方政府收入的稳定可靠，促进经济发展。

3.5　建立健全相关配套措施

首先，转移支付作为地方政府财政收入的来源之一可以适当弥补地方政府由于"营改增"而造成的税收收入流失，使地方政府在税收收入之外的领域也有机可寻，所以要尽快完善中央对地方政府的转移支付制度，从而保证地方政府在收不抵支时还有转移支付的资金做支撑，而不是盲目靠举债筹措资金。虽然在新常态下，税收收入的增长速度由高速向中低速转变，随着经济社会发展逐渐稳定以及中央政府财力的增强应加大政府转移制度的力度，消除我国经济存在发展不均衡的弊端，同时财政转移支付可以适当地向中西部等经济相对欠发达的地方倾斜，也可以不依靠中央政府的力量在地方政府之间横向进行。

其次，要尽快建立健全地方政府财权与事权相匹配的制度。面对目前地方政府税收收入减少的局面，其财政收入也必然会受很大影响，这对于一直以来承担的事权都大于财权的地方政府来说无疑是雪上加霜。目前我国的行政管理体制可以分为中央、省、市、县和乡五级，行政层级过多使得财税管理过程复杂，分工不明确，经常造成中央与地方财权和事权不匹配。从长期来看，比较好的改革突破口是将五级改为三级分税制行政管理体制，划分级数扁平化可以使中央与地方责任的划分更明确，从而缓解地方政府的尴尬处境。

参考文献

（1）高培勇. "十二五"时期的中国财税改革[M]. 北京：中国财政经济出版社，2010：119～134.

（2）刘佐. 中国地方税制概览[M]. 北京：中国税务出版社，2012：2～33.

（3）辛连珠. 营业税改征增值税政策讲解与案例分析[M]. 北京：中国税务出版社，2013：1～13.

（4）高培勇. 营改增三个需要考虑的后续安排[N]. 中国财经报，2015-2-10(006).

（5）查勇，梁云凤. 新常态下财税改革方向及政策建议[J]. 财政研究，2015(4)：78～80.

（6）程瑶，郭欣. 当前形势下完善地方税体系的思考[J]. 财会研究，2015（10）：20～23.

（7）崔志坤. "营改增"背景下完善地方税收体系的思考[J]. 经济纵横，2014（1）：34～37.

（8）董文信. "营改增"后中央与地方税收分配比例问题研究[J]. 合作经济与科技，2015（2）：178～179.

（9）高萍. 我国环境税收制度建设的理论基础与政策措施[J]. 税务研究，2013（8）：48～51.

（10）葛静. "营改增"后重构我国地方税体系的思路和选择[J]. 税务研究，2015（2）：57～61.

作者简介

刘秀丽，女，1962 年生人，管理学博士，天津财经大学经济学院财政与公共管理系教授。

林雨薇，女，1993 年生人，经济学学士，天津财经大学经济学院财政与公共管理系研究生。邮箱：eveywemail@126.com

"营改增"对第三方支付行业的影响[*]

陈旭东　　王雪明

摘　要：近些年来，第三方支付行业发展迅速，市场规模不断扩大。但是，第三方支付行业盈利模式单一、基础薄弱，希望得到税收支持。在全面"营改增"下，第三方支付行业面临着挑战和机遇。本文从第三方支付企业当前税收政策出发，浅析"营改增"对第三方支付行业的影响，并对企业和政府提出建议。

关键字："营改增"；第三方支付；税收政策

第三方支付行业近些年来在国内蓬勃发展，2015 年总交易量达到约 31.2 万亿元。[①]第三方支付已成为中国多层次金融服务体系的重要组成部分，线上线下融合、跨境支付、互联网金融等有望成为第三方支付业未来的新"蓝海"，对经济发展也必将发挥越来越重要的作用。但是，由于第三方支付属于新兴行业，目前政府部门对该行业的规定和监管政策还有诸多不明确之处。在"营改增"税改大潮中，第三方支付行业更是被推上了风口浪尖，其税收政策也一直备受关注，但存在较大争议。

1　当前第三方支付的行业定位

2010 年以前，第三方支付作为新兴行业，法律及监管部门为鼓励其发展并没有对其进行过多限制，相关税收规定也比较模糊，这也导致了税务部门征税和企业纳税均出现一些不够规范的情况。例如，很多第三方支付企业缴纳营业税时按照"服务业——其他服务业"税目进行申报，甚至还有其他税目及方式。

2010 年 6 月 21 日，中国人民银行发布央行令，制定并出台《非金融机构支付服务管理办法》，其中明确规定：非金融机构支付服务是指非金融机构在收付款人之间作为中介机构提供货币资金转移服务，包括网络支付、预付卡的发行与受理、银

---

* 本文系天津市社科基金项目"区域经济发展中的金融创新与税收政策保障体系研究"（项目编号：TJYY13-045）的阶段性成果。

① http://img3.qianzhan123.com/file/201603/30/20160331-e51046c23c9be6e5.pdf 前瞻产业研究院整理。

行卡收单以及央行确定的其他支付服务。其中网络支付行为包括货币汇兑、互联网支付、移动电话支付、固定电话支付、数字电视支付等。该《办法》虽然明确规定，非金融机构提供支付服务，应当取得《支付业务许可证》并接受中国人民银行的监督管理，但是仍然没有明确其行业归属。直到 2011 年，国家统计局对《国民经济行业分类》第三次修订时，将第三方支付行业明确列为"金融业——其他金融业——非金融机构支付服务"（代码 6930）。至此，第三方支付行业最终得以"正名"。

2　"营改增"之前第三方支付行业的税收政策

2.1　第三方支付企业的营业税政策

非金融支付机构的收入来源主要有两部分，一是来自交易双方所缴纳的手续费；二是来自大量沉淀资金所产生的利息收益。对于手续费收入的适用税目，根据一系列规定对第三方支付行业的定位，可以说是将第三方支付企业从事的业务纳入了金融业务范畴。因此，按照现行的税收规定，第三方支付企业从事支付业务收取的手续费应按照"金融保险业"税目缴纳营业税。根据其业务形式，第三方支付企业收取的手续费属于《金融保险业营业税申报管理试行办法》规定中的"金融经纪业务和其他金融业务（中间业务）"，同时《金融保险业营业税申报管理试行办法》规定，对于金融经纪业务和其他金融业务（中间业务），营业额为手续费（佣金）类的全部收入包括价外收取的代垫、代付、加价等，从中不得作任何扣除。因此，第三方支付企业这部分营业额不能实行差额征税。第三方支付企业在收到手续费并作相应会计分录后，按 5% 计提营业税。

2.2　第三方支付的所得税政策

第三方支付所得税政策涉及两个方面：一是应纳税所得额的确定问题，前面已经提到第三方支付企业收入来源主要包括两部分：手续费和利息，因此第三方支付企业应该就这两部分所得扣除一定的费用项目计算出应纳税所得额，并按照应纳税所得额的 25% 缴纳企业所得税；二是纳税地点问题，第三方支付提供金融中介服务，其所得分为两部分：线下所得和线上所得，根据《中华人民共和国企业所得税法实施条例》第七条规定，其线下所得应按照企业场所所在地确定纳税地点缴纳所得税，线上所得应在网络服务器所在地缴纳所得税。

至于沉淀资金利息收入，即非金融支付企业获得的沉淀资金利息收入或将沉淀资金部分转为定期存款所带来的利息收入，因为没有特殊规定，暂参照现阶段其他企业所得银行存款利息，在最后并入收入缴纳企业所得税，所以在收到利息时不需再做额外的税务处理。

3　"营改增"后第三方支付的增值税税收政策

根据国家税务局对金融业增值税税收政策指引，营改增后，对从事"金融服务"税目范围的单位和个人征收增值税，只是在部分特定的税收优惠上（如同业往来免征增值税），由于需对免税主体、业务等作出限定，仍然在附件三《试点过渡政策》和其他文件中，明确了金融机构的范围。但这不影响金融业增值税作为行为税的特征。

金融机构是指：

（1）银行：包括人民银行、商业银行、政策性银行。

（2）信用合作社。

（3）证券公司。

（4）金融租赁公司、证券基金管理公司、财务公司、信托投资公司、证券投资基金。

（5）保险公司。

（6）其他经人民银行、银监会、证监会、保监会批准成立且经营金融保险业务的机构等。

作为第三方支付行业主要收入来源的直接收费金融服务，税收政策指引中也作了规定。直接收费金融服务，是指为货币资金融通及其他金融业务提供相关服务并且收取费用的业务活动。包括提供货币兑换、账户管理、电子银行、信用卡、信用证、财务担保、资产管理、信托管理、基金管理、金融交易场所（平台）管理、资金结算、资金清算、金融支付等服务。

一般纳税人适用税率为 6%；小规模纳税人提供金融服务，以及特定金融机构中的一般纳税人提供的可选择简易计税方法的金融服务，征收税率为3%。

因此，第三方支付企业可以根据自己实际情况选择成为一般纳税人或者小规模纳税人。

4　当前第三方支付存在的税收问题

4.1　在"营改增"实施前后成立的第三方支付企业抵扣情况不同

在"营改增"实施之前成立的第三方支付企业，因当时并未实施增值税政策，并且机器、设备等固定资产购买行为都发生在企业成立之初，导致当时购买的大量固定资产等所缴纳的增值税不能抵扣。

而在"营改增"实施之后成立的第三方支付企业，因其购买大量机器、设备等固定资产行为发生在增值税实施之后，因此，可以取得增值税专用发票，并在相关会计年度进行抵扣。

第三方支付行业是一个机器、设备等固定资产占比较大的行业，并且大部分投资行为都发生在企业成立之初，这种特征导致"营改增"实施前后成立的第三方支付企业税收负担差别较大。

4.2　第三方支付行业沉淀资金收益性质不清导致纳税不明确

央行 2010 年《非金融机构支付服务管理办法》第二十六条规定，支付机构接受客户备付金的，应当在商业银行开立备付金专用存款账户存放备付金，中国人民银行另有规定的除外，以及央行 2013 年公布的《支付机构客户备付金存管办法》规定支付机构只能选择一家商业银行作为备付金存管银行。对于人们普遍关心的沉淀资金利息问题，征求意见稿也规定，部分利息归属于第三方支付机构，支付机构最多可获得利息的 90%，但是这条规定在正式公布时被删除，这也说明该笔收入仍然争议较大。有人认为，应把这部分利息收入归为第三方支付企业提供金融服务所得手续费收入，要缴纳增值税；有人认为，该把此收入归为利得，缴纳所得税。所以，第三方支付行业沉淀资金性质不清，则无法按规定缴纳税款。

4.3　第三方支付企业发票开具存在问题

在中国这样一个以票控税为税收管理机制的国家，企业发票作为纳税凭证在纳税过程中起到了非常重要的作用。第三方支付企业相当一部分业务通过网络线上完成，而网络交易具有电子化、无纸化的特征，电子发票容易被修改并且不留痕迹。数字信息加密技术在维护网络交易安全的同时，也为企业藏匿交易信息等逃税行为提供了帮助。

《网络商品交易及有关服务行为管理暂行办法》第 15 条规定，网络商品经营者和网络服务经营者向消费者出具的购货凭证或者服务单据，应当符合国家有关规定或者商业惯例，征得消费者同意的，可以以电子化形式出具。但对于网络商品经营者和网络服务经营者开具发票的义务该文件并未明确规定。

根据相关规定，第三方支付企业在取得营业收入的同时应立即开具发票。现实却不尽如此，许多第三方支付企业做不到立即开具发票，不能准确开具发票，甚至不开发票。

5　"营改增"给第三方支付企业的机遇与挑战

5.1　"营改增"给第三方支付企业带来的机遇

5.1.1　税费减少，企业利润增加，有利于提高企业资金使用效率

"营改增"前，第三方支付企业的建筑物和设备投资等不能抵扣进项税额，企业就会降低这方面投资以减少缴纳税款，进而出现投资不足的现象。"营改增"后，抵扣链条得到完善及顺畅，第三方支付企业可以通过税务筹划，合法抵扣进项税额，并且可以降低企业的运营成本，这样会促使企业加快更新旧设备的速度，企业的资产结构也会得到优化，达到发展企业和降低税款的双重目的。比如，购买新设备可以取得增值税发票，可以抵扣税款；人力薪资报酬不能抵扣，第三方支付企业可能就会减少人力的雇佣。这样，第三方支付企业就能得到更多的利润，把更多的资金用在更需要的地方，有利于企业高效配置资金，提高资金使用效率，有利于该行业的创新和发展。

5.1.2　促进第三方支付企业经营模式的转变

目前，第三方支付企业的盈利模式比较单一，包括显性收益和隐性收益两部分（参见图 2）。其中，显性收益包括交易服务费收入和广告费收入等；隐性收入指沉淀资金或者备付金的利息收入。第三方支付企业的费用主要包括平台系统建设维护支出、支付给合作银行的服务费、市场推广费用和职工薪酬等。

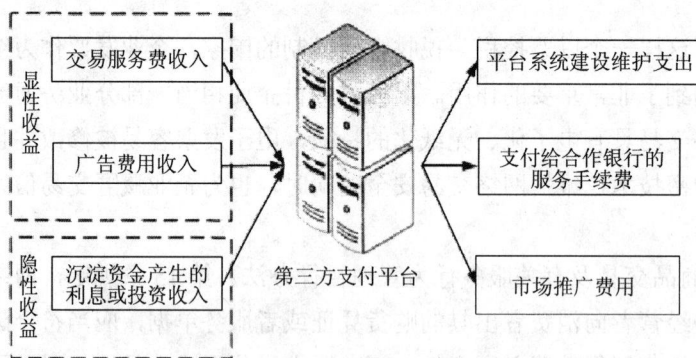

第三方支付企业的主要收入及费用结构

图 2　第三方支付企业的主要收入及费用结构

资料来源：王琪. 第三方支付企业与商业银行的竞争与合作研究[D]. 首都经贸大学.

"营改增"后，第三方支付企业也将面临越来越复杂的问题，这影响到企业选择怎样的发展经营模式。专业化发展可以将有限的资源投入到企业擅长的业务领域中，方便专业化管理。但是，这将导致第三方支付企业盈利模式单一，加大风险。全面发展需要大量的资源，会造成核心能力的缺失，但有利于企业分散风险，提高盈利能力。

5.1.3　影响投资决策，有利于企业拓展业务

目前，第三方支付企业结构简单，盈利模式单一，要想在市场中立足，还需要相关业务的拓展。"营改增"对第三方支付企业来说是前所未有的机遇。"营改增"有利于减轻企业税负，企业可以拿出更多的资源尝试增加更多的业务，寻找更多的盈利点。同时，由于增值税的特点，第三方支付企业也可以通过合理配置资源，在发展中多开展在纳税时可以取得增值税发票抵扣税额的业务，通过税务筹划以达到减少纳税的目的。这关乎着第三方支付企业的未来和发展方向，也决定了第三方支付能否经得住"互联网+"的考验。

5.2　"营改增"给第三方支付企业带来的挑战

5.2.1　如何选择计税方法影响企业发展战略

纳税人分为一般纳税人和小规模纳税人。纳税人提供金融服务的年应征增值税销售额超过 500 万元（含本数）的为一般纳税人，未超过规定标准的纳税人为小规模纳税人。

一般纳税人适用税率为 6%；小规模纳税人提供金融服务，以及特定金融机构中的一般纳税人提供的可选择简易计税方法的金融服务，征收税率为 3%。

这就意味着第三方支付企业可以选择增值税适用税率为 6%，或者选择按简易计税方法，征收税率为 3%。怎样选择计税方法将影响第三方支付企业发展战略，因为不同的计税方法有不同的特点，会导致税费的增减，为了企业的长期发展，应选择适合企业发展战略的计税方法。

5.2.2　"营改增"推出后政策的细则还需不断完善，第三方支付存在转型升级的压力

"营改增"政策落地后，尚有许多细则政策有待明朗化。随着第三方支付行业涉及金融服务日益增多，如何监管和对该行业进行征税成为重要问题，特别是在进项税额和销项税额难以有效监控的情况下。除此之外，"营改增"后，第三方支付行业的增值税进项税额如果处理不好，还有可能增加企业负担，如何化解税费负担，需要寻找转型升级的发力点。

6 对第三方支付企业及政府部门的政策建议

6.1 对第三方支付企业的建议

6.1.1 合理运用增值税优势和税收优惠政策，增加企业利润

第三方支付行业是劳动密集型和资金密集型行业。该行业人工成本因不能进行抵扣而可能会造成企业税负过大，因此，第三方支付行业只有通过裁员的方式来降低成本。另外还可能会通过提高自动化水平的方式来降低对人员的依赖程度。除此之外，可与能开具增值税发票的企业多开展业务，尽可能多地抵扣进项税额，也可以达到合理减税或避税的目的。对于第三方支付企业而言，这些是利用合理的税务筹划手段降低成本、增加利润最为有效的方法。

6.1.2 加强抵扣控制，转变第三方支付企业的经营方式

第三方支付企业增值税抵扣控制方面的不足主要是因为当前我国支付企业的规模小、数量众多、内部产权和治理问题较突出，有些支付企业采取外包的经营方式。在外包经营方式下，企业较少参与经营，采取个人管理的方式就导致了企业增值税抵扣控制方面的不足。由此可见，为了更好地实现增值税应有的作用，不同的行业应采取不一样的方式。对于第三方支付行业来说，加快转变经营方式，优化企业的产权结构，落实解决公司治理及内部控制的问题，加强抵扣控制。改变现有经营方式，拓展业务模式，增加利润，减少税费，更好地利用资金和资源，是第三方支付企业所希望的。

6.1.3 拓展更多相关业务，寻找更多盈利点

第三方支付企业随着"互联网+"政策的实施和"营改增"政策的支持，将会获得更大的发展便利和利润空间。现在，第三方支付企业应该把业务植入到支付领域的各方面，拓展更多的市场业务，打造更广阔的业务基础，寻找更多的盈利点，这也是第三方支付企业立足的基础和潜力所在。

6.2 对政府及监管部门的建议

6.2.1 完善第三方支付的法律框架，构建一个可行性高的监管体系

第三方支付以其实力和信誉为保障，提供了一个交易平台，这种服务不知不觉地改变着人们的生活方式和习惯。第三方支付税收难题中一个重要因素就是相关法律的缺乏，导致无法可依，造成纳税困惑。因此，相关部门应尽快出台有针对性的法律法规，确立一个明确的、与"营改增"背景相适应的征税办法，做到税收法定

原则，并且努力达到税收中性结果。

第三方支付交易处在网络之中，是基于 IT 技术的即溶延伸性服务，涉及很多金融规则和敏感信息，并且网络交易数据、账簿、凭证等都是以数字形式存在的，可以人为进行不留痕迹地修改、删除。而我国的税收基础是以纸质凭证进行计税和稽查的，这就对现有的税收和监管体系造成了冲击，也带来了挑战。因此，要建立一套完善的网络交易监控系统和征税系统来适应现代征税体系的变化。

6.2.2　完善相应的配套措施

为保证第三方支付行业"营改增"的推进，除了制定适合经济发展的增值税征收方面的政策外，还需要完善相关的配套政策及措施。首先，完善发票管理制度。统一增值税发票适用，规范凭发票抵扣进项制度，完善增值税发票管理系统。其次，进一步提升税务机关的征管水平及办事效率。第三方支付行业纳入增值税征管体系会使得增值税征管难度加大，对相关人员的需求量增加。为配合增值税政策，原来征管人员要加强专业知识的培训，提升征管水平和效率。

参考文献

（1）财政部，国家税务总局. 关于全面推开营业税改征增值税试点的通知（财税〔2016〕36 号）.

（2）蔡昌. 金融业"营改增"：政策导向、经济效应与财税政策[J]. 税务管理（综合），2016（5）.

（3）董毅，马灵杰. 当前我国金融业推行"营改增"的难点及对策[J]. 财会研究，2014（6）：13～14.

（4）高培勇."营改增"的功能定位与前行脉络[J]. 税务研究，2013（07）.

（5）赵文超."营改增"：原因、难点、未来[J]. 财会月刊，2014（16）.

（6）张杨帆."营改增"中存在问题的探究[D]. 山东大学，2014.

（7）谭卡吉. 第三方支付现状与问题研究[J]. 金融与经济，2012（04）.

（8）聂嘉. 第三方支付平台盈利模式的分析[J]. 电子商务，2013（6）.

（9）陈一稀，李纳. 互联网金融下第三方支付的发展及对策建议[J]. 新金融，2014（08）.

（10）郭宗睿. 第三方支付平台交易相关的会计处理——以支付宝为例[J]. 财会月刊，2013（4）上.

（11）李谧. 第三方支付税收法律问题及其解决方案初探[D]. 西南财经大学，2013.

（12）朱绩新，章力，章亮亮．第三方支付监管的国际经验及其启示[J].中国金融，2010（12）.

（13）王琪．第三方支付企业与商业银行的竞争与合作研究[D].首都经贸大学，2012.

作者简介

陈旭东，1977 年生人，经济学博士，天津财经大学经济学院，教授。

王雪明，1991 年生人，天津财经大学经济学院财政学专业硕士研究生。邮箱：wxm7017@163.com

我国建构遗产税制的若干问题探讨

李玉兰

摘　要：遗产税是一个有争议且复杂的税种，结合我国的现状，在各种因素的影响下当前我国开征遗产税是大势所趋。遗产税在性质上宜界定为所得税（继承税），采取先分遗产后征税的分遗产税模式，遗产税兼有财政及调控收入分配的功能，在财政分权体制中，遗产税宜界定为中央税，并赋予地方一定的税收利益分配。遗产税的开征还要有完善的征管机制。

关键词：遗产税；分遗产税制；量能课税原则

世事无常，唯一可确定者，惟死亡与纳税耳。①遗产税与两者密不可分，对其加以探讨有深远意义，开征遗产税理应成为构建现代税制的重要一环。

1　遗产税的意义与税制类型

遗产税是以遗产为课税对象所课征的税，就是财产所有者死亡时，将其财产转移给他人时政府依法课征的税种。所课征遗产税的遗产，包括动产和不动产。所征税的转移不仅是死亡的转移，而且包括生前的转移或者赠与，不仅有遗嘱的转移，而且包括无遗嘱的转移。

遗产税分析起来至少有两种不同的含义：第一种是总遗产税，不论死亡者的遗产分作若干份传给后人，但都以其财产总额为税基所征收的税。如英国的死税（Death Duty)或总财产税（Estate Duty)，德国战后的总遗产税（Nietze)。第二种是继承税，死亡者的遗产总额，都以继承人应继承的份额为税基而课征的税，如英国的继承税（Succession Tax)。换言之，总遗产税是对遗产额征税，继承税是对继承额征税。

遗产税因税基不同，有总遗产税与继承税两种，它们性质也不同。遗产税是特别的财产税，因为它们的税源是转移中的财产价值，并且它的税基是财产本身。继

---

① 此为美国谚语。美国经济学家将该俗谚改为"世事无常，唯一可确定者，惟死亡与租税改革"。

承税是特别所得税，继承人因继承的所得突然增高，与平时的劳动所得或财产所得不同，并且它又是在继承开始时征税。如果既征收总遗产税又征收继承税，那便是混合税。

总体而言，在实行遗产税的国家中，主要有三种典型遗产税立法模式：总遗产税制，其核心内容是以财产所有人（被继承人）死亡后遗留的财产总额为课税对象，此种税制模式以美国为代表；分遗产税制，其核心内容是按国家有关继承法规先分配遗产，然后再就各个继承人取得的遗产份额课税，此种税制以日本为代表；总分遗产税制，对被继承人死亡时遗留的遗产总额课征一次总遗产税，再对税后遗产分配给各继承人的遗产份额在达到一定数额时课征一次分遗产税，此种税制以意大利为代表。

以上三种模式各有利弊，其中总遗产税制关注的中心是被继承遗产的数量，具有主体单一、税源可靠、税率简单、便于征管等优点；而分遗产税则是考虑到了与被继承人的亲疏关系以及负担能力而进行纳税，体现出遗产继承人之间的相对公平，但是其计算过程复杂，征收成本相对较高；总分遗产税虽然能够有效控制税源，并且能够体现出继承人之间纳税的相对公平，但手续繁琐，并有重复纳税之嫌。选择何种模式，要与本国国情、经济发展水平、税收征管技术相关联。

2 我国开征遗产税相关政策分析及其理论依据

2.1 遗产税相关政策

遗产税在国外历史悠久。据考证，早在 4000 多年前的古埃及就开征过遗产税；近代意义上的遗产税始于 1598 年的荷兰；此后，英国于 1694 年、法国于 1703 年、意大利于 1862 年、日本于 1905 年、德国于 1906 年、美国于 1916 年相继开证遗产税。

新中国成立前，遗产税在清朝就引起了官僚阶层中开明之士的重视，在 1901 年刘坤一和张之洞等洋务派人士提出引入西方遗产税的建议，1915 年中国第一次拟定了遗产税条例草案，但是由于种种原因在当时未能开征；1938 年 10 月 6 日国民政府正式颁布了《遗产税暂行条例》，从 1940 年 7 月 1 日起正式实施，并且相继颁布了《遗产税暂行条例实施细则》以及《遗产评价规则》等相关配套法规，在抗日战争胜利后，国民政府又废止《遗产税暂行条例》，颁布了《遗产税法》，这是中国历史上第一部遗产税法。

新中国成立后，遗产税曾被纳入到立法体系中，1950 年中央人民政府政务院颁布的《全国税政实施要则》中对遗产税税种给予保留，但同年规定遗产税暂不开征。

改革开放后，尽管遗产税依然没有开征，但受到学界和社会公众的高度关注，政府部门与党的相关政策也逐渐对其给予肯定，这直接体现在政府部门与党的方针政策当中。例如，在 1993 年国务院批转的《工商税制改革方案》中提到了遗产税；1994 年的税制改革将遗产税列为国家可能开征的税种之一；1996 年又将遗产税写入国家"九五"计划和 2010 年远景目标；1997 年党的"十五大"明确提出开征遗产税；2001 年《国民经济和社会发展第十个五年计划纲要》也提出适时开征遗产税；2010 年，经过修订的《遗产税暂行条例（草案）》上报国务院；2013 年国务院批转了发改委、财政部、人力资源和社会保障部制定的《关于深化收入分配制度改革的若干意见》，其中明确提出要研究在适当时期开征遗产税的问题。

2.2　开征遗产税主要理论依据

关于遗产税的争论已经多年，在当下社会转型，贫富分化加剧，关于遗产税是否开征的争论愈加激烈，不同阶层的人们出于对遗产税制度架构的模糊认识或者出于各自独特的心态，对遗产税的开征有不同的考量。一方面，因为它是适合公平和能力的税种；另一方面，因为继承巨额财富是阻碍社会发展的产物。

各国财政学者为了维护这种财政税收，找到在学术上的理论依据，因为理论如果没有事实，就不能证明他是正确的；事实如果没有理论，当然也会缺乏存在的根据。我国现在想要开征遗产税，应该找出理论的依据。国外有很多此方面的学说，比如没收推广说、溯往征税说、劳费学说、继承权利说、财产衡平学说等。其中只有继承权利说和财产衡平学说才算较为合理。

继承权利说认为政府与人民构成一种劳务与报酬的关系。它的意思是说继承人的继承权和遗产人的遗赠遗产权是国家所授予的。换句话说，继承权是国家法律所赋予的。国家给予人民这种权利，就是劳务；人民对国家的劳务当然应该付与一种代价。那么，当遗赠或继承的时候，国家向继承人索取报酬，自然也是正当的行为。

财产衡平学说是想拿遗产税来做平均财富分配的工具。社会上因为有承袭很多财产的人，一定会导致发生贫富极不平等的现象。运用遗产税的方法，可以矫正这种弊端。主张这个学说的学者有很多，如英国穆勒在他的经济学里就主张限制遗产。他说："除了相当独立生活所需要的财富外，没有人应该享受再多的遗产。"

可是这些理论依据都有偏颇之处，不足以作为全面解释遗产税的真正理论依据。尤其不能解释为什么要征收遗产税。归纳起来，我们可以从财政、经济、社会政治方面找出理论依据：

（1）财政上的理论依据

现代国家经费的膨胀是必然的趋势，财政只有在量出为入与量入为出的交流中，征取所需经费，必须得考虑到最小牺牲原则。遗产税的作用：第一，此税是分富人的所有，却不加重贫民的负担，适合能力原则；第二，遗产税是在继承者未分得遗产之前征收的，符合最小牺牲原则；第三，此税收入颇多，符合财政原则；第四，只有在给予和接受遗产时才征收遗产税，符合便利原则。

（2）经济上的理论依据

我国经济已具备了开征遗产税的经济基础，经济长期高速发展，国民 GDP 不断攀升，人民储蓄总量持续增长，并且出现了相当一部分人进入高收入阶层，占储蓄账户 20%的高收入阶层，其存款总额占 60%以上。[①]并且富有阶层也在不断扩大。遗产税是节制个人资本的利器之一，防止资本的集中，而且减少了社会的浪费，增加了社会生产力，这等同于制造了国家的资本。

（3）社会政治上的理论依据

严重的社会贫富分化。我国的基尼系数从 2003 年到 2013 年一直处于 0.47 之上，贫富差距持续突破国际警戒线，这种严重的贫富分化不仅会在相当程度上抑制经济发展，而且会严重影响社会稳定。遗产制度是造成社会上财富分配不平均的最大原因，也是制造不生产阶级的原动力，所以遗产制度是社会经济发展的障碍。

遗产税征收的法理基础在于：国家中的一小部分公民，由于在社会上处于强势地位，因而对某种社会资源形成了垄断，他们利用其垄断地位，创造了有利于自己的资源配置方式，进而占有了其他社会成员应该拥有的财富。因此，少部分公民的巨额财富中，有很大一部分份额不应留给后代，本应属于全社会，国家应该承担起将这部分财富收归社会的职责。

政府税收杠杆和调节作用则是调节贫富分化差距的重要路径，其中遗产税是对社会财富的存量调节，有助于弥补个人所得税制度不足，调节分配不均的程度显著；有助于推进财产公示，推进反腐进程；有助于激发民族创新力及社会稳定。

2.3　我国遗产税制的建构

2.3.1　遗产税的性质定位与税制模式

遗产税立法模式有总遗产税制、分遗产税制及总分遗产税制，不同模式各有优缺点。遗产税的性质定位及选择哪种模式涉及税法的基本价值，即量能课税与稽征效率问题。应当在借鉴其他国家（地区）规定的基础上，充分考虑我国国情，实现

---

① 陈晓洁. 我国遗产税立法问题研究. 西南财经大学（硕士论文），2007.

法律移植与本土资源的有机结合。

（1）主张征总遗产税制的理论依据有以下四点：第一，法律方面，即死者的财产权，以总额为税基。第二，经济方面，即承认遗产税是溯及既往税的。第三，均富说，即总遗产税能损害财产。第四，财政方面，因为征收费比较少，免税的人也少，累进率适用的人数较多。

（2）主张分遗产税制的理由也有四个：第一，能力方面，赞同者认为只顾死者的遗产不顾继承人的个人经济情况一律都征收税是不公平的。第二，劳务价值方面，即国家规定继承人的劳务价值与应继承部分有密切关系。第三，均富说，即死亡者为了减轻遗产税的总额度，故立遗嘱，将其遗产分散给许多人。第四，经济方面，死者在生前大概已经付过相当的税收，不仅仅是二重税，这对于死者来讲，总遗产税是不应收取的，但是对于继承者，分遗产税是可以收取的。

诚然，总遗产税较能满足财政的需要，但是税收的多少和税基的大小都是重要因子，此外税率的高低也可以左右税收。

（3）我国建构遗产税应借鉴各国和地区尤其是台湾省遗产税的经验教训，具体应遵循以下思路：第一，遗产税应兼顾量能课税原则与稽征效率原则的平衡，稽征效率原则是税法的工具性原则，不得逾越量能课税的实质。第二，遗产税应定性为所得税（继承税），对继承人分得的遗产所产生税负能力而征税，以继承人为纳税义务人，采取先分遗产后征税的分遗产税模式。第三，遗产税的税率宜高于一般所得税。

2.3.2　遗产税的征税条件

征收遗产税的时候，应注意四点，分述如下：

（1）税率不可太高。税收制度不仅仅要考虑国家收入的增多，还要考虑对于国民经济的影响，税负过重使人民不但感受痛苦，而且税源容易干涸。税源干涸，财政收入亦必然随之减少。高税率的税收不能维持长久的丰旺，只能博得一时的增加。遗产税是对于财产所有者死亡时，其遗产移转与他人时所课之税，继承人所得系个人的偶然财产，并非新生的财产，仅是已有的财产移转，社会的财富并未因此移转而增多，多课一分税，财产就会少去一分。如果对此财产课以极严厉的税率，继承人不免有出卖财产抵挡税收的行为。其结果是人民的财产渐渐被高税侵蚀，税源不免枯涸，税源枯涸，税收也将缩减。而且纳税人为避本国的高税率，可能会向国外转移财产。

（2）免税额与扣除额。遗产税税基应以客观净所得为标准，以继承人分得的遗产价值减除免税额、扣除额为税基。各国都有免税额的规定，如合理的殡葬费、遗产管理费、遗嘱执行、有证据的负债额及未成年继承人的教育费等，应自遗产额中扣除，所以遗产税的计算应当除去一切连带责任，只计其纯价值。对于直系亲属小额遗产的转移，应当缘于情而给予免税，其旁支亲属得到遗产，若是意外所得则不在免税之列。有多数国家对于直系亲属以及配偶的遗产所得无论金额大小全部免税。但各项扣除额与免税额的规定，还须周详，以防假冒。

（3）累进税率的探索。税率制度有累退税、比例税、累进税三种。累进税具有财政经济上的效能，税率累进越快，效能越高，但有时高的近于没收，也会引起社会经济的波动。温和的累进税率最适合我国目前的情形。大概说来，最好规定在任一数额以上，课以比例税，再上则课以累进税率，再上则课一累进累进税率。累进税的依据不外下列五种：一是遗产总额或继承额；二是继承人的亲疏等；三是继承人原有财产数；四是继承的人数；五是遗产周转的次数。各国通行的是第一、二种，第五种仅是遗产税法中的备书，第四种仅是附带条件不是主文。所以中国可以探用的是遗产额或继承额及继承人亲疏等两种基础，还要依据我国民法继承有关规定。至于遗产在若干年内重新移转，可借鉴日本遗产税法例。

（4）遗产税立法权应集中于中央。遗产税宜定位中央税，这不仅源于维护税制统一、市场统一竞争和区域间人民生活条件均等化的考虑，更是遗产税课税对象和税制功能特性所决定。遗产税以死者遗产为课税对象，遗产种类繁杂，既有动产和不动产之分，又有有形资产与无形资产的区别，课税对象往往具有高度流动性、跨区域性，如果由地方政府自行立法，地方政府难免以竞争性税率和优惠待遇进行恶性竞争，从而扭曲税收中立原则和统一市场竞争秩序，破坏市场在资源配置中的基础作用。此外，遗产税税源分布不均衡，经济发达地区往往富人集聚，是遗产税的主要税源分布区域，如果遗产税设定为地方税，税收收益相应归于地方，易导致地方政府间财力不均等，不利于地方经济社会的均衡发展。我国目前贫富差距状况，从遗产税的税制功能看它被赋予社会正义、财富再分配的调控功能。经济社会干预调控具有整体性和统一性，在本质上属于中央政府的职责所在，因此，遗产税由代表全社会利益的中央政府统一立法显然更为合适。大多数国家或地区无一不把遗产税作为中央税，由中央享有立法权，如美国、日本、英国、韩国等。台湾省的遗产税也属于"中央税"。[①]

（5）遗产税的收益权配置问题。我国台湾省遗产税收益实质是"中央"与"地方"共用。《财政收支划分法》第八条第二项规定，第一项之遗产与赠与税，应以在"直辖市"征起之收入百分之五十留给"直辖市"，在市征起之百分之八十给该市；遗产税收益之所以归属地方相当比例，源于地方政府直接承担相应公共服务。而我

---

① 单顺安. 我国开征遗产税的意义及制度安排 [J]. 税务研究，2013（3）.

国开征遗产税在该税收益权配置问题上可借鉴台湾省的遗产税经验。

（6）遗产税的稽征权配置问题。按照《关于实行分税制财政管理体制的决定》规定，税收实行分级征管，中央税和共享税由中央税务机关负责征收，共享税中地方分享部分，由中央税务机关直接划入地方金库，地方税由地方税务机构负责征收。按此逻辑，遗产税若定为中央税，自然由国税机关行使稽征权，待国税机关稽征后再划拨相应税款至地方政府。遗产税课税客体的遗产种类繁杂，具有跨区域流动性大等特点（除不动产、大额动产较为稳定外），如果没有一个完善庞大的财产资讯系统、登记申报系统，难以有效掌握遗产的全部，遗产税课征必然存在大量逃税漏税等征管问题。因此，在大数据信息化背景下加强税务机关税收征管效能建设的任务国税系统更能发挥其优势。

总之，遗产税是完善我国税收体系中的重要构成要素，尽管开征遗产税存在诸多争议，但是，根据我国目前实际情况，经济基础已经具备，因此，我国应当尽快创制《遗产税法》，并完善其配套措施，从而更好发挥其职能作用，最终促进社会经济的良性发展与协调运行。

作者简介

李玉兰，女，副教授，天津财经大学。

基于资金流量表分析的企业间接税税收负担及行业分布*

李 颖

李 颖

摘 要： 利用资金流量表中实物交易部分的分析框架、核算原理以及提供的相关数据，从国民收入初次分配视角厘清间接税与生产税净额之间的内在逻辑关系，以生产税净额代表间接税来进行研究。通过对各年度资金流量表中生产税净额的来源与结构进行比对，揭示我国间接税税收负担的内在演化动力和变动趋势。重点分析在国民收入初次分配领域中的间接税税收负担分布情况，主要探讨企业部门的间接税税收负担情况。寻求间接税在私人部门之间的法定归宿，以及初步判断企业间接税的税收负担。同时，对企业部门行业间接税税收负担进行量化研究，探求间接税的行业归宿，分清不同行业间接税的承担情况，对间接税各税种征收制度的行业性进行深入剖析。

关键词： 间接税；资金流量表；生产税净额；税收负担

1 间接税与资金流量表中生产税净额的关系

1.1 资金流量表反映的国民收入分配流程

资金流量表是以全社会的资金运动作为核算对象，反映了国民经济各机构部门之间的资金往来或交易的流量和流向，它是研究社会总财富在政府部门和私人部门（企业和居民）之间分配关系的重要工具。通过对资金流量表的解读，可以看出社会生产结束以后，企业、居民和政府的收入初次分配、收入再分配、消费、储蓄、投资以及资金流通情况。

* 基金项目：国家社会科学基金青年项目"基于税负转嫁的间接税税收负担与城乡居民消费研究"（14CJY085）。

在《中国统计年鉴》中，资金流量表由两部分组成：一部分为实物交易部分；另一部分为金融交易部分。资金流量表中的实物交易部分统计了非金融企业部门、金融机构部门、住户部门和政府部门总共四个部门①在生产活动和投入产出过程中发生的资金流量和流向，具体体现在资金流量表中"资金的运用"和"资金的来源"两个方面，同时这四个部门资金流量的"运用"和资金流量的"来源"是平衡的。

图 1 绘制了资金流量表中反映的国民收入初次分配和再分配形成的过程和原理。它记录了企业、居民和政府部门以增加值为起点，经过初次分配和再分配形成可支配总收入的流程，还反映了劳动者报酬、财产收入、生产税净额、经常转移、社会保险缴款、收入税等各个要素在初次分配和再分配不同环节中各个部门的分配情况。可见，资金流量表是研究我国国民收入初次分配和再分配格局的重要来源和依据。资金流量表中体现的初次分配是各个部门生产活动形成的净成果，即各个部门增加值在参与生产活动的企业、居民等要素所有者以及政府之间的分配。居民部门因提供劳动力等生产要素而获得劳动者报酬，企业部门因提供资本等生产要素而获得利息、红利等收入，政府部门因参与生产活动而获得生产税净额。初次分配的结果形成企业、居民和政府部门的初次分配总收入。在初次分配总收入的基础之上，通过经常转移、收入税等形式对初次分配总收入进行再次分配，再分配的结果则形成企业、居民和政府部门的可支配总收入。

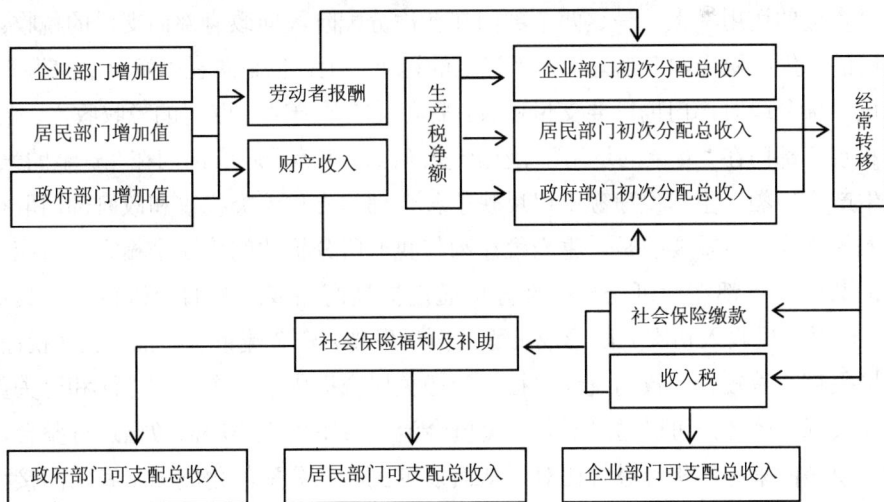

图 1　国民收入初次分配和再分配的流程

---

① 为方便分析，在下文中将非金融和金融企业部门合并称为企业部门，将住户部门称为居民部门。

1.2 间接税和生产税、生产税净额的关系

在初次分配过程中，政府部门主要通过生产税参与分配，政府部门参与国民收入初次分配所取得的收入主要是生产税净额。其分配方式包括两个方面：一方面，政府部门通过获得生产税净额，直接参与生产过程中的要素收入分配；另一方面，政府部门亦可通过生产税在初次分配环节，对企业和居民部门由于初次分配产生的收入差距进行调节，这主要通过消费税、资源税等间接税税种实现。政府部门初次分配收入主要由部门增加值、财产收入和生产税净额组成。生产税净额是政府部门参与国民收入初次分配最主要的手段。

生产税和生产税净额是资金流量表中初次分配环节的重要变量。生产税是指生产单位在生产、销售、转移或以其他方式处理货物和服务时应交纳的产品税，以及因从事生产活动拥有和运用固定资产、土地和劳动力等生产要素应交纳的其他生产税。生产税范围主要包括三个方面：一是营业税、增值税、消费税、进口税、固定资产使用税、车船使用税等税收；二是烟酒专卖上缴政府的专项收入、排污费、教育费附加和水电费附加等非税收入；三是政府性基金和预算外收入中属于生产税的部分。生产税净额是指生产税减去生产补贴之后的差额，生产补贴则是指政府对生产部门的单方面转移性支出，包括政策亏损补贴、价格补贴等，生产补贴可以视为负生产税。反映在资金流量表上，企业部门和居民部门的"生产税净额"数据均记录在"资金的运用"上，是这两个部门在初次分配阶段向政府部门支付的税收；政府部门的"生产税净额"既记录在"资金的运用"上，也记录在"资金的来源"上，前者反映部分政府部门也需要支付税收，后者反映政府部门取得的税收收入。企业、居民和政府部门在"资金的运用"上生产税净额之和等于政府部门在"资金的来源"上的生产税净额。生产税净额不仅反映了各个部门支付该类税收和政府部门取得税收收入的规模，更重要的是，生产税净额与我们所分析的间接税是相完全对应的，二者的共同特点都在于可全部或部分地通过提高商品或服务的价格转嫁给其他部门。通过对国民收入初次分配形成过程的剖析发现，资金流量表中的"生产税净额"与间接税存在着较为一致的统计口径，为相关研究提供了一个新的方法和至关重要的统计数据。因此，可以通过对各年度资金流量表中生产税净额数据进行整合，并对生产税净额来源结构等进行比对，从而以国民收入分配的角度揭示我国间接税税收负担的内在演化动力。

2 利用生产税净额反映的间接税来源结构

2.1 生产税净额的分布

我们可以运用资金流量表中的生产税净额以及其他相关数据，去估算在国民收入初次分配阶段企业部门支付间接税的规模和比重，判断间接税的法定归宿和企业间接税税收负担率。2000～2013 年生产税净额在企业部门、居民部门和政府部门的分布以及各自所占比重如表 1 所示。以资金流量表中的生产税净额为考察对象，可以发现，生产税净额在企业、居民和政府部门中都呈不断增长趋势。企业部门生产税净额从 2000 年的 10709.52 亿元增加到 2013 年的 70299.72 亿元，增长 6 倍；居民部门从 2000 年的 1159.84 亿元增加到 2013 年的 2950.56 亿元，增长近 2 倍；政府部门从 2000 年的 105.95 亿元增加到 2013 年的 286.13 亿元，增长也近 2 倍。从绝对规模来看，生产税净额的增长主要来自企业部门，企业部门是生产税最大的贡献部门，居民部门次之，政府部门最少。也就是说，在初次分配环节中，来源于企业部门的生产税净额占比最大，企业是生产税即间接税在初次分配环节的直接缴纳者，居民部门涉及的生产税或间接税规模则相对很小。

表 1　2000～2013 年生产税净额分布情况

年份	生产税净额			生产税净额比重		
	企业部门（亿元）	居民部门（亿元）	政府部门（亿元）	企业部门	居民部门	政府部门
2000	10709.52	1159.84	105.95	89.43%	9.69%	0.88%
2001	11848.08	999.26	120.83	91.36%	7.71%	0.93%
2002	13529.3	1081.89	150.56	91.65%	7.33%	1.02%
2003	15799.24	1548.92	168.02	90.20%	8.84%	0.96%
2004	19056.93	1202.09	349.81	92.47%	5.83%	1.70%
2005	21977.26	1290.11	418.31	92.79%	5.45%	1.77%
2006	25750.15	1420.52	486.01	93.11%	5.14%	1.76%
2007	31937.06	2773.36	594.44	90.46%	7.86%	1.68%
2008	36991.51	2066.59	498.23	93.52%	5.22%	1.26%
2009	41149.87	602.72	210.17	98.06%	1.44%	0.50%
2010	51400.57	1015.22	256.8	97.59%	1.93%	0.49%
2011	60749.51	1220.45	300.84	97.56%	1.96%	0.48%
2012	66612.12	1992.02	261.89	96.73%	2.89%	0.38%
2013	70299.72	2950.56	286.13	95.60%	4.01%	0.39%

数据来源：根据国家统计局网站 http://data.stats.gov.cn/提供的数据整理计算而得。

2.2 间接税的法定归宿

根据各年度资金流量表计算，生产税由企业部门、居民部门和政府部门三方支付，但生产税的税收负担分布明显地向企业部门倾斜。生产税，也就是所谓的间接税，大部分是由企业缴纳的，企业是间接税的纳税人。整体而言，企业部门生产税所占比重是不断上升的。具体来看，2000～2013 年企业部门缴纳的间接税在 90%以上，特别是 2009 年和 2010 年，企业部门缴纳生产税的比例上升到 98%左右，成为历年来最高值，此后虽有所下降，但下降幅度很小，这一比例也保持在 95%以上。可见，长期以来，各个企业是我国间接税的绝对纳税主体。反观居民部门，生产税所占比重虽然有所波动，但基本是呈下降的趋势。居民部门生产税所占比重已由 2000 年的 9.69%下降至 2013 年的 4.01%，其中 2009 年、2010 年和 2011 年三年间只有不足 2%。与企业部门相比，居民部门缴纳的间接税是微不足道的。生产税净额分布特征主要表现为，企业部门支付的生产税净额占比较高且呈上升趋势，居民部门生产税净额占比较小且呈下降趋势。

可见，利用资金流量表分析的结果与我国税制结构及其特点高度吻合，我国大部分税收收入是依靠间接税取得的，间接税是我国税制中的基础税类，而且间接税主要在生产端征收，这样，企业便构成大规模间接税的法定归宿。由于我国间接税很少涉及在消费端征收，因而广大居民名义上负担的间接税非常少，几乎可以忽略不计。这样的税制结构以及征收环节设置，居民不会成为间接税的直接纳税人，居民部门也不会是间接税的名义归宿，居民对间接税的存在感也明显欠缺。虽然企业表面上缴纳的税款较多，但是，企业部门却可以通过税负转嫁的形式将间接税给居民部门，导致间接税法定归宿与经济归宿的不一致性，使得间接税的经济归宿隐蔽化。更重要的是，企业部门负担了 90%以上的间接税，而这些可以转嫁的间接税规模如此庞大，无疑加大了转嫁的复杂程度，也使得居民部门承受更多地税收负担，更有甚者，超过它们本身应直接缴纳的税款。这种大规模、深层次的影响是政府在设计税制时必须要考虑的重要因素，不能忽略税负转嫁对居民收入和消费的间接影响和隐性影响。

3 企业间接税的税收负担

3.1 企业间接税税收负担的衡量指标

既然已经找到间接税在初次分配领域的法定归宿，那么需要对企业间接税的负担情况进行衡量，找到间接税法定归宿的名义税负，对企业间接税税收负担进行评析。考虑到企业部门和居民部门支付的生产税净额，选取生产税总体税负率、企业部门生产税税负率和居民部门生产税税负率作为衡量指标，并根据资金流量表的核算原理，对三个指标进行定义，用下述三个公式表示：

$$生产税税负率 = \frac{生产税净额总和}{增值额总和} \times 100\% \tag{1}$$

$$企业部门生产税税负率 = \frac{企业部门生产税净额}{企业部门增值额} \times 100\% \tag{2}$$

$$居民部门生产税税负率 = \frac{居民部门生产税净额}{居民部门增值额} \times 100\% \tag{3}$$

生产税税负率为资金流量表实物交易部分的生产税净额总和与增值额总额的比值，它表示初次分配阶段生产税净额的整体负担比率；企业部门生产税税负率为企业部门支付的生产税净额与企业部门增值额的比值，它表示企业部门支付生产税的比率，是衡量企业间接税名义税负的核心指标，它能直接反映出企业部门在初次分配阶段的间接税税收负担；居民部门生产税税负率则为居民部门支付的生产税净额与居民部门增值额的比值，可以看出居民部门支付负担生产税的比率情况。

3.2　企业间接税税负率变化

根据上述三个公式，计算出 2000～2013 年生产税税负率、企业部门生产税税负率和居民部门生产税税负率。计算结果显示，2000～2013 年生产税整体税负率基本保持在 12%～13%左右，2007 年的最高值 13.28%与 2000 年的最低值 12.07%，仅仅相差 1.21 个百分点，反映到图 2 中几乎为一条直线，变动幅度十分小。可见，我国间接税税收负担相对稳定，十几年来没有出现明显的波动。这说明，我国税制结构以及间接税税收收入来源相当稳定，这期间尽管进行了相当规模的税收制度改革，如增值税转型、消费税改革等，几乎对税制结构没有产生任何影响，间接税平均税收负担基本保持不变。

再来看生产税税负率的内部结构，仍然可以看出二者的显著差异性。2000～2013 年企业部门的生产税税负率在 17%～20%之间变化，明显高于全社会生产税整体税负率，而同一时期居民部门的生产税税负率仅仅在 1%～4%之间徘徊，远远低于全社会生产税整体税负率。这些数据直观表明，企业负担的间接税远远超过居民负担的间接税，面向居民部门直接征收的间接税在我国几乎不存在。

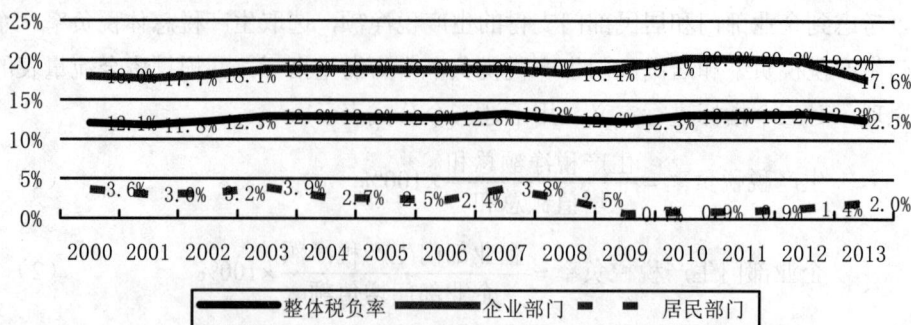

图 2　生产税税负率、企业部门和居民部门生产税税负率

数据来源：根据国家统计局网站 http://data.stats.gov.cn/提供的数据整理计算而得。

　　这是与我国税制设计高度相关的，在我国，大部分间接税在生产环节征收，即对生产商品或提供劳务的生产者征收。例如，增值税税收暂行条例明确规定，在中国境内销售产品、提供应税劳务的单位或个人为增值税的纳税义务人，直接规定了增值税的名义纳税人是生产者而非消费者。其他税种，如消费税等也是在生产环节征收，只有卷烟等极少数应税商品在零售环节加征一道消费税，而又由于消费税属于价内税，消费者在消费时支付的价格也是价税合计数，几乎无法辨清本环节支付的消费税具体数额，因此也感觉不到消费税等间接税的存在。可见，企业是各项间接税的名义缴纳者，间接税的法定归宿在于企业部门。直接来自居民部门的间接税少之甚少，在居民层面，不存在需要直接支付的间接税，居民部门不是间接税的法定归宿。

4　企业间接税税收负担的行业分布

4.1　行业税负率及特征

　　尽管前文已经测算出企业部门支付的生产税净额规模庞大，但是企业部门仅仅是一个总体概念，具体由各种行业、各行业中的单个企业构成。鉴于各个行业的投入产出结构不尽相同，不同行业取得相同增加值时的生产要素投入存在着差异，导致各个行业对政府生产税税收收入的贡献程度可能存在较大的差距。本部分将细化企业部门生产税税收负担的分布情况，对部门内部的行业税负结构进行进一步探讨。

　　行业生产税净额的数据可以从投入产出表（中间使用部分）获得，但国家统计局并非每年都编制投入产出表，一般每 2～3 年编制一次。我们利用国家统计局编制的 2002 年、2005 年、2007 年、2010 年和 2012 年共五张投入产出表，对间接税税收负担的行业分布进行测算。投入产出表一般为 17 部门，同时会有 42 部门投入产出延长表，我们采用 42 部门投入产出延长表，使行业部门分类更加细化，更能清楚地看出行业间接税贡献率的分布状况。利用公式（2），重点对 42 个部门的生产税税负率进行计算，得到如下结果，如表 2 所示。

表 2　年度生产税行业税负率

行业部门	2002 年	2005 年	2007 年	2010 年	2012 年
农业	3.28%	0.26%	0.17%	0.19%	-5.53%
煤炭开采和洗选业	1.41%	19.14%	16.59%	23.96%	20.77%
石油和天然气开采业	17.33%	16.14%	20.63%	26.00%	30.14%
金属矿采选业	15.48%	18.11%	16.47%	20.76%	18.16%
非金属矿采选业	16.23%	16.47%	16.55%	22.55%	25.92%
食品制造及烟草加工业	36.88%	34.05%	31.85%	32.85%	30.13%
纺织业	17.99%	16.39%	21.91%	19.22%	13.99%
服装皮革羽绒及其制品业	12.76%	13.05%	20.57%	15.15%	12.68%
木材加工及家具制造业	16.61%	13.34%	20.67%	18.39%	19.18%
造纸印刷及文教用品制造业	23.27%	15.44%	22.33%	16.33%	16.25%
石油加工、炼焦及核燃料加工业	34.15%	33.13%	28.18%	53.76%	38.03%
化学工业	22.98%	19.43%	19.21%	19.66%	17.39%
非金属矿物制品业	23.65%	16.16%	21.58%	19.25%	19.84%
金属冶炼及压延加工业	19.73%	22.60%	26.26%	17.51%	16.04%
金属制品业	18.70%	15.15%	20.14%	17.28%	16.58%
通用、专用设备制造业	18.93%	16.18%	20.34%	18.86%	16.67%
交通运输设备制造业	27.41%	22.43%	25.18%	23.92%	17.69%
电气、机械及器材制造业	22.74%	15.77%	20.77%	16.15%	14.67%
通信设备、计算机及其他电子设备制造业	14.29%	10.55%	18.90%	10.74%	10.51%
仪器仪表及文化办公用机械制造业	9.30%	12.46%	19.49%	14.13%	12.17%
其他制造业	19.64%	12.59%	21.41%	9.85%	3.90%

续表

行业部门	2002 年	2005 年	2007 年	2010 年	2012 年
废品废料①	0.00%	0.00%	0.64%	-	-
电力、热力的生产和供应业	20.03%	20.87%	12.98%	18.61%	16.33%
燃气生产和供应业	18.61%	14.33%	7.06%	11.62%	10.35%
水的生产和供应业	13.68%	9.81%	13.64%	9.07%	11.20%
建筑业	4.32%	12.51%	12.40%	15.82%	13.92%
交通运输及仓储业	8.69%	9.09%	9.48%	8.24%	3.31%
邮政业	8.76%	10.57%	9.42%	6.78%	1.57%
信息传输、计算机服务和软件业	6.33%	5.73%	5.76%	7.53%	4.30%
批发和零售贸易业	38.13%	28.96%	24.26%	27.24%	32.73%
住宿和餐饮业	17.42%	11.47%	11.06%	11.50%	9.00%
金融保险业	2.45%	12.16%	11.29%	12.18%	11.17%
房地产业	14.37%	12.12%	15.37%	15.75%	17.56%
租赁和商务服务业	8.91%	10.46%	10.38%	13.47%	10.07%
旅游业	8.70%	3.39%	2.59%	4.35%	4.27%
科学研究事业	1.56%	8.89%	8.90%	8.94%	6.68%
综合技术服务业	11.83%	3.63%	3.92%	4.60%	1.29%
其他社会服务业	12.75%	6.78%	6.62%	9.20%	8.55%
教育事业	1.53%	2.63%	2.56%	0.56%	0.57%
卫生、社会保障和社会福利事业	1.78%	2.87%	3.49%	0.87%	0.81%
文化、体育和娱乐业	17.00%	10.93%	11.15%	9.83%	7.92%
公共管理和社会组织	0.86%	0.53%	0.50%	0.46%	0.09%
平均	14.53%	13.25%	14.59%	14.95%	13.31%

数据来源：根据投入产出表相关数据计算整理而得。

① 2010 年和 2012 年"废品废料"合并到"其他制造业"中，变为"工艺品及其他制造业（含废品废料）"，因此这部分缺少 2010 年和 2012 年的数据。

从行业平均税负率来看，始终在 13%～14%上下波动，五个年度变化相对平稳，生产税平均税负率较为稳定，这说明我国间接税税基比较稳定，行业平均税收负担较为均匀。但行业内部间接税税负率存在较大的差异，不同行业部门的间接税税负率变化差距很大。具体来看，2002 年税负率排在第一位的是批发零售业，税负率为

38.13%，排在最后一位（不考虑税负率为 0 的废品废料行业）的是公共管理和社会组织行业，税负率仅为 0.86%，前者是后者的 44 倍之多；2005 年税负率排在第一位的是食品制造及烟草加工业，税负率为 34.05%，排在最后一位（不考虑税负率为 0 的废品废料行业）的是农业，税负率为 0.26%；2007 年税负率排在第一位的是仍然是食品制造及烟草加工业，税负率为 31.85%，排在最后一位的同样是农业，税负率为 0.17%；2010 年排在第一位的是石油加工、炼焦及核燃料加工业，税负率高达 53.76%，排在最后一位的还是农业，税负率为 0.19%；2012 年排在第一位的仍为石油加工、炼焦及核燃料加工业，税负率为 38.03%，排在最后一位（不考虑税负率为负值的农业）的是公共管理和社会组织行业，税负率为 0.09%。通过各年度行业生产税税负率最高排位与最低排位的比较可以发现，初次分配结果显示的看似稳定的生产税平均税负率掩盖了行业间生产税税负率存在的较大差异，行业间间接税税收负担的差距很大，在行业内部生产税税负率分行业、分企业有所不同，不同企业部门对政府税收收入的贡献程度大不相同。

4.2　形成行业税负差异的因素及启示

形成行业生产税税负率差异的原因在于：一是政府设计税收制度时对税种的设置、征税范围的划分以及征税对象的规定，如食品制造及烟草加工业，石油加工、炼焦及核燃料加工业，交通运输设备制造业，批发和零售贸易业等是我国间接税的主要纳税行业，各年度均稳居前列，是国家重点税源，属于增值税、消费税、营业税、资源税等主要间接税税种的征收范围，因此纳税贡献度也非常高，是其他行业所不能及的；二是政府的产业税收政策导向性，如农业、公共管理和社会组织等，都有明确的税收优惠规定，包括增值税减免等相当程度的税收优惠政策，导致其税负率非常低，甚至形成负税，国家给予财政补贴。

行业间生产税税负率的差距，为我们厘清了间接税税收负担的行业分布状况，值得注意的是：一方面，对间接税及其税负转嫁的把握，要关注重点行业、重点税源，因此其行业税负相当重，征收又相当普遍，极易出现税负转嫁，消费终端的居民在日常生活消费的各个方面都有可能来自这些行业领域转嫁的间接税；另一方面，也要重点关注低税负行业，不能因为其税负率低而认为不存在税负转嫁，特别是像农业，表面上看生产税税负率很低，因为农业大部分属于增值税免税项目，但不能代表其不具有转嫁性。特别是像农民消费者，日常消费仍然包括大量的增值税、消费税等，行业之间的税负转嫁是存在的，这对我国今后对产业政策的调整、行业税收制度的完善无疑具有很重要的启示作用。

参考文献

（1）吕冰洋. 以居民部门为目标进行减税的原因和效果分析[J]. 税务研究，2008（11）：24～27.

（2）吕冰洋，禹奎. 我国税收负担的走势与国民收入分配格局的变动[J]. 财贸经济，2009（3）：72～77.

（3）梁东黎，刘和东. 税收、税率结构对企业部门税负的影响研究[J]. 东南大学学报（哲学社会科学版），2012（5）：32～37.

（4）高凌江，雷雄. 基于国民收入分配理论的我国税收演变轨迹及对策建议[J]. 中国社会科学院研究生院学报，2013（5）：53～59.

（5）韩丽萍. 生产税对居民初次分配总收入影响研究[J]. 数理统计与管理，2016（3）：319～328.

（6）徐宪红，杜海霞. 间接税及其变动对我国居民收入影响分析[J]. 金融与经济，2016（4）：40～45.

作者简介

李颖，女，1980 年生人，经济学博士，天津财经大学经济学院财政与公共管理系，副教授。

京津冀协同发展背景下天津产业结构优化研究*

郭彦卿

摘　要：天津已形成"三二一"型产业结构，但制造业集聚优势有待提升，产业链培育不完善，服务业内部结构尚不合理，整体发展水平有待提高，以及京津冀三地存在产业同质化倾向等问题制约着京津冀产业协同发展。因此，在优化京津冀三地产业空间布局基础上，天津应优先发展先进制造业，打造现代产业发展新体系核心，同时优化服务业内部结构，提升现代服务业发展水平。

关键词：京津冀协同发展；产业结构；产业协同发展

1　天津产业结构发展现状

1.1　天津已形成"三二一"型产业结构

天津的产业结构在不断优化，2015 年第一产业增加值 210.51 亿元，增长 2.5%；第二产业增加值 7723.60 亿元，增长 9.2%；第三产业增加值 8604.08 亿元，增长 9.6%。三次产业结构为 1.3：46.7：52.0，服务业增加值比重首次超过 50%，天津已逐步形成了"三二一"型产业结构，经济发展由工业主导向服务业主导转变。

天津的制造业内部结构不断调整优化，已形成了装备制造、石油化工、航空航天、生物医药、节能环保、轻工纺织、金属制品、新能源新材料等优势产业，正着力培育高端化、高质化和高新化集聚优势，努力探索制造业由劳动密集型向以深加工为主的资本、技术密集型转轨。2015 年，规模以上工业增加值增长 9.3%，39 个行业大类中，35 个行业实现不同程度增长。装备制造业支撑有力，增加值占天津市工业的 36.2%，比上年提高 3.2 个百分点；其中，航空航天、汽车制造、电气机械

---

* 基金项目：天津市艺术科学规划课题"行为经济学视角下天津市公共文化服务体系财政保障机制创新研究"，课题编号 E16018。

等行业分别增长 25.2%、13.2%和 11.1%。消费品制造业发展向好，增加值占天津市工业的 19.2%，比上年提高 2.6 个百分点；其中，文娱用品、家具制造等行业分别增长 18.3%和 15.0%。转型升级产品增长较快，运动型多用途乘用车（SUV）、新能源汽车、平板显示器、光电子器件等产品产量分别增长 7.6 倍、5.8 倍、27.6%和 13.4%，智能手机比重由上年的 78%升至 94%。产能过剩产品持续减产，平板玻璃、粗钢、生铁、水泥等产品产量分别下降 4.4%、9.5%、10.5%和 23.7%。

天津的服务业一直保持平稳较快发展，产业结构在不断优化，服务业主导地位初步确立。其中，批发和零售业增加值 2075.14 亿元，增长 6.1%；金融业增加值1588.12 亿元，增长 11.7%；交通运输、仓储和邮政业增加值 764.68 亿元，增长 7.7%；房地产业增加值 605.42 亿元，增长 6.1%；住宿和餐饮业增加值 245.19 亿元，增长5.3%。楼宇经济稳步增长，天津市税收超亿元楼宇达到 170 座。会展经济繁荣活跃，成功举办津洽会、融洽会、国际矿业大会等大型会展活动。生产性服务业发展迅速，形成了以现代物流、金融、商贸商务为主导的发展格局。新兴服务业发展势头良好，租赁和商务服务业、互联网和相关服务业、软件和信息技术服务业增长快速。

此外，新产业、新业态加速集聚，2015 年，高技术产业（制造业）增加值占规模以上工业的 13.8%，比 2014 年提高 1.5 个百分点；批发零售业网上零售额 244.03亿元，增长 95.2%，占限额以上社会消费品零售总额的 8.9%，比上年提高 3.9%，快递业务量增长 1.1 倍。科技型企业发展优势转化为动力，天津市新增科技型中小企业 13778 家，其中"小巨人"企业 510 家，主要集中在新能源、生物医药、节能环保、高端装备制造等新兴产业领域。[①]

1.2   与京冀地区产业结构比较

1.2.1   北京——着力培育"高精尖"产业

北京已形成"三二一"型产业结构，目前正在着力构建"高精尖"产业结构。2015 年，北京实现地区生产总值 22968.6 亿元，比上年增长 7.3%。第一产业增加值140.2 亿元，下降 9.6%；第二产业增加值 4526.4 亿元，增长 3.3%；第三产业增加值18302 亿元，增长 8.1%。第一产业占比仅为 0.6%，第二产业为 19.6%，而第三产业占比高达 79.8%。[②]金融、信息、科技、商务等行业在第三产业增加值中的占比达到54%，比上年提高 1.5 个百分点。其中，金融业已成为北京第一大服务行业，对保持全市经济平稳发展起到了重要的支撑作用。[③]

---

① 数据来源：《2015 年天津市国民经济和社会发展统计公报》。
② 数据来源：《北京市 2015 年暨"十二五"时期国民经济和社会发展统计公报》。
③ 数据来源：《北京市第三次全国经济普查主要数据公报》。

1.2.2　河北——"二三一"型产业结构

2015 年，河北省生产总值实现 29806.1 亿元，比上年增长 6.8%。其中，第一产业增加值 3439.4 亿元，增长 2.5%；第二产业增加值 14388.0 亿元，增长 4.7%；第三产业增加值 11978.7 亿元，增长 11.2%。第一产业增加值占全省生产总值的比重为 11.5%，第二产业增加值比重为 48.3%，第三产业增加值比重为 40.2%。[①]其中，工业生产平稳增长，全年规模以上工业增加值完成 11244.7 亿元，比上年增长 4.4%。全年第三产业增加值增长速度快于全省生产总值 4.4 个百分点。其中，金融业增加值 1554.0 亿元，增长 15.9%；批发零售业增加值 2410.4 亿元，增长 7.2%；住宿餐饮业增加值 437.5 亿元，增长 11.9%；房地产业增加值 1172.8 亿元，增长 6.3%。以三次产业增加值比重作对比，2011 年河北省第一产业比重为 11.9%，第二产业为 53.5%，第三产业为 34.6%；到了 2015 年第一产业比重为 11.5%，第二产业为 48.3%，第三产业为 40.2%。[②]

从三次产业产值占地区生产总值比重可以看出，第二产业在河北省的产业结构中占主导地位，第一产业逐渐弱化，第三产业略有上升，呈现"二三一"型的产业结构，产业结构呈现不断优化的态势。

2　天津产业结构现存问题分析

2.1　制造业集聚优势有待提升，产业链培育不完善

首先，在京津冀协同发展战略要求下，天津应打造成全国先进制造业研发基地。因此，天津制造业面临转型升级和自主创新的迫切需求，资本和技术密集型制造业的集聚优势有待进一步巩固与提升。其次，天津战略性新兴产业在技术上虽然达到了国际水平，但整体技术集成能力薄弱，关键核心技术掌握不多，自主创新能力较弱，且各领域中缺乏具有引领作用的龙头骨干企业，产业能力弱，集群效应并不明显，尚未构成大中小企业协调发展、产业配套完善的现代集群。最后，产业链上内部市场衔接不太顺畅，外部市场供求有些失衡，各个环节之间尚未形成有效合力。

2.2　服务业内部结构尚不合理，整体发展水平有待提高

天津服务业规模持续扩大，服务领域不断深化，在促进经济发展、扩大就业方

[①] 数据来源：《河北省 2015 年国民经济和社会发展统计公报》。
[②] 数据来源：《河北省 2015 年国民经济和社会发展统计公报》。

面发挥了重要作用。但天津服务业内部结构仍然以传统服务业为主，生产性服务业发展滞后，生活性服务业总体上供给不足，服务水平还有待提高，新兴服务业还没有形成集聚效应和规模发展型态。服务业内部结构的不合理在一定程度上制约了其对经济发展和增长的强大带动作用，也为京津冀一体化进程中承接产业转移带来了障碍。

2.3　产业存在同质化倾向

除了天津自身的问题，京津冀三地共同面临产业同质化问题。目前京津冀三地的产业体系互不相关、各自独立。尽管北京具有科技、信息产业优势，天津有先进制造业优势，河北有重工业优势，但是京津冀之间近几年来，围绕着基础设施建设、制造业、产业平台搭建等竞争激烈，内讧严重。而且京津冀地区除了北京、天津，其他地区经济发展水平普遍较低，地区发展差异较大，由此形成区域协作松懈，整体运作较弱，进而导致产业同质化倾向、产业结构重叠重构现象较为严重。

3　京津冀地区产业协同发展目标模式

从全国经济发展进程来看，我们应该首先明确京津冀三地的产业定位以及布局，理顺三地产业链，调整产业结构，推动产业优化升级，加快产业在三地之间的转移，打造立足于三地，面向全国的现代化新型都市圈。

《京津冀协同发展规划纲要》提出，想要加快京津冀三地产业的协同发展进程，一定要按照京津冀区域的整体功能定位和三地之间的具体功能定位，合理规划三地产业布局，重点理顺产业发展线条，优化三地产业结构，推动三地产业升级，形成区域之间产业的合理分布。

3.1　北京——京津冀的"大脑"

作为首都，也是京津冀三地的中心，北京应将自身定位于全国的政治中心、文化中心、国际交往中心、科技创新中心。在三地产业发展规划的过程中，北京应着手制定京津冀三地产业指导目录，加快建设津冀两地与北京的承接平台。北京已形成较为合理的"三二一"型产业结构，目前应着力优化第三产业结构，发挥科技创新优势作用，突出高端化、集聚化、服务化、融合化、低碳化，大力发展科技经济、服务经济和绿色经济，加快"高精尖"经济结构的构建，成为京津冀的"大脑"。

3.2　天津——京津冀的"四肢"

天津已经进入到后工业化阶段，应以建设北方经济中心、先进制造研发基地为导向，加强与京冀产业的合理分工与合作。天津应将发展重心放在发展高精尖装备，电子信息等先进制造产业上，着力发展航空航天、生物医药和绿色环保等产业，以及部分新兴产业和金融、物流、服务咨询等现代服务业，打造全国最先进的制造研发基地和生产服务型园区。其中，最为关键的是要着力提高生产力，提高制造研发水平。天津应比对世界先进水平打造高端产业聚集区，构建产业创新平台，推动产业创新研发，完善产业链。总之，天津作为老牌工业城市，应将自身产业定位于现代制造业、金融创新业、区域性服务业等第二产业，在此基础上发展第三产业，力图协助北京进行科学技术研发，成为京津冀三地的"四肢"。同时，应弱化区域内的同质化竞争，以港口及临港产业引领沿海的资源、产业整合，与北京、河北错位发展，实现天津国际港口城市和北方经济中心的功能定位。

3.3　河北省——京津冀的后盾

河北省虽然经济水平较京津两地稍显落后，但其本身具有的资源优势、人才优势不可小觑。河北省应该依其所长积极承接北京的产业功能转移，努力进行京津科技成果的转化，提升传统优势企业作用，推动三地产业转型升级，大力发展先进制造业、现代服务业和战略性新兴产业等第二产业，积极尝试建设三地产业转型升级试验区。此外，河北可以合理安排其土地使用，建立两个城市的度假村，成为京津冀的后盾。

4　促进天津产业结构优化升级的政策建议

4.1　协同发展背景下京津冀三地产业空间布局优化

区域内产业形成分工合理的新型产业分工体系，是实现区域协调发展的基础，也是提高区域内产业竞争力，乃至整个区域的综合竞争力的关键。京津冀三地应该具有差异竞争，呈组团式发展。三地应优势互补，分工协作，达到生产要素的最优配置。

4.1.1　建立产业协调发展机制，明确产业空间布局

基于现行京津冀地区的现状，京津冀要想实现要素资源整合，实现地区的产业协同发展，首先，需要建立京津冀城市群发展协调机制，明确三地的城市定位、发

展目标和规划，而且此机制一定要与国家城镇化规划和主体功能区规划相协调。其次，应大力支持三地工业产业转型升级，推进产业间调整和布局优化。政府应该制定和支持有利于促进三地产业转型升级的财税政策，设立三地产业发展专项资金，对工业发展转型升级给予全方位、高强度的支持。通过财政专项支出、政府补贴、税收优惠等方式推动相关产业转型升级，支持高新材料和高新产品的研究与开发，认真落实高新技术产业重大研究项目以及相关产业的税收优惠政策。最后，在京津两地的产业扩散中，河北省想要更好地吸收京津两地和其他地区的产业，先要完善自身的基础设置和产业发展环境，让每个地方看到河北省的优势，借力发展，打好基础，这对河北、对京津两地都是非常有利的。

4.1.2　完善转移支付制度，均衡地方财力

在纵向转移支付制度方面，中央政府应适当减少专项转移支付，可以通过一般性的财政转移支付，给予需要财政援助的河北省一定的经济支持，平衡京津冀三地在初次利益分配中所表现出的贫富差距。此外，还可以在处理过剩产能、建设防护园林以及保护京津冀三地水源等各方面进行专项转移支付制度，以便帮助河北省加快产业结构升级。横向转移支付方面，可以通过具有统筹性质的财政机构来协调京津冀三地产业发展，建立京津地区财力相对雄厚的区县与河北省财力相对薄弱的县市之间的对口帮扶关系。京津两地也可以通过地方政府财政支付、企业投资等形式，积极推动河北省部分落后地区加快推动产业升级。

4.1.3　提高基本公共服务空间均等性，降低产业转移成本

产业有序无障碍转移与集聚的前提是区域间基本公共服务的均等性。依据梯度推移理论，产业转移是有序的，一般是由处于产业价值链相对高端的地区向相对低端地区转移，这种转移主要是由区域内的产业接受能力所决定的。在京津冀三地产业转移的过程中，由于河北省的公共服务水平还不够完全达到承接京津两地产业转移的要求，给三地之间的产业转移造成了一些障碍。因此，应加强对河北省交通、医疗、教育等各种基本服务水平的财税支持力度。除此之外，在推进三地产业协调发展的过程中，三地本身都有着对自身利益的衡量，应该建立多层次多渠道的协调沟通机制，尽可能实现京津冀三方产业的共赢。

总之，要想实现京津冀三地产业的一体化发展，重中之重是打破三地之间的"隔阂"和"壁垒"，让三地之间的资源自由流动，实现资源共享。政府应该加强政策激励，推动政策的实施，使得京津冀三地的资源更加活跃，同时也可以更好地发挥市场在资源配置中的决定性作用。应该积极引导生产要素等资源往更多的高新技术功能区转移，让其发挥出最合理的效用。京津冀三地应统筹产业配置和产业布局，构建和拓展产业链条，以产业发展来带动京津冀协同发展。

4.2　协同发展背景下天津产业优化升级对策

天津现阶段三次产业结构已大体趋于合理，目前应将产业结构调整重点从三次产业比例关系调整转变为三次产业尤其是二三产业内部结构优化上来。

4.2.1　优先发展先进制造业，打造现代产业发展新体系核心

天津处于工业化进程的中后期，制造业仍是其高速发展的重要动力，因此，天津必须从战略高度审视制造业的核心地位，建设一个具有国际竞争力的制造业体系。

第一，改造提升传统制造业，将传统制造业与高新技术产业融合，拓展新产品与市场，提高传统制造业产品附加值。第二，做强做大装备制造业，以大项目、好项目为抓手，着力打造"实力雄厚、结构高端、创新引领、绿色制造"的国家级装备制造业基地。第三，大力发展战略性新兴产业，重点培育战略性新兴产业集聚效应，完善产业链。在京津冀协同发展背景下，天津战略性新兴产业发展的首要任务是"集聚"，在把现代制造和现代物流做大做强的基础上，向高端化发展，并通过龙头项目的带动作用促进形成战略性新兴产业链。

4.2.2　优化服务业内部结构，提升现代服务业发展水平

在京津冀经济一体化发展战略下，天津应调整优化服务业内部结构，提升现代服务业发展水平，增强现代服务的辐射功能。

第一，天津工业基础雄厚，制造业发达，因此应将现代物流、电子商务、金融、保险、研发等生产性服务业与现代制造业紧密结合，既可为制造业向更加专业化、现代化发展而获得高附加值提供平台，又能为现代服务业发展创造更加有利的环境，使服务业与现代制造业成为经济增长的两个重要支撑。第二，天津流动人口少，面对常住人口家庭的各种生活服务业市场需求旺盛，发展前景广阔，因此，生活性服务业应以个人消费者为中心，围绕消费结构转型升级的要求，大力发展旅游、文化、体育和休闲娱乐等社区健康产业和家庭服务业。第三，伴随着信息网络技术与服务业的融合发展，新兴服务业呈现较快发展势头，天津应重点培育网络信息技术与服务于一体的新兴服务业，促进其发展为新增长点，增强天津现代服务业辐射效应。

参考文献

（1）陈耀，陈梓，侯小菲. 京津冀一体化背景下的产业格局重塑[J]. 天津师范大学学报（社会科学版），2014（06）：1～6.

（2）卢中原. 京津冀协同发展背景下天津产业发展方向和难点[J]. 天津师范大学学报（社会科学版），2014（05）：2～4.

（3）徐永利. 逆梯度理论下京津冀产业协作研究[J]. 河北大学学报（哲学社会科学版），2013（05）：73～78.

（4）任崇强，宗跃光，王燕军. 京津冀地区产业结构和竞争力空间分异研究[J]. 地域研究与开发，2012（03）：1～5.

（5）叶堂林. "十二五"期间京津冀区域产业升级与整合研究[J]. 开发研究，2011（01）：23～26.

作者简介

郭彦卿，女，讲师，经济学博士，天津财经大学经济学院财政与公共管理系。邮箱：guoyanqing06@126.com

流转税改革是否优化了国民收入分配格局[*]
——基于"营改增"视角的 PVAR 模型分析

孙　正　张志超

摘　要：本文在考察新一轮财税改革基础上，根据 1995～2013 年省际数据，运用面板向量自回归（PVAR）模型，考察"营改增"改革对我国国民收入分配格局的影响。研究结果表明：基于"营改增"视角的新一轮财税改革优化了国民收入分配格局，一方面，流转税改革提高了居民和企业部门在国民收入分配中的所得份额；另一方面，流转税改革降低了政府部门在国民收入分配格局中的所得份额。同时，重点考察了"营改增"改革对国民收入分配格局变动的贡献程度。最后，依据本文的计量分析结果，提出优化国民收入分配格局的政策建议。

关键词：营改增；流转税；PVAR；分配格局

1　引言

分税制改革以来，我国经济维持高速增长，居民生活水平不断提高，政府财政收入规模不断扩大，同时国民收入分配格局也发生了巨大变化。2014 年，我国政府一般性预算收入占 GDP 的比重已经超过 23%，而从大口径上把国有资本经营收入、社会保障收入、政府性基金收入纳入进来，政府收入占 GDP 的比重已经超过 35%，这个水平从国际横向对比来看，也是偏高的。这就是说，在经济总量迅速增加的同时，国民收入分配格局中政府、企业、居民三部门的可支配收入增长速度也在发生变化。

---

* 本文获得国家社科基金西部项目"新疆连片特困地区少数民族贫困农户自我发展能力提升研究"（批准号：13XMZ076）、教育部人文社会科学重点研究基地重大项目"我国经济社会协调发展与缩小收入分配差距研究"（11JJD790038）的资助。本文为天津哲学社会科学研究项目"天津市深化收入分配制度改革与经济结构转型研究"（TJYY16-002Q）阶段性成果。

国民收入分配格局中三部门所得份额的变动，必然影响国民收入分配格局中政府、企业、居民的消费、投资、储蓄等行为方式，进而影响经济效率，带来经济增长速度的变动。汤蕴懿（2013）运用1978～2012年数据，动态分析了上海宏观税负水平与经济增长之间的互动关系，为上海"营改增"试点提供了一定的实践依据。王建平（2014）建议采取降低部分行业增值税税率，减轻有关领域纳税人的税收负担等措施，对税收的经济效率进行管理。郝晓薇（2014）从宏观视角切入，提出"营改增"效应可以归结为税制完善效应、减税减负效应、经济优化效应、改革促发展效应四大方面。田志伟（2014）运用CGE模型，分析了增值税扩围的动态经济效率，研究结果显示"营改增"短期内可以提高经济增长速度，但在长期中只能提高经济总量，经济增长速度不变。陈晓光（2013）以增值税为例，利用Hsieh、Klenow模型和企业层面数据，测算了由增值税有效税率差别导致的全要素生产率损失。

目前，国内有关流转税改革与国民收入分配格局关系的文献不多，而国外很早就有学者关注这一问题，并且国外学术界对增值税的研究时间跨度长、涉及面广。豪（Hall，1996）从长期角度分析了增值税改革对国民收入分配格局的优化作用，并进一步探讨了增值税对居民消费行为的影响，以及对企业生产行为的影响。吉利斯（Gillis，2001）指出在过去的25年中，北美地区零售税改为增值税的过程中，居民收入份额逐渐增加，消费能力提高，税制改革优化了国民收入分配格局。斯玛特（Smart，2009）运用加拿大的数据分析得到当零售税改为增值税时，居民收入份额增加，福利水平提高。宝拉（Paula，2012）探讨了美国增值税改革对企业收入份额的影响，指出增值税改革对私人企业利润增加作用更大。奥尔巴赫（Auerbac.A. J，1983）探讨了税制结构变动与国民福利水平变动的关系，并实证检验了增值税改革过程中，居民所得份额的变化程度。布莱克（Black.F，1981）分析了国民收入分配过程中，税制结构的选择可以改变政府、居民两部门行为方式，进而改变国民收入分配格局。

相比之下，国内学术界更多关注缩小居民收入差距方面的财税政策，对优化国民收入分配格局的财税改革研究并不多。吕冰洋（2009）认为税收增长与税负转嫁两个因素结合在一起，对近年来国民收入分配格局变动甚至经济增长方式产生了深刻影响。丛树海（2012）探讨分析了政府财政收入持续快速增长的同时，劳动者收入所得份额在国民收入中持续下降的原因，指出要实现"让劳动者分享经济发展成果"的目标，必须适度控制政府收入规模。李扬（1992）基于国民收入在劳动报酬和利润之间分割的视角，考察国民收入功能分配格局的变化。

本文在考察新一轮财税改革重点"营改增"的基础上，运用面板向量自回归模型（PVAR），分析流转税改革对国民收入分配格局变化的动态影响，并具体测算了

"营改增"改革对国民收入分配格局变动的贡献程度。鉴于政府、企业、居民在消费、投资、储蓄等领域的行为模式不同,"营改增"改革必然影响国民财富中用于消费和投资的比重,消费与投资比重的再调整必然反过来影响社会财富的创造,进而影响社会福利水平。因此,研究流转税改革对我国国民收入分配格局的优化作用,具有重大的理论和现实意义。

2　流转税改革与国民收入分配格局:一个简单理论框架

中国目前财政收入主要来源于流转税,流转税收入大约占政府财政收入的 65% 以上,另外比较大的两个税种就是企业所得税和个人所得税,分别占到政府财政收入的 15% 与 7% 左右,本文将企业所得税设定为资本税,个人所得税设定为工薪税。这样我们假定政府部门收益主要来自税收(工薪税、流转税、资本税),居民部门收入主要来自劳动报酬,企业部门收益主要来自资本。

2.1　基本假设

按照文献的通常假设,我们假定每个家庭只有 1 个个体,没有人口增长,假设经济体是由同质连续具有无限生命的家庭组成,家庭的效用主要来源于消费和休闲,同时,家庭对消费和休闲的选择要受到自身收入约束的限制。在不影响模型思想表达的前提下,为了简化起见,我们采用谢(Xie,1997)一文中家庭效用函数:

$$U(c,l) = \ln(c - l) \tag{1}$$

综合考虑我国政府税收来源以及税收制度特点,本文假设政府只课征三类税收,第一类税收是流转税,包括营业税、增值税、消费税,按照我国现实国情来说,流转税占我国政府一般预算收入的 65% 以上,本文将其简化为只对企业征收的流转税;第二类税收是工薪税,也就是劳动所得税;第三类是资本所得税,也就是企业所得税,课税对象为资本所得。同时,假设资本税税率为 κ_r,课税对象是企业资本所得;工薪税税率为 κ_l,课税对象为劳动报酬;流转税税率为 τ_f,因为流转税为间接税,只针对企业征收。那么,政府税收收入就可以写为:

$$T = \tau_f \varphi \cdot f(k,l) + \kappa_r rk + \kappa_l wl \tag{2}$$

其中,T 代表人均税收,r 代表资本平均收益率,w 代表劳动平均工资率,k 代表人均资本,l 代表人均劳动时间,$f(k,l)$ 代表人均产出,φ 代表对产出的征税范围,即 $0 < \varphi \leqslant 1$。

另外，我们假定企业生产函数为：$f(k,l) = Ak^\alpha l^{1-\alpha}$，同时假定企业竞争性利润为零，规模报酬不变。因为对企业征收流转税，企业税后收入变为 $(1-\tau_f\varphi)f(k,l)$，企业还需要生产要素租金，其中资本租金为 rk，支付劳动者报酬支出为 wl，此时，企业利润最大化：

$$\max[(1-\tau_f\varphi)f(k,l) - rk - wl] \qquad (3)$$

求解公式（3）的一阶条件可以求得均衡时资本平均收益率和工资率：

$$w = (1-\tau_f\varphi)(1-\alpha)Ak^\alpha l^{-\alpha} \qquad (4)$$

$$r = (1-\tau_f\varphi)\alpha Ak^{\alpha-1}l^{1-\alpha} \qquad (5)$$

2.2 模型求解

基于上述假设条件，在既定家庭收入约束下，家庭效用最大化问题可以表述为：

$$\max \int_0^\infty e^{-\rho t}\ln(c-l)dt \qquad (6)$$

$$\text{St. } \dot{k} = rk + wl - \kappa_r rk - \kappa_l wl - c \qquad (7)$$

构建现值汉密尔顿函数：

$$H(c,k,\lambda) = \ln(c-l) + \lambda(rk + wl - \kappa_r rk - \kappa_l wl - c) \qquad (8)$$

横截性条件：

$$\lim_{t\to\infty} k(t)\lambda(t)e^{-\rho t} = 0 \qquad (9)$$

欧拉方程：

$$\dot{\lambda} = \rho\lambda - \lambda(1-\kappa_r)r \qquad (10)$$

一阶条件：

$$\lambda(1+\kappa_r) = 1/(c-l) \qquad (11)$$

$$\lambda w(1+\kappa_l) = 1/(c-l) \qquad (12)$$

公式（11）与公式（12）联立可以求得：

$$w = (1+\kappa_r)/(1-\kappa_l) \qquad (13)$$

$$c = \frac{1}{(1+\kappa_r)\lambda} + l \qquad (14)$$

将公式（13）与公式（14）代入家庭预算约束公式（7）可以得到：

$$\dot{k} = r(1-\kappa_r)k - 1/\lambda \tag{15}$$

联立公式（13）和公式（15）可以得到：

$$k\lambda = 1/\rho \tag{16}$$

联立公式（14）与公式（15）可以得到均衡时拉动供给：

$$l = [\frac{A(1-\alpha)(1-\kappa_l)(1-\tau_f\varphi)}{1+\kappa_r}]^{\frac{1}{\alpha}}k \tag{17}$$

进一步化简：

$$\frac{l}{k} = [\frac{A(1-\alpha)(1-\kappa_l)(1-\tau_f\varphi)}{1+\kappa_r}]^{\frac{1}{\alpha}} \tag{18}$$

联立公式（18）与公式（5）可以得到资本收益率：

$$r = A\alpha(1-\tau_f\varphi)[\frac{A(1-\alpha)(1-\kappa_l)(1-\tau_f\varphi)}{1+\kappa_r}]^{\frac{1-\alpha}{\alpha}} \tag{19}$$

下面对资本税税率、流转税税率以及工薪税税率是否影响工资率和资本收益率进行分析，通过分析公式（17）可以看出，征收资本税和工薪税可以提高工资率，分析公式（19）可知，征收工薪税、资本税和流转税可以降低资本收益率。由新古典生产函数的一般假定可知，资本收益率和工资率的高低是由两种生产要素的比重决定的，分析公式（18）可知，征收工薪税、流转税降低了劳动—资本比率，这就使劳动相对于资本变得稀缺，导致工资率上升，资本收益率下降。资本税的征缴，同样使劳动—资本比率提高，导致工资率上升，资本收益率下降。

2.3　流转税改革对国民收入分配格局的影响

本文假定居民部门收入主要来自劳动报酬，企业部门收益主要来自资本，政府部门收益主要来自税收（工薪税、流转税、资本税），那么我们可以求得各部门收入份额，其中：

居民部门收入所得份额：

$$\begin{aligned}\pi_l &= (1-\kappa_l)wl / f(k,l) \\ &= (1-\alpha)(1-\kappa_l)(1-\tau_f\varphi)\end{aligned} \tag{20}$$

企业部门收入所得份额：

$$\begin{aligned}\pi_r &= (1-\kappa_r)rk / f(k,l) \\ &= (1-\alpha)(1-\kappa_r)(1-\tau_f\varphi)\end{aligned} \tag{21}$$

政府部门收入所得份额：

$$\pi_t = [\tau_f \varphi \cdot f(k,l) + \kappa_r rk + \kappa_l wl] / f(k,l)$$
$$= \tau_f \varphi + (1 - \tau_f \varphi)[\kappa_r \alpha + \kappa_l (1-\alpha)] \tag{22}$$

其中，资本税税率为 κ_r，工薪税税率为 κ_l，流转税税率为 τ_f，通过对公式（20）、（21）、（22）的分析可以知道，流转税税率提高可以降低企业、居民两部门所得份额，提高政府部门所得份额，同理，流转税税率的降低可以提高居民、企业两部门所得份额，降低政府部门所得份额。基于"营改增"视角的新一轮流转税改革，实际上是一种变相的减税政策，通过估算可知，2015 年年底或 2016 年年初"营改增"扩围到全行业时，流转税的减税额大约为 1 万亿元，也就是说"营改增"改革降低了流转税税率。通过上述数理分析可知，"营改增"改革降低了政府部门所得份额，提高了企业和居民部门所得份额，流转税改革优化了国民收入分配格局。

3 计量模型与数据说明

为进一步系统描述"营改增"改革对国民收入分配格局的影响程度，本文采用面板向量自回归（PVAR）模型，定量分析流转税改革对国民收入分配格局的优化作用。PVAR 模型是由霍尔茨（Holtz-Eakin，1988）等学者首次提出，后经过高（Kao & McCoskey，1999；Joakim Westerlund，2005）等学者的发展，已经成为一个兼具面板数据分析与时间序列分析的成熟模型，在向量自回归模型的基础上引入面板数据，放松了对时间序列平稳性的假设，可以更加精确地对向量自回归进行估计检验。

3.1 计量模型构建

为了揭示流转税改革对国民收入分配格局的影响，本文特设定如下模型来考察"营改增"改革对国民收入分配格局的冲击效应：

$$Z_{it} = \Pi_0 + \sum_{p=1}^{n} \Pi_{np} Z_{it-p} + \sum_{p=1}^{n} \Pi_{np} X_{it-p} + \phi_t f_i + \varepsilon_i + \mu_{it} \tag{23}$$

公式（23）中，Π 是待估计的参数矩阵，i 代表地区，t 代表时间，通常我们将第 i 个样本的 T 期观测时间序列 $\{Z_{it}\}_{t=1}^{T}$ 称为面板数据的第 i 个纵剖面时间序列，将第 t 期 N 个对象的界面数据 $\{Z_{it}\}_{t=1}^{N}$ 称为面板数据的第 t 期横截面。Z_{it} 为被解释变量，主要包括（$distr\_G_{it}$、$distr\_E_{it}$、$distr\_R_{it}$），分别为三维列向量，其中，（$distr\_G_{it}$）表示国民收入分配中政府所得份额，（$distr\_E_{it}$）表示国民收入分配中企业所得份额，（$distr\_R_{it}$）为国民收入分配中居民所得份额。X_{it-p} 为模型的解释变量，是严格外生的。f_i 表示各部门所得份额的截距效应，是不可观测的，当将时间序列程序应用于面板数据估计时，受到因变量滞后项的影响导致 f_i 与自变量相关，会使传统用于消除固定效应的"均值差分法"在对系数的估计中产生偏误。因此，本文通过使用前向差分 Hermlet 转换方法对固定效应进行消除，前向差分 Hermlet 转换方法通过移除前向均值这一转换方式，避免工具变量的滞后回归项与差分项正交，从而可以使计量检验结果更准确。ε_i 表示时间效应，μ_{it} 为随机误差项，服从期望为 0，协方差为 Ω 的独立同分布，并且我们假设误差项 μ_{it} 与 Z_{it}、X_{it-p}、f_i 都是正交的。通过面板向量自回归（PVAR）模型估计"营改增"改革对国民收入分配格局的影响，既有效增加了样本数量，同时也可以很好地描述"营改增"对国民收入分配三部门影响的异质性，考察不同部门受"营改增"影响的差异效果，这也与本文的研究目的相一致。

具体到本文的研究中，X_{it-p} 为解释变量，由于本文主要目的是分析"营改增"改革对国民收入分配格局的影响，所以解释变量分为两部分，第一部分是"营改增"变量，包括营业税（st_{it}）和增值税（vat_{it}）；第二部分是控制变量，包括其他税收变量，考虑到税收收入规模和税种的大小，主要选取企业所得税（cit_{it}）、个人所得税（iit_{it}），另外还包括影响国民收入分配格局的其他控制变量。因此，文中用于分析流转税改革影响的 PVAR 模型可以具体表述为：

公式（24）为"营改增"改革对政府部门所得份额的影响：

$$
distr\_G_{it} = \Pi_0 + \sum_{p=1}^{n} \Pi_{np} distr\_G_{it-p} + \sum_{p=1}^{n} \Pi_{np} tax_{it-p}
$$
$$
+ \sum_{p=1}^{n} \Pi_{np} X_{it-p} + \phi_t f_i + \varepsilon_i + \mu_{it}
$$
(24)

公式（25）为"营改增"改革对企业部门所得份额的影响：

$$
distr\_E_{it} = \Pi_0 + \sum_{p=1}^{n} \Pi_{np} distr\_E_{it-p} + \sum_{p=1}^{n} \Pi_{np} tax_{it-p}
$$
$$
+ \sum_{p=1}^{n} \Pi_{np} X_{it-p} + \phi_t f_i + \varepsilon_i + \mu_{it}
$$
(25)

公式（26）为"营改增"改革居民部门所得份额的影响：

$$
distr\_R_{it} = \Pi_0 + \sum_{p=1}^{n} \Pi_{np} distr\_R_{it-p} + \sum_{p=1}^{n} \Pi_{np} tax_{it-p}
$$
$$
+ \sum_{p=1}^{n} \Pi_{np} X_{it-p} + \phi_t f_i + \varepsilon_i + \mu_{it}
$$
(26)

其中，$distr\_G_{it-p}$、$distr\_E_{it-p}$、$distr\_R_{it-p}$ 分别为被解释变量的滞后 P 阶变

量作为解释变量，tax 为核心解释变量税收变量，包括营业税和增值税，X_{it-p} 为控制变量，公式（24）～（26）中核心解释变量和控制变量相同。

面板向量自回归模型（PVAR）的分析方法综合了 VAR 模型和面板模型的优点，既能够控制不可观测的个体异质性（包括个体效应和时间效应），也可以分析国民收入分配格局中三部门面对"营改增"改革冲击时的动态反应。模型中的各个解释变量既可以对一个地区的国民收入分配格局产生影响，也会对其他地区的变量产生冲击，这种动态的调整过程能够较好地刻画各种冲击的传导机制。

3.2　变量与数据

（1）数据来源

由于本文主要考虑 1994 年分税制改革以来，流转税改革对国民收入分配格局的影响，因此本文样本为 1995～2013 年的省级面板数据（省份个体为 29 个，其中，按照惯例，重庆市数据合并到四川省，西藏因大面积数据缺失，从样本中剔除）。国民收入分配格局中政府、企业、居民三部门收入占比来源于 1995～2014 年《中国统计年鉴》中 29 个省级单位统计年鉴，另外税收方面的数据主要由 1995～2014 年《中国税务年鉴》《中国财政年鉴》、wind 数据库、CCER 数据库以及国家统计局、国税总局、财政部数据库整理得到。

（2）变量设定

本文运用面板向量自回归模型（PVAR）检验"营改增"改革对国民收入分配格局造成的冲击效应，并定量测算"营改增"对国民收入分配格局变动的贡献程度。变量主要包括三部分，即被解释变量、核心解释变量、其他控制变量。

被解释变量：$distr_{it}$ 表示国民收入分配格局，包括政府、企业、居民三部门分配格局，$distr_{it-1}$ 表示上一期的分配格局。其中，（$distr\_G_{it}$）表示国民收入分配中政府所得份额，（$distr\_E_{it}$）表示国民收入分配中企业所得份额，（$distr\_R_{it}$）为国民收入分配中居民所得份额。

核心解释变量：模型中变量 tax 为核心解释变量，包括营业税（st_{it}）与增值税（vat_{it}）两个税收变量，分别用营业税、增值税与 GDP 比率表示。在一段时期内，如果没有大的外在因素，包括战争、自然灾害等不可抗力，一个国家或一个地区的国民收入分配格局基本稳定；另一个对国民收入分配格局有重大影响的就是经济体制，通过梳理发现，近年来经济体制最大的变革就是"营改增"改革，本文主要研究目的就是考察"营改增"改革对国民收入分配格局的冲击，因此本文将营业税（st_{it}）与增值税（vat_{it}）设定为模型主要政策冲击变量，并考察冲击变量对国民收入分配中三部门所得份额变动的贡献程度。

其他控制变量：营业税与增值税作为流转税主要组成部分，已经占到我国一般性预算收入的65%以上，考虑到其他税种的大小，本文主要选取企业所得税（cit_{it}）和个人所得税（iit_{it}）两个税种，作为除流转税以外的税收控制变量，同时考虑影响分配格局的系统性因素：（1）固定资产投资比率（fai_{it}），利用各个省份的固定资产投资总额与 GDP 的比值，来描述物质资本积累对国民收入分配格局的影响；（2）城镇化进程（urb_{it}），用来考察城镇化进程对国民收入分配格局的影响；（3）利用外资水平（fdi_{it}），主要考虑外资利用水平对企业收入所得份额的影响；（4）经济开放度（eo_{it}），考察经济开放程度对企业、居民所得份额的影响；（5）经济社会发展度（$rgdp_{it}$），本文用人均 GDP 作为经济社会发展程度指标，考察经济社会发展程度对国民收入分配格局三部门的影响。对实证检验中各个变量进行描述性统计的结果，如表 1 所示。

表 1　主要变量的描述性统计

变量名	样本数	均值	标准差	最小值	最大值
$distr\_G_{it}$	522	0.117644	0.0456501	0.0331428	0.2742
$distr\_R_{it}$	522	0.5127115	0.0969231	0.310816	0.7338137
$distr\_E_{it}$	522	0.3696341	0.0783137	0.1813776	0.5449364
st_{it}	522	0.0217819	0.0145038	0.0013064	0.1026553
vat_{it}	522	0.0637354	0.0317677	0.0276146	0.2308033
cit_{it}	522	0.023653	0.031178	0.0039522	0.2681428
iit_{it}	522	0.0080065	0.0067068	0.0008518	0.0420748
urb_{it}	522	0.4225423	0.1727511	0.00355	0.8930407
$rgdp_{it}$	522	9.422496	0.8452903	7.49337	11.42127
fai_{it}	522	0.4644867	0.17033	0.192079	0.9946566
eo_{it}	522	0.2962807	0.3722625	0.031666	1.749404
fdi_{it}	522	0.0288496	0.0313666	0	0.2435565

资料来源：依据《中国统计年鉴》《中国财政年鉴》《中国税务年鉴》等各年数据整理而得。

4　实证分析

在依据前面公式（24）～（26）所示的面板向量自回归模型（PVAR）和估计方法，估计"营改增"改革对国民收入分配格局的影响之前，为防止"虚假"回归的出现，需要对模型中各变量序列的平稳性进行检验。

4.1 平稳性检验

目前，在面板向量自回归模型构建的过程中，如何对模型估计是关键。由于面板数据是时间序列性质，需要考虑数据的平稳性，否则，一定条件下，对不平稳的变量进行 VAR 估计获得的结果，不能准确反映变量之间的内在逻辑关系。本文在权衡各类面板单位根的检验方法的优缺点之后，决定采取 IPS 检验、LLC 检验、HT 检验三种方法考察主要变量的平稳性，平稳性检验结果如表 2 所示。检验结果表明：模型中各个变量至少在 10% 的显著水平上拒绝了存在单位根的假设，由此基本可以判断各序列是平稳序列。

表 2　各序列平稳性检验

检验方法	$distr\_G_{it}$	$distr\_R_{it}$	$distr\_E_{it}$	st_{it}	vat_{it}	cit_{it}
LLC	-10.05***	-2.54**	-2.17**	-4.33***	-2.97**	-2.91**
IPS	-2.69**	-3.65***	-6.52***	-8.88***	-5.81***	-6.15***
HT	-7.45***	-5.74***	-6.26***	-7.64***	-6.46***	-6.72***
检验方法	iit_{it}	urb_{it}	$rgdp_{it}$	fai_{it}	eo_{it}	fdi_{it}
LLC	-6.06***	-1.74*	-8.71***	-3.29***	-2.39***	-5.33***
IPS	-2.86**	-8.08***	-7.15***	-5.62***	-5.83***	-2.56**
HT	-4.40***	-2.45**	-6.19***	-5.88***	-4.85***	-4.76***

注释：*代表在 10% 的置信水平显著，**代表在 5% 的置信水平显著，***代表在 1% 的置信水平显著，表中数字分别代表 LLC 检验、IPS 检验以及 HT 检验中相应的统计量，对所有数字均保留两位小数。

4.2 面板向量自回归模型（PVAR）的参数估计

本文主要运用连玉君（2010）编写的 PVAR2 程序包，对公式（24）～（26）进行估计，采用赤池信息准则（AIC）判定 PVAR 模型的最优滞后阶数，通过检验可知，"营改增"改革对国民收入分配格局三部门冲击模型最优滞后阶数均为两阶。面板向量自回归模型（PVAR）中的解释变量包含个体差异性和因变量的滞后项，其计量检验方法与动态面板数据的检验方法类似，这就需要考虑如何处理变量的内生性与个体效应。做计量检验之前，为消除模型个体效应对各个变量进行前向差分，随后采用广义矩估计（GMM）方法对参数进行估计。本文充分考虑内生变量先后次序可能对脉冲响应函数产生的影响，并对原始程序中脉冲响应函数的显示期数缺陷进行了修正，得到面板向量自回归模型的广义脉冲响应函数，参数估计结果可以参考下文的实证分析。

4.3　核心解释变量计量结果分析

本部分主要包含三部分，第一，"营改增"改革对政府部门所得份额的政策冲击；第二，"营改增"改革对居民部门所得份额的政策冲击；第三，"营改增"对企业部门所得份额的政策冲击，所有计算过程都基于 stata12 软件。各部分又包含三个部分，第一，PVAR 方程 GMM 结果，刻画"营改增"改革冲击对三部门所得份额正负影响；第二，脉冲响应图，描述"营改增"改革对三部门所得份额影响的平稳性；第三，方差分解图，测算"营改增"改革对三部门所得份额变动的贡献程度。

（1）政府部门

对于"营改增"改革对政府部门所得份额冲击的刻画，主要来自公式（24）计量检验结果。表 3 是 PVAR 模型（24）基于 GMM 方法得到的系数有效估计，图 1 是"营改增"改革对政府部门所得份额的脉冲响应函数，表 5 是通过方差分解考察"营改增"对政府部门所得份额变动的贡献程度。

从表 3 中的分析结果可以看出，被解释变量为 h_distrg 方程中，滞后 1 期与滞后 2 期 h_st 变量前面系数都为正，说明当期营业税征缴数量和政府部门在国民收入分配中占比呈现同方向变化，滞后 1 期与滞后 2 期 h_vat 变量系数都为负，说明当期增值税征缴规模和政府部门所得份额呈现反方向变化。综上所述，基于 PVAR 模型的系数估计结果，说明"营改增"改革具有降低国民收入分配格局中政府部门收入占比的作用。另外，滞后 1 期与滞后 2 期变量 h_distrg 系数为正，这说明国民收入分配中确实存在着自我增强机制。

表 3　PVAR 模型的 GMM 估计结果（政府部门）

h_distrg 方程		h_st 方程		h_vat 方程	
变量	系数	变量	系数	变量	系数
h_distrg（-1）	0.63***（6.73）	h_distrg（-1）	-0.12**（-1.96）	h_distrg（-1）	-0.03**（-2.78）
h_distrg（-2）	0.19**（2.37）	h_distrg（-2）	-0.03（-1.22）	h_distrg（-2）	-0.003（-0.8）
h_st（-1）	0.33***（4.42）	h_st（-1）	1.29***（10.9）	h_st（-1）	-.072（-0.47）
h_st（-2）	0.24***（3.64）	h_st（-2）	0.38***（2.56）	h_st（-2）	-0.00（0.00）
h_vat（-1）	-0.42**（-2.19）	h_vat（-1）	-0.15（-0.87）	h_vat（-1）	1.11***（3.72）
h_vat（-2）	-0.07**（-2.03）	h_vat（-2）	-0.06（-1.46）	h_vat（-2）	0.14（1.79）

注释：*代表在 10%的置信水平显著，**代表在 5%的置信水平显著，***代表在 1%的置信水平显著，表中数字表示 GMM 估计得到的相应项的系数，括号内的数字则代表该系数相应的 Z 统计量，h 表示对各个变量进行前向差分，对所有数字均保留两位小数。

　　我们还可以运用 PVAR 模型的脉冲响应函数，进一步分析"营改增"改革影响国民收入分配中政府部门所得份额的动态传导机制和路径，考虑到我国每届政府的任期为 10 年，本文将脉冲响应图持续时间设定为 10 期。在其他变量保持不变的情况下，可以通过脉冲响应函数，分析一个变量冲击对其中另一个变量的动态影响轨迹，这个影响是单方面的、纯粹的。鉴于本文主要研究目的，在前面公式（24）的基础上，我们重点考察"营改增"改革一个标准信息冲击后国民收入分配格局变动情况。图 1 给出了政府所得份额（ $distr\_G_{it}$ ）、营业税（ st_{it} ）、增值税（ vat_{it} ）变量 PVAR 脉冲响应函数图。其中，纵轴表示解释变量对被解释变量的冲击程度，横轴表示脉冲响应期数设定为 10 期，中间虚线表示 0 刻度线，实线表示脉冲响应程度。通过图 1 分析可知，对于一个标准差的营业税（ st_{it} ）变量的冲击，政府收入所得份额在第 1 期就有一个显著的正向脉冲反应，一直到第 10 期，并且这个脉冲反应随着时间的延续，总体上趋于平稳。而对于一个标准差的增值税（ vat_{it} ）冲击，政府收入所得份额在第 1 期就有一个负向的脉冲响应，在第 6 期之后逐渐趋向于 0，这说明增值税变量在一段时期之后对国民收入分配中政府所得份额影响基本可以忽略不计。

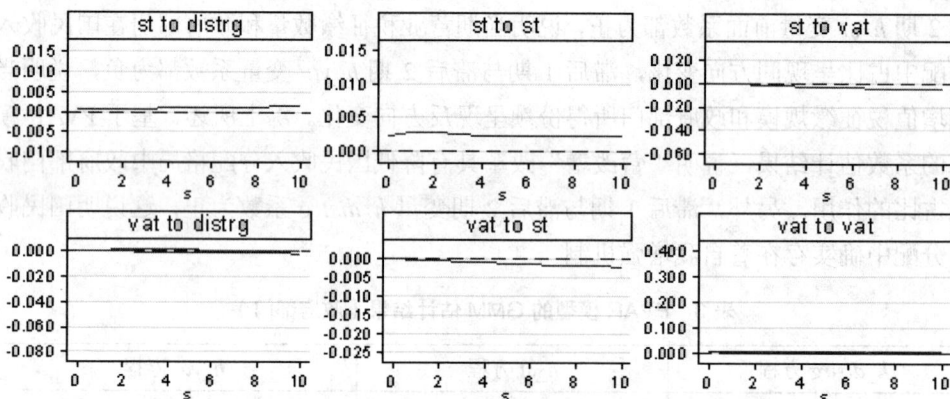

图 1　"营改增"对政府部门收入分配格局的冲击（蒙特卡洛模拟 500 次）

　　在分析脉冲响应图的基础上，本文继续使用方差分解来考察"营改增"对国民收入分配格局的主要贡献因素，并测算"营改增"对国民收入分配格局变动的贡献程度。通过分析表 4 可以看出，营业税与增值税相比，增值税对国民收入分配中政府所得份额变动的影响更大，这表明增值税变量对政府收入所得份额的变动解释力度更大。在第 1 期，增值税变量对政府所得份额变动的贡献率为 35.1%，随着时间的延续，增值税变量对政府所得份额变动的贡献率逐渐减少，为 7.56%，而营业税变量对政府所得份额变动的贡献率一直维持在 7% 左右，这基本上与图 1 脉冲响应图的分析相吻合。从方差分解图可以看出，第 1 期，"营改增"改革政府部门所得份额变动贡献程度超过 40%；第 10 期之后，降低至不到 15%，这说明政府对一般性预算收入变动具有很强的自我调节能力。

表 4　政府部门的方差分解结果

	期数	冲击变量		
		$distr\_G_{it}$	st_{it}	vat_{it}
被冲击变量	$distr\_G_{it}$　1	0.5686	0.0803	0.3509
	st_{it}　1	0.6147	0.3212	0.0640
	vat_{it}　1	0.9328	0.0488	0.0183
	$distr\_G_{it}$　5	0.7993	0.0678	0.1327
	st_{it}　5	0.8107	0.1325	0.0567
	vat_{it}　5	0.8840	0.0736	0.0422
	$distr\_G_{it}$　10	0.8508	0.0735	0.0756
	st_{it}　10	0.8533	0.0921	0.0544
	vat_{it}　10	0.8722	0.0774	0.0503

注：表中数据运用 stata12 软件计算得到。

（2）居民部门

探讨"营改增"改革对居民部门收入分配影响的实证分析，主要来自公式（25）计量检验结果。表 5 是 PVAR 模型（25）基于 GMM 方法得到的系数有效估计，图 2 是"营改增"改革对居民部门所得份额的脉冲响应函数，表 6 是通过方差分解考察"营改增"对居民部门收入占比变动的贡献程度。

表 5　PVAR 模型的 GMM 估计结果（居民部门）

h_distrr 方程		h_st 方程		h_vat 方程	
变量	系数	变量	系数	变量	系数
h_distrr（-1）	0.89***（12.73）	h_distrr（-1）	-0.01**（-2.55）	h_distrr（-1）	0.05**（2.49）
h_distrr（-2）	0.05**（2.07）	h_distrr（-2）	-0.004（-1.22）	h_distrr（-2）	0.01（1.22）
h_st（-1）	-0.44***（-6.28）	h_st（-1）	1.16***（3.59）	h_st（-1）	0.05（0.13）
h_st（-2）	-0.17（-1.18）	h_st（-2）	-0.29（-0.882）	h_st（-2）	-0.08（-0.47）
h_vat（-1）	0.92***（6.52）	h_vat（-1）	-0.10（-0.44）	h_vat（-1）	0.92**（2.3）
h_vat（-2）	0.15**（2.05）	h_vat（-2）	0.05（1.50）	h_vat（-2）	-0.11（-1.43）

注释：*代表在 10%的置信水平显著，**代表在 5%的置信水平显著，***代表在 1%的置信水平显著，表中数字表示 GMM 估计得到的相应项的系数，括号内的数字则代表该系数相应的 Z 统计量，h 表示对各个变量进行前向差分，对所有数字均保留两位小数。

通过对表 5 的估计结果分析可知，被解释变量为 h_distrr 方程中，滞后 1 期与滞后 2 期变量 h_st 前面系数都为负，说明当期营业税变量与居民部门收入占比呈现反方向变化，滞后 1 期与滞后 2 期 h_vat 变量系数都为正，说明增值税变量与居民部门收入占比呈现同方向变化，也就是说上述基于 PVAR 模型的系数估计结果显示"营改增"改革增加了居民部门所得份额。

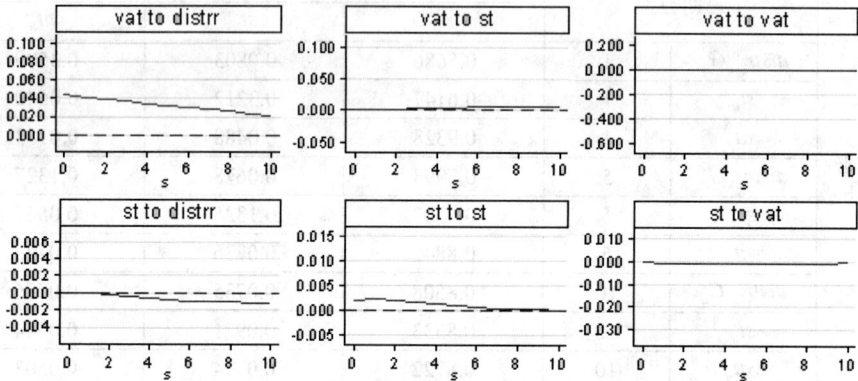

图 2　"营改增"对居民部门收入分配格局的冲击（蒙特卡洛模拟 500 次）

图 2 给出了居民所得份额（ $distr\_R_{it}$ ）、营业税（ st_{it} ）、增值税（ vat_{it} ）变量 PVAR 脉冲响应函数图。通过分析可知，对于一个标准差的增值税（ vat_{it} ）变量的冲击，居民部门所得份额在第 1 期就有一个明显的正向脉冲响应，这个脉冲反应随着时间的延续逐渐降低，但总体上比较平稳。而对于一个标准差的营业税（ st_{it} ）变量的冲击，居民部门收入占比在第 1 期没有明显的响应，从第 2 期开始逐渐有一个负向的响应，随着时间的延续这个反应逐渐平稳。

表 6　居民部门的方差分解结果

	期数	冲击变量		
		$distr\_R_{it}$	st_{it}	vat_{it}
被冲击变量	$distr\_R_{it}$ 1	0.9108	0.0332	0.0559
	st_{it} 1	0.1950	0.6492	0.1557
	vat_{it} 1	0.1083	0.0351	0.8565
	$distr\_R_{it}$ 5	0.8994	0.0432	0.0572
	st_{it} 5	0.3915	0.4829	0.1255
	vat_{it} 5	0.1098	0.0348	0.8552
	$distr\_R_{it}$ 10	0.8869	0.0451	0.0679
	st_{it} 10	0.4269	0.4554	0.1175
	vat_{it} 10	0.1098	0.0348	0.8551

注：表中数据运用 stata12 软件计算得到。

表 6 的方差分解结果主要刻画"营改增"改革对居民部门收入所得份额变动的影响程度，在第 1 期，营业税对居民部门收入占比变动的贡献大约为 3.32%，而同时期增值税对居民部门收入占比变动贡献大约为 5.59%，这说明增值税变量对居民收入占比解释力度更大。随着时间的延续，增值税对居民部门收入所得份额变动贡献率一直维持在 5%左右，营业税贡献维持在 4%左右，也就是说"营改增"改革对居民部门收入所得份额变动的贡献程度约占 10%。

（3）企业部门

本部分主要分析"营改增"改革对企业部门所得份额变动的影响，计量检验结果主要来自公式（26）。表 7 是 PVAR 模型（26）基于 GMM 方法得到的系数有效估计，图 3 是"营改增"改革对企业部门所得份额的脉冲响应函数，表 8 是通过方差分解考察"营改增"改革对企业部门收入占比变动的贡献程度。

表 7　PVAR 模型的 GMM 估计结果（企业部门）

h_distre 方程		h_st 方程		h_vat 方程	
变量	系数	变量	系数	变量	系数
h_distre（-1）	0.86*** (13.19)	h_distre（-1）	-0.08** (-2.06)	h_distre（-1）	0.11** (2.95)
h_distre（-2）	0.07** (2.01)	h_distre（-2）	-0.007 (-1.95)	h_distre（-2）	0.09** (2.32)
h_st（-1）	-1.05*** (-4.55)	h_st（-1）	1.10*** (3.06)	h_st（-1）	0.05 (0.42)
h_st（-2）	-0.13* (-1.78)	h_st（-2）	-0.18 (-0.59)	h_st（-2）	-0.06 (-0.78)
h_vat（-1）	1.20*** (7.13)	h_vat（-1）	0.02 (0.07)	h_vat（-1）	0.92** (2.47)
h_vat（-2）	0.43** (2.19)	h_vat（-2）	0.03 (0.88)	h_vat（-2）	-0.17 (-1.37)

注：*代表在 10%的置信水平显著，**代表在 5%的置信水平显著，***代表在 1%的置信水平显著，表中数字表示 GMM 估计得到的相应项的系数，括号内的数字则代表该系数相应的 Z 统计量，h 表示对各个变量进行前向差分，对所有数字均保留两位小数。

表 7 为基于公式（4）的 PVAR 模型估计结果，被解释变量 h_distre 方程中，滞后 1 期与滞后 2 期变量 h_vat 前面系数为正，说明增值税变量与企业部门收入占比呈现同方向变化，滞后 1 期与滞后 2 期变量 h_st 前面系数都为负，说明营业税变量与企业部门所得份额呈现反方向变化，通过对估计结果的分析，说明"营改增"改革会增加企业部门的所得份额。

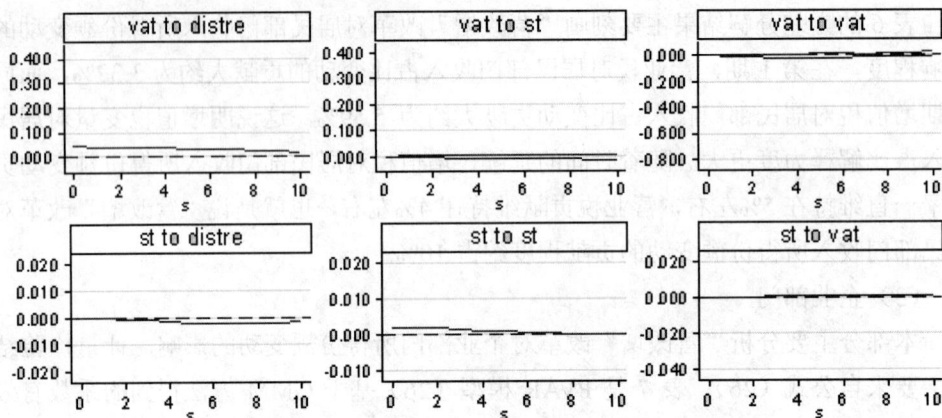

图 3　"营改增"对居民部门收入分配格局的冲击（蒙特卡洛模拟 500 次）

图 3 给出了企业所得份额（$distr\_E_{it}$）、营业税（st_{it}）、增值税（vat_{it}）变量 PVAR 脉冲响应函数图。通过分析可知，面对一个标准差的营业税（st_{it}）变量的冲击，企业部门收入占比在前 3 期没有变动，从第 3 期开始逐渐有一个负向的响应，随着时间的延续，这个负向响应基本保持稳定，到第 10 期这个响应又开始趋向于 0。而对于一个标准差的增值税（vat_{it}）变量的冲击，居民部门所得份额在第 1 期就有一个明显的正向脉冲响应，这个脉冲响应随着时间的延续逐渐降低，到第 10 期以后，基本趋于平稳。

表 8　企业部门的方差分解结果

	期数	冲击变量		
		$distr\_E_{it}$	st_{it}	vat_{it}
被冲击变量	$distr\_E_{it}$　1	0.8314	0.0451	0.1233
	st_{it}　1	0.0385	0.3911	0.2232
	vat_{it}　1	0.0648	0.0161	0.9189
	$distr\_E_{it}$　5	0.8258	0.0441	0.1302
	st_{it}　5	0.4489	0.2956	0.2553
	vat_{it}　5	0.0662	0.0161	0.9176
	$distr\_E_{it}$　10	0.8054	0.0646	0.1299
	st_{it}　10	0.4501	0.2948	0.2551
	vat_{it}　10	0.0671	0.161	0.9167

注：表中数据运用 stata12 软件计算得到。

表 8 方差分解表主要刻画"营改增"改革对企业部门收入占比变动的影响程度，在第 1 期，增值税变量对企业部门收入占比变动的贡献维持在 12.33% 的水平上，同时期营业税变量对居民部门所得份额变动的贡献程度大约为 4.51%，可以看出，增

值税对企业部门所得份额变动的解释力度更大，随着时间的延续，营业税对企业部门所得份额变动的贡献率一直保持在 5%左右，而增值税对企业部门收入所得份额变动的贡献率一直维持在 12%以上。综合来看，"营改增"改革对企业部门收入所得份额变动贡献程度在 17%。

4.4　控制传导变量计量结果

本文主要研究"营改增"改革对国民收入分配格局的影响，现实经济中，影响国民收入分配格局的因素复杂多变，本部分考察其他控制变量对国民收入分配格局变动的冲击作用。图 4 和图 5 为控制变量对国民收入分配格局的脉冲响应图。

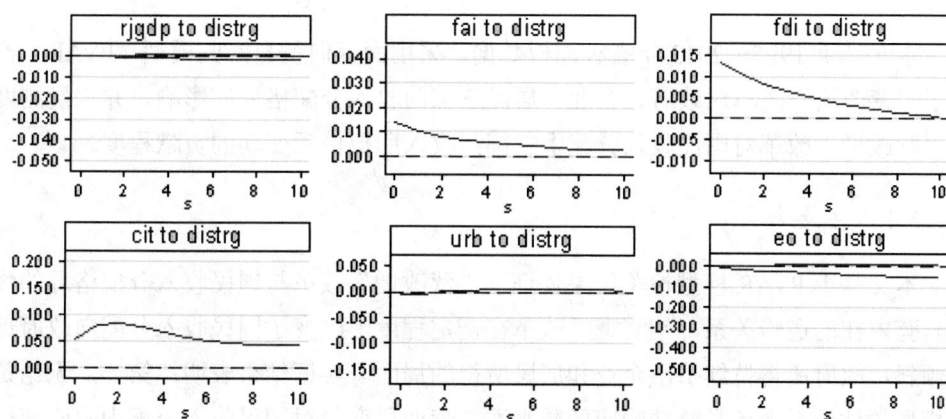

图 4　其他变量对居民部门收入分配格局的冲击（蒙特卡洛模拟 500 次）

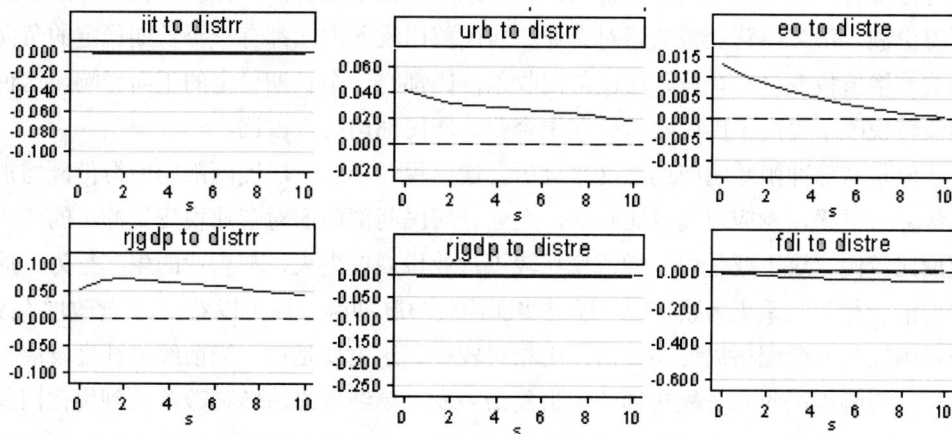

图 5　其他变量对居民部门收入分配格局的冲击（蒙特卡洛模拟 500 次）

综合图 4 与图 5 脉冲响应结果来看，经济发展程度（$rgdp_{it}$）降低了政府部门所得份额，提高了居民和企业部门收入占比，但对企业部门的提高作用不明显。企业所得税（cit_{it}）变量具有提高政府部门所得份额的作用。城镇化率（urb_{it}）降低了政府部门收入占比，提高了居民部门收入占比。

经济开放度（eo_{it}）降低了政府部门所得份额，提高了企业部门收入占比。固定资产投资（fai_{it}）提高了国民收入分配中政府部门所得分额，另外利用外资水平（fdi_{it}）提高了政府部门收入占比，降低了企业部门收入占比。

5　结论与政策建议

本文基于 1995～2013 年省级面板数据，采用面板向量自回归模型（PVAR）检验了"营改增"改革对政府、企业、居民三部门收入分配格局的影响，并定量测度了"营改增"改革对国民收入分配中三部门收入所得份额变动的贡献程度。

5.1　主要结论

本文基于 PVAR 模型检验结果佐证了"营改增"改革与国民收入分配格局的优化具有内在的逻辑关系，"营改增"改革在一定程度上改变了国民收入分配向政府部门倾斜，政府所得持续挤压企业和居民所得的局面。实证结果表明：第一，无论是从模型的估计系数还是脉冲响应函数来看，营业税变量对国民收入分配中政府部门所得份额都有一个长期稳定的正向影响，增值税变量对国民收入分配中政府部门所得份额都有一个负向影响，这说明流转税改革降低了政府部门在国民收入分配中的所得份额。第二，营业税变量对企业、居民部门收入占比都有一个长期稳定的负向影响，增值税变量对企业、居民部门收入占比都有一个长期稳定的正向影响，这说明流转税改革提高了国民收入分配中企业、居民部门收入占比。

但是从脉冲函数响应的强度来分析，增值税对企业、居民两部门所得份额增加的解释力更强，响应速度也比较快，企业、居民两部门面对营业税变量冲击的响应速度比较慢。这主要是由于增值税相较于营业税规模更大，与企业的生产行为、居民的消费行为联系更为紧密。但通过实证检验中脉冲响应图可以看出，"营改增"改革对国民收入分配格局变动冲击作用相对较小。这主要是由于当前经济社会发展过程中，影响国民收入分配格局的因素复杂多变，单纯依靠流转税改革达到优化国民收入分配格局的目的不现实，必须有针对性的配套其他宏观调控政策来优化国民收入分配格局。

方差分解结果进一步表明，第一，"营改增"改革对政府部门所得份额变动的贡献程度最大，在政策实行初期，流转税改革对政府部门所得份额变动的贡献程度超过 40%，但随着时间的延续，解释力度逐渐减弱。第二，"营改增"改革对企业部门所得份额增加的贡献率维持在 17%左右，这个贡献率随着时间的延续保持稳定。第三，"营改增"改革对居民部门所得份额提高贡献程度最低，只有 10%左右，这也从侧面说明流转税改革对居民部门收入占比变动解释力度偏弱，这主要是因为居民部门很大一部分收入是通过转移支付从政府部门获得，或者是通过劳动报酬从企业部门获得。

另外，对其他控制传导变量的计量检验结果表明：经济社会发展程度、城镇化率的提高、城乡二元结构的消失，上述三个变量优化了国民收入分配格局。企业所得税具有增加政府部门收入所得份额的作用，对外开放度的提高有利于社会财富向企业部门集聚，个人所得税的征缴降低了居民部门收入占比，固定资产投资、公共基础设施的建设，使国民收入分配更多地向政府部门倾斜，外资的引进在一定程度上提高了居民部门的收入份额，这主要是由于外资企业的薪酬待遇普遍高于本土企业。

5.2　政策建议

前述分析结论表明，国民收入分配格局合理与否内生于经济社会发展阶段，国民收入分配格局的优化，作为制度改革成本最小的财税改革责无旁贷，为了进一步优化国民收入分配格局，本文参照实证检验结果中不同变量对国民收入分配格局冲击的传导机制，主要从宏观和微观视角提出以下政策建议：

（1）保持经济发展速度，做大经济蛋糕

通过对控制变量的分析可以看出，经济社会发展程度越高，国民收入分配格局越趋向于优化。随着经济蛋糕的做大，市场通过自我调节，国民收入分配更多地向居民部门倾斜，此时劳动者报酬增加、收入水平提高，反过来又促进经济社会的发展，形成劳动者报酬与经济社会发展的良性互动。在经济蛋糕做大的同时，即使政府部门收入所得份额是减少的，但政府收入规模却在增加，这在一定程度上保证了公共产品供给，以及基础设施建设资金的需求。

（2）转变经济发展方式，加快城乡统筹

实证结果表明，城镇化率的提高对提高居民收入所得份额增加具有重大的促进作用，国民收入分配格局不合理与我国经济发展方式粗放滞后、城乡二元体制结构、城镇化率不高有关。在建立现代财政制度的过程中，应加快城乡统筹发展，扩大社会保障的覆盖面，建立跨地区养老医疗统筹制度，在地方政府财力可承受范围内，建立住房保障制度，进而提高居民部门收入所得份额。

（3）加快"营改增"进程，减轻企业税收负担

加快铁路运输、邮电通信业、银行金融等行业的"营改增"改革，促进生产要素在全行业、全国范围内的流动，这个过程必然带来大规模的减税额，在一定程度上降低企业税负，增加企业利润，在"营改增"推进的同时，注意建立适当的激励约束机制，并采取一定的奖惩方式，引导优化社会资源的有效配置。

（4）拓展居民收入来源，再分配向居民部门倾斜

现阶段，我国居民收入主要来源于劳动报酬，财产性收入占比较低，一方面，要扩展居民资本、技术和管理等要素收入；另一方面，针对劳动报酬短时间内难以提升的情况，积极提高劳动者最低工资，增加劳动者技能培训方面的政府财政资金投入。同时，提高企业退休人员养老金，拓宽农村居民收入渠道，增加政府财政对弱势群体的转移支付力度，在国家财力允许的前提下，增加政府支出中民生支出比重，放松政府机构、企事业单位对一般工作人员的福利支出管制。

（5）保持政府收入规模稳定，不宜急剧减少政府收入比重

国民收入分配格局优化的内在逻辑也迫切需要降低政府部门收入所得份额。但是，公共财政风险带来系统性风险的扩大化与隐性化，决定了我国未来公共财政的支出继续呈现增长趋势，防范经济系统性风险的出现，需要以可持续、稳定的政府财力作保障。因此，在优化国民收入分配格局的过程中，不宜出现政府收入份额急剧减少的局面，而应该在此基础上，提高财政支出效率，化解现实中潜在的系统性风险，进而实现社会公平。

（6）以财税改革为契机，撬动全面改革

财政在治国安邦中具有基础性、制度性和保障性作用，财税改革涉及中央与地方、政府与企业、国家与个人以及部门间权利和利益的再分配，牵一发动全身。财税体制改革既是中国转型的一个方面，又是制度转型的核心，财税体制改革分为两个阶段，第一个阶段是与经济改革相匹配的财税体制改革，第二个阶段是与国家治理相匹配的财税体制改革，第一阶段的"营改增"税制改革，在国民收入分配优化过程中发挥了一定作用。从十八届三中全会之后，我国从经济改革转向全面深化，实际上就是国家治理改革，这需要财税体制改革与其他改革措施、制度设计配套，在国家治理、制度顶层设计的过程中，不妨让国民收入分配更多地向居民部门倾斜。

参考文献

（1）Auerbach A. J. and L. J. Kotlikoff. National Savings，Economic Welfare and Structure of Taxation. In M. Feldstein，ed.，Behavioral Simulaiton Methods in Tax Policy

Analysis，Chicago：University of Chicago Press，1983（3）：23-41.

（2）Black，F. When Is a Positive Income Tax Optimal? NBER Working Paper No.63，1981（2）：32-49.

（3）Michael Smart and Richard M. Bird.The Economic Incidence of Replacing a Retail Sales Tax with a Value-Added Tax：Evidence from Canadian Experience. Canadian Public Policy / Analyse de Politiques，Vol. 35，No. 1，2009（5）：85-97.

（4）Paula and Jose A. Scheinkman. Value-Added Taxes，Chain Effects，and Informality. American Economic Journal：Macroeconomics，Vol. 2，No. 4，2010（10）：195-221.

（5）Robert E. Hall. The Effects of Tax Reform on Prices and Asset Values. Tax Policy and the Economy，1996（10）：Vo71-88.

（6）Malcolm Gillis. Worldwide Experience in Sales Taxation：Lessons for North America. Policy Sciences，Vol. 19，No. 2，1986（7）：125-142.

（7）Holtz. Estimating Vector Autoregressions with Panel Data [J]. Econometrica，1988（6）：1371-1395.

（8）Love and Zicchino. Financial Development and Dynamic Investment Behavior：Evidence from Panel VAR [J]. The Quarterly Review of Economics and Finance，2006（2）：190-210.

（9）Xie Danyang. On Time Inconsistency：A Technical Issue in Stackelberg Differential Games. Journal of Economic Theory，Vol.76，1997（2）：45-71.

（10）陈守东，王淼. 我国银行体系的稳健性研究——基于面板 VAR 的实证分析[J]. 数量经济技术经济研究，2011（10）.

（11）陈晓光. 增值税有效税率差异与效率损失——兼议对"营改增"的启示[J]. 中国社会科学，2013（8）.

（12）曹海娟. 产业结构对税制结构动态响应的区域异质性——基于省级面板数据的 PVAR 分析[J]. 财经研究，2012（10）.

（13）丛树海. 基于调整和改善国民收入分配格局的政府收支研究[J]. 财贸经济，2012（6）.

（14）郝晓薇，段义德. 基于宏观视角的"营改增"效应分析[J]. 税务研究，2014（5）.

（15）刘建民，王蓓，吴金光. 基于区域效应的财政政策效果研究——以中国的省际面板数据为例：1981～2010[J]. 经济学动态，2012（9）.

（16）李扬. 收入功能分配的调整：对国民收入分配向个人倾斜现象的思考[J].

经济研究，1992（7）.

（17）吕冰洋，禹奎. 我国税收负担的走势与国民收入分配格局的变动[J]. 财贸经济，2009（3）.

（18）莫亚琳，张志超. 城市化进程、公共财政支出与社会收入分配——基于城乡二元结构模型与面板数据计量的分析[J]. 数量经济技术经济研究，2012（3）.

（19）孙钢. 对"营改增"部分企业税负增加的分析[J]. 税务研究，2014（1）.

（20）田志伟，胡怡建."营改增"对财政经济的动态影响：基于 CGE 模型的分析[J]. 财经研究，2014（2）.

（21）汤蕴懿，闫强. 上海"营改增"试点的长期财政效应：必要性和实证检验[J]. 上海经济研究，2014（5）.

（22）王建平."营改增"应关注纳税人的税收负担和管理效率[J]. 税务研究，2014（1）.

（23）余永定. 国民收入分配、金融结构与宏观经济稳定[J]. 经济研究，1996（12）.

作者简介

孙正，男，1985 年生人，经济学博士，天津财经大学。邮箱：sunzheng851204@163.com

经济新常态下的我国财税政策研究

崔　寅

摘　要： 经济新常态意味着中国经济已进入一个与过去 30 多年高速增长期不同的新阶段。新常态下的财政、货币政策，必须立足于服务全局，努力促进国民经济运行的基本稳定与质量提高，并在加快发展方式转变中把短期的、年度的调控与中长期实现"五位一体"全面改革目标衔接起来。本文在分析了我国经济在新常态下的主要特征和面临问题的基础上，提出我国财税体制改革的总体目标、基本方向和具体措施，为建立适应我国经济新常态的财税体制提供理论支持。

关键词： 新常态；财税政策；体制改革

1　引言

所谓的经济新常态就是经济结构的对称态，在经济结构对称态基础上的经济可持续发展，包括经济可持续稳增长。经济新常态是调结构、稳增长的经济，而不是总量经济；着眼于经济结构的对称态及在对称态基础上的可持续发展，而不仅仅是 GDP、人均 GDP 增长与经济规模最大化。经济新常态就是用增长促发展，用发展促增长。2014 年 5 月，习近平总书记在河南考察时指出："我国发展仍处于重要战略机遇期，我们要增强信心，从当前我国经济发展的阶段性特征出发，适应新常态，保持战略上的平常心态。"新常态就是不同以往的、相对稳定的状态。这是一种趋势性、不可逆的发展状态；意味着中国经济已进入一个与过去 30 多年高速增长期不同的新阶段。

在新常态下，我国的宏观调控管理政策也需要从思路上调整，结合"促改革、调结构、稳增长、惠民生"，达到使经济增长完成"趋稳""蓄势"和进入"新常态"的次高速增长区间的目的。当前，在维持积极的财政政策不变的同时，我国宏观调控总体贯彻了"相机抉择"原则。新常态下的财政、货币政策，必须立足于服务全局，努力促进国民经济运行的基本稳定与质量提高，并在加快发展方式转变中把短期的、年度的调控与中长期实现"五位一体"全面改革目标衔接起来。国内众多学者对于我国在经济新常态下的宏观调控政策进行了研究。余斌、吴振宇（2014）从经济增长目标转变的角度分析了我国宏观调控政策的取向。谢昆谕（2015）研究了新常态下公共财政政策如何促进中国城镇化的发展。刘志彪（2015）研究了创新驱动下的我国产业政策转型。张馨艺（2015）在分析了新常态下我国产业结构优化升级的重点与特点的基础上，提出了支持产业结构升级的财税政策。王志伟（2015）以调整产能过剩为视角，研究了新常态下的我国宏观经济政策。本文重点研究经济新常态下，我国财政政策如何转型才能够适应经济社会发展的新要求，推动我国经济发展方式的转变。

2　我国经济新常态的主要特征与问题

2.1　新常态下我国经济的主要特征

总的来说，新常态下，我国经济发展的主要特征可以用四点来概括，那就是"中高速、优结构、新动力、多挑战"。我国经济的增长速度降至 7%～8%的中高速，第三产业逐渐成为产业结构的主体，居民收入在国民收入中的比重持续上升，消费需求增加，城乡生活水平差距进一步缩小。经济增长转为依靠创新驱动为主。同时，一些不确定因素也将逐步显现。具体来说，我国经济在新常态下将表现为以下九个方面。

从消费需求看，过去我国消费具有明显的模仿型排浪式特征，2014 年模仿型排浪式消费阶段基本结束，个性化、多样化消费渐成主流，保证产品质量安全、通过创新供给激活需求的重要性显著上升，必须采取正确的消费政策，释放消费潜力，使消费继续在推动经济发展中发挥基础作用。

从投资需求看，经历了 30 多年高强度大规模开发建设后，传统产业相对饱和，但基础设施互联互通和一些新技术、新产品、新业态、新商业模式的投资机会大量涌现，对创新投融资方式提出了新要求，必须善于把握投资方向，消除投资障碍，使投资继续对经济发展发挥关键作用。

从出口和国际收支看，国际金融危机发生前国际市场空间扩张很快，出口成为拉动我国经济快速发展的重要动能，全球总需求不振，我国低成本比较优势也发生了转化，同时我国出口竞争优势依然存在，高水平引进来、大规模走出去正在同步发生，必须加紧培育新的比较优势，使出口继续对经济发展发挥支撑作用。

从生产能力和产业组织方式看，过去供给不足是长期困扰我们的一个主要矛盾，

2014年传统产业供给能力大幅超出需求，产业结构必须优化升级，企业兼并重组、生产相对集中不可避免，新兴产业、服务业、小微企业作用更加凸显，生产小型化、智能化、专业化将成为产业组织新特征。

从生产要素相对优势看，过去劳动力成本低是最大优势，引进技术和管理就能迅速变成生产力，2014年以后人口老龄化日趋发展，农业富余劳动力减少，要素的规模驱动力减弱，经济增长将更多依靠人力资本质量和技术进步，必须让创新成为驱动发展的新引擎。

从市场竞争特点看，过去主要是数量扩张和价格竞争，2014年以后正逐步转向以质量型、差异化为主的竞争，统一全国市场、提高资源配置效率是经济发展的内生要求，必须深化改革开放，加快形成统一透明、有序规范的市场环境。

从资源环境约束看，过去能源资源和生态环境空间相对较大，2014年以后环境承载能力已经达到或接近上限，必须顺应人民群众对良好生态环境的期待，推动形成绿色低碳循环发展新方式。

从经济风险积累和化解看，伴随着经济增速下调，各类隐性风险逐步显性化，风险总体可控，但化解以高杠杆和泡沫化为主要特征的各类风险将持续一段时间，必须标本兼治、对症下药，建立健全化解各类风险的体制机制。

从资源配置模式和宏观调控方式看，全面刺激政策的边际效果明显递减，既要全面化解产能过剩，也要通过发挥市场机制作用探索未来产业发展方向，必须全面把握总供求关系新变化，科学进行宏观调控。

这些趋势性变化说明，我国经济正在向形态更高级、分工更复杂、结构更合理的阶段演化，经济发展进入新常态，正从高速增长转向中高速增长，经济发展方式正从规模速度型粗放增长转向质量效率型集约增长，经济结构正从增量扩能为主转向调整存量、做优增量并存的深度调整，经济发展动力正从传统增长点转向新的增长点。认识新常态，适应新常态，引领新常态，是当前和今后一个时期我国经济发展的大逻辑。

2.2　新常态下我国经济存在的问题

从过去的高速增长到今天的新常态，中国经济本身已经进入了"另一个轨道"，必然会引发各种各样的问题。这些问题都是由于不适应中国经济增速放缓所引起的。第一个问题是投资。中国经济发展无论如何绕不过投资。经济增长速度的变化，主要取决于投资。但投资又带来了产能过剩、增长水分等很多问题，所以出现了"投资—增长—过剩"的悖论，在新常态下需要进一步解决好这个悖论。第二个问题就是债务率上升和杠杆率飙升。2008年的全球经济危机是因为发达经济体杠杆率上升、债务上升导致的债务危机。在危机发生时，我国的杠杆率和负债率都不算高，但这几年都飙升了。我国的实体经济总负债杠杆率的占比目前还不高，但是企业的负债非常高。第三个问题就是城镇化。原来城镇化是开发计划，买地、卖地、招商，现在需要从城乡一体化的角度重新看城镇化，要从土地市场一体化的角度看城镇化。城镇化是为了提高效率，城镇化的社会含义意味着公共服务均等化。第四个问题来自楼市。十八届三中全会的决议从体制上削弱了房地产价格上涨的经济社会基础。另外，城镇化战略的转型，终止了住房市场发展的传统动力。第五个问题是地方政府债务可能长期化，中国地方政府债务总体可控。第六个问题是金融问题。量宽、价高是金融的主要问题。量宽是中国的流动性过剩，但利率很高，这是现在最主要的问题。这一问题经常发生并且长期持续，导致我国金融结构中存在种种障碍。从理论上说，这一现象阻碍了货币向信用的转移，在货币向信用转移的过程中，每转移一步就加一个价，最后到实体经济中便贵了。

3　新常态下的我国财政体制

面对新常态下中国经济的新特征和新问题，我国的财税政策也要面临相应的调整。2014 年，中共中央政治局审议并通过了《深化财税体制改革总体方案》。新一轮的财税体制改革正在我国全面启动。与以往不同的是，新一轮财税体制改革是在中国经济增长发生转折性变化、步入"新常态"的背景下启动的。在经历了 30 多年的高速增长后，中国经济呈现中高速增长态势，在以化解过剩产能为核心的经济结构调整过程中，企业的兼并重组甚至退出市场成为不得不付出的代价。2008 年以来，刺激政策所形成的累积和溢出效应仍在持续，宏观政策的选择和调控空间有所缩小。在增长速度换挡期、结构调整阵痛期和前期刺激政策消化期"三期叠加"的新形势下，财税体制改革面临着与之前大不相同的新课题和新挑战。

3.1　财税体制改革所面临的新问题

首先，不仅财政收入增速随着经济增速的换挡而放缓，而且财政支出压力也随着经济结构调整而增大，财税体制改革不得不在一个财政收支形势相对严峻的条件下进行，"增量调整"的传统改革路径由此变窄。

其次，不仅财税体制改革需要消化前期刺激政策产生的诸多不利因素，而且要为当前转变经济发展方式、保持经济持续健康发展提供新的改革"红利"，财税体制改革不得不在一个宏观经济形势相对偏紧的状态下进行，突破既得利益等改革障碍变得愈加困难。

最后，我们不仅对财税体制在经济增长发生转折性变化背景下的运行规律尚未充分掌握，而且亟须探索新的与经济增长"新常态"相适应的宏观调控机制和方式，财税体制改革不得不在一个改革压力相对偏大的情势下进行，渐进完成改革任务、从容实现改革目标的传统格局难以再现。

因此，适应经济增长"新常态"，在一个与过去 30 多年大不相同的经济增长结构的基础上构建起与之相适应的财税体制新格局，是此轮财税体制改革的重要着力点。

3.2　新常态下我国财税体制改革的总目标

我国以往的财税体制改革，多是作为经济体制改革的组成部分，在经济体制改革的棋局上加以部署的。比如 1994 年的财税体制改革，是基于建立社会主义市场经济体制的需要而启动的，无论是基本目标还是评估标准，一直沿用"建立与社会主义市场经济体制相适应的财税体制基本框架"的表述。

党的十八届三中全会所部署的则是全面深化改革，与以往最大不同之处在于，它不是一个领域或几个领域的改革，而是改革的全面深化，其目标是站在国家治理总体高度、统领所有领域改革的总目标，即发展和完善中国特色社会主义制度，推进国家治理体系和治理能力的现代化。在此背景下，财税体制改革自然要超越以往仅限于经济体制领域的局限，立足于全面深化改革的大背景，服从与服务于全面深化改革的总目标。

因此，将财税体制改革融入全面深化改革进程，以国家治理现代化为目标定位，从而在经济、政治、文化、社会、生态文明和党的建设等各个领域实现改革的联动，形成改革的总体效果，是新一轮财税体制改革相较于以往的重要变化和突出特点。这也就意味着，作为经济体制改革的重要内容，作为国家治理体系的一个重要组成部分，我们要从局部与全局的集成上整体考虑，统筹谋划财税体制改革的具体内容和行动路线。

3.3　我国财税体制改革的总体方向

我国以往的财税体制改革，多着眼于财税体制的属性特征，比如 1998 年之后，财税体制改革进入整体机制构建的阶段，我们以"构建公共财政体制基本框架"来标识改革方向，是因为当时认为只有公共财政性质的财税体制而非其他别的什么性质的财税体制，才是可以与社会主义市场经济体制相适应的。新一轮财税体制改革则站在了人类社会发展的历史长河中，从全面认知现代财政文明的高度，第一次以"建立现代财政制度"作为改革的基本方向，有着重大的现实需要。

首先，经过 30 多年的发展，中国已经跃升为世界第二大经济体。在成为经济大国的背景下，如何在经济、政治、文化、社会、生态文明和党的建设等各个方面取得长足进步，从而以现代化国家的形象和境界立足于当今世界，不能不作为一种新的发展目标和追求而进入我们的视野。

其次，经过 30 多年改革开放，中国已初步建立了适应社会主义市场经济体制的公共财政体制基本框架。在此基础上，如何进一步强化其时代属性，符合人类文明的发展进程，打造现代国家财政制度的一般形态，不能不作为一个新的改革目标和追求而摆在我们的面前。

再次，在我国有关改革的话语体系内，迄今为止，以"现代"二字作为前缀定义某一领域的制度安排，只有"现代企业制度"一个先例。正如当年国有企业制度改革需要以现代化的企业制度作为参照系一样，当下的财税体制改革同样需要以现代化的财政制度为参照系，同样需要借鉴成熟市场经济国家财税体制的一般规则和做法。可以说，以建立现代财政制度为基本取向的财税体制改革的深化，必将推进社会主义市场经济体制的完善与成熟，为我国经济社会健康与可持续发展提供坚实的财力保障。

最后，衡量一个国家的文明程度，除了生产力发展水平、国民道德素养状况、社会和谐稳定程度等指标外，包括财政治理体系和治理能力在内的国家治理体系和治理能力，更是一个重要考量。因此，适应国家现代化的总进程，从建立现代化财政制度入手推进国家治理体系和治理能力的现代化，是建构现代文明国家形象、提升中国国际地位的重要举措。

我们将"建立现代财政制度"同"推进国家治理体系和治理能力现代化"的全面深化改革总目标相对接，可以理出一个清晰的逻辑线索：全面深化改革的总目标在于推进国家治理的现代化，实现国家治理现代化的基础和重要支柱是坚实而强大的国家财政，构筑坚实而强大的财政基础和财政支柱要依托于科学的财税体制，科学的财税体制又要建立在现代财政制度的基础之上。因此，我国将建立现代财政制度作为经济新常态下财税体制改革的总体方向，通过建立完善的现代财政制度支持我国经济发展方式的转变。

4　新常态下我国财政政策的具体做法

新常态下的财政、货币政策，必须立足于服务全局，努力促进国民经济运行的基本稳定与质量提高，并在加快发展方式转变中把短期的、年度的调控与中长期实现"五位一体"全面改革目标衔接起来。财政政策的优化，至少需考虑把握好如下几点：

一是财政政策要坚定不移地贯彻"使市场充分起作用"的调控哲理。只要宏观经济运行状态处在可接受的区间之内，决不可以贸然启动财政政策的"松"或者"紧"。目前我国的积极财政政策，总体上适应新常态进入期的调控需要，有利于在景气水平、就业率水平可接受的底线之上，让市场更好地发挥"优胜劣汰"、调整结构的资源配置决定性作用，加快发展方式转变。只要经济运行不出现可能穿破底线的重大特征变化，对此不轻易改变。

二是财政政策在总量调控与结构调控、需求管理与供给管理拥有优势的同时，总体上需更多考虑强化与优化"供给侧管理"。财政政策应当把现阶段的总量扩张（以赤字规模和举债安排为代表）与明确的"区别对待"结构导向政策相结合，突出重点，兼顾其他，以财税政策手段支持"三农"、社保、小微企业、科教创新、教育文化、战略性新兴产业等领域。以财政、金融相互协调机制支持的政策性金融和开发性金融的发展，亦需放入"供给侧管理"框架，充分发挥其作用。更好地在供给侧发力，有助于结合我国国情与特定发展阶段，在新常态下把保障房建设、小微企业创业、环保产业发展、重大项目建设等一系列重要事项做好、做实。

三是财政政策的设计与运作必须积极有效地服务于、配合于推进财税、金融等方面改革的开展和深化。财政改革作为"全面改革元年"率先启动的重头戏，将在预算管理、税制改革和中央地方体制关系三方面推出一系列举措，也将在财政信息透明度、跨年度预算编制、资金绩效提升、转移支付、地方债务、具体税种改革和中央地方分配关系等方面产生众多与新制度供给相匹配的新政策供给需求。金融改革的一些重要事项，如存款保险制和中小金融机构兴办、人民币"走出去"与汇率机制的优化，特别是关键性的利率市场化改革等，亦都提上议程，需要财政政策配合。财政政策还要在深化改革中于国债发行、公开市场操作、国库现金管理等"结合部"方面创新机制。以财政政策为主支持公车改革、司法改革、资源产品价格改革等，亦是无法回避的重要任务。政策的设计和优化，需要服务改革、寓于改革。

5　结语

今后相当长的一段时间内，我国经济都将处于增长速度放缓、结构调整深化、发展方式转变的新时期。面临新的经济发展形势和任务，我国的财税政策要适应经济社会发展的新变化、新要求，以建立现代财政制度为基础，有效地配合我国实体经济的改革，为实现我国经济结构的转型升级提供制度保证。

参考文献

（1）余斌，吴振宇. 中国经济新常态与宏观调控政策取向[J]. 改革，2014（11）：54～64.

（2）谢昆谕. 交通基础设施建设与中国制造业企业库存成本降低[J]. 中国工业经济，2011（5）：69～79.

（3）Saugato Datta. The impact of improved highways on Indian firms[J]. Journal of Development Economics，2012，99（1）：46-57.

（4）张馨艺. 交通基础设施投资、区域经济增长及空间溢出作用——基于公路、水运交通的面板数据分析[J]. 中国工业经济，2010（12）：37～46.

（5）王志伟. 中国交通基础设施与经济增长的关系实证[J]. 中国人口·资源与环境，2011，21（10）：147～152.

作者简介

崔寅，博士在读，天津大学。

第二编

公共政策分析

"京津冀交通一体化"中的天津作为及对策建议

张霁星　张　桐

摘　要：没有京津冀一体化发展的国家战略，北京、天津的发展严重缺乏广阔的拓展空间和腹地市场。而交通一体化的率先实现，才是京津冀一体化协调发展最关键的突破口。在京津冀海、陆、空立体交通网络建设方面，天津已为交通一体化打下了较好的基础，未来的京津冀三方应共同以开放的心态，包容的胸怀，学习借鉴国际先进经验，着眼于长远，以京津为圆点制定规划，建立统一的信息化平台，优化完善现有路线，推进公共交通"一卡通"和物流"一单制"，共同努力尽快实现交通一体化。

关键词：京津冀交通一体化；交通信息平台；一卡通；一单制

2014 年 8 月 6 日，京津高层会面座谈并签署了《贯彻落实京津冀协同发展重大国家战略推进实施重点工作协议》，协议中涉及重点推进的八大领域中的第二项内容，就是"协同构建互联互通现代交通网络体系"。

京津冀一体化上升为国家战略，而要实现一体化最重要的突破口是交通一体化。便捷、快速、安全的海陆空立体交通网络把京津冀编织在一起，是实现京津冀一体化重要的基础条件。从地理位置看，京津冀西依太行山，北靠燕山，东临渤海湾，同处在华北大平原，铁路、公路、航空、港口等交通功能要素齐全，具备交通率先实现一体化的地理优势条件。2014 年 2 月 26 日，中共中央总书记习近平在北京主持召开座谈会，专题听取京津冀协同发展工作汇报时强调，努力实现京津冀一体化发展，自觉打破自家"一亩三分地"的思维定式，抱成团朝着顶层设计的目标一起做，同时提出了 7 点要求，其中"把交通一体化作为先行领域"成为具体规划实施的突破口。

2014 年 2 月 25 日习近平总书记在北京考察时的讲话中指出，北京要明确城市战略定位，坚持和强化首都全国政治中心、文化中心、国际交往中心、科技创新中心的核心功能，要调整疏解非首都核心功能，优化三次产业结构，优化产业特别是工业项目选择，突出高端化、服务化、集聚化、融合化、低碳化，有效控制人口规模，增强区域人口均衡分布，促进区域均衡发展。在这些要求中，北京的"经济中心"概念没有出现，说明北京要在京津冀政策规划中做出经济功能、产业功能和社会功能方面的让步。天津顺理成章地成为环渤海地区的经济中心城市。

北京和天津相距100多公里，两个超大城市距离如此之近，在全世界绝无仅有。这样的距离，利弊共存，如何趋利避害，实现错位互补发展，自然是两个城市不能回避的问题。无论在什么样的发展环境下，在同一个行业、同一个领域里竞争显然是不明智的。京津冀之间，尤其是京津之间，虽然还没有形成人们想象中的和谐、互补、错位发展的良好局面，但在城市发展规划、公共基础建设，尤其是在交通规划与建设方面，天津实际上早就做着这样的努力，在京津冀之间的交通网络建设方面，天津自觉地把发达的海港、空港资源与京、冀共享和整合，为京津冀交通一体化打下了扎实的基础。

1　交通一体化——在实现京津冀一体化协调发展中的意义

没有京津冀一体化发展的国家战略，北京、天津的发展严重缺乏广阔的拓展空间和腹地市场循环，尤其是北京，业态的饱和导致人流与车流的拥挤，明显暴露出城市的公共设施与载体功能已经到了"不堪承受之重"的严峻程度。而河北省要在与京津同领域竞争中求得快速发展，显然处于劣势地位。这样，京津冀都不能良性发展，这个道理已无须赘述。因此，顶层设计出京津冀一体化发展的大战略。但要真正实现一体化发展，又绝非是制定一个战略、做出一个规划就能一蹴而就。京津冀之间，发展水平不同、经济需求不同、战略选项不同、行政区划分割，短时期内，京津冀共同突破制度与体制障碍还有一定难度，各种制约因素较长时期内还会明显存在，因此必须找到一个突破口，亦或是所谓"抓手"来引导三方"入局"，使京津冀自然而然地进入分工合作、优势互补的一体化发展大局之中。引导三方"入局"的突破口在哪里，就是交通一体化。因此，必须紧紧牵住这个"牛鼻子"，牵引京津冀共同进入一体化发展的大局中来。通过"各尽所能"，实现"各取所需"。

多年来，北京市的交通拥堵、人口过多、创新能力不强、区域功能配套严重不均衡、雾霾问题严重、生态恶化、房价过高、水土资源短缺、外来务工人员幸福指数偏低等问题，都倒逼北京要在城市发展、功能定位方面做出新的考量。

天津的承载能力没有像北京那样的饱和，强大的金融、加工制造、技术积累等基础条件完备，滨海新区里密集的各个发展功能区，基础设施优良，政策服务到位，综合功能还有较大的释放潜力，需要大量的高新技术企业与项目入驻。

　　河北省多年来欲与京津互补或借助京津优势实现发展的良好愿望，迟迟找不到对接点，一直停留在理论层面上。而这次京津冀一体化发展上升为国家战略，三方都如"拨云见日"看到了共同发展的曙光。并且，三方都认识到一体化发展是共赢战略，交通一体化，是走向全面一体化的最佳突破口。

　　据新华网河北频道和《廊坊日报》2014年7月7日报道，京津冀交通一体化规划方案对接会在廊坊举行，区域交通一体化专题研究组编制了《京津冀区域交通一体化发展规划》（征求意见稿）。来自交通运输部、国家铁路局等国家部委及河北省交通运输厅、北京市交通委、天津市交通港口局等三地有关部门负责人齐聚廊坊，就京津冀区域交通一体化发展规划内容进行深度对接。《中国经济时报》（李海楠）认为："这意味着，为推动京津冀交通一体化发展，今后京津冀地区将有望在全国范围内率先实现地铁、公交一卡通通行，为京津冀市民生活带来便利。"由此可见，交通一体化，是真正实现京津冀一体化发展的突破口，能否首先从交通方面把京津冀连成一体，这在京津冀一体化整体规划与发展中意义非凡，不仅京津冀三方都看到了这一点，全国各个方面也都在关注着京津冀交通一体化的实际进程。

2　天津在京津冀交通一体化中的早期作为

　　由于天津有着良好的海、陆、空交通的先天优势，加之天津在华北乃至中国北方地区经济发展中的战略地位，天津很早以前就努力把海港、空运功能向华北腹地延伸，促进人流与物流的双向流动进而促进和拉动经济发展。当时，虽然还没有"一体化"明确概念和意识，但天津的海、陆、空交通规划与建设中的种种努力，客观上为今天的交通一体化打下了扎实而良好的基础。

　　（1）陆路交通一体化——京津之间的全国第一条高速公路与高速铁路

　　早在1986年，时任天津市市长李瑞环就倡导环渤海地区15个城市共同建立环渤海地区市长联席会，京津冀协同发展的话题已持续讨论了近30年。为了促进京津冀一体化，尤其是在交通一体化方面，天津确实是早在努力。

　　1993年9月25日，全长142.69公里的我国第一条利用世界银行贷款修建和管理的京津塘高速公路全线贯通，高速公路比原来的京津塘公路通行能力提高5倍，乘汽车从北京到塘沽由以前的3小时缩短至1个半小时，昼夜通过车辆平均达1.5万辆。目前这条高速公路已成为改善京津冀地区投资环境、扩大对外开放、发展外向型经济的必要基础设施。如今公路两侧有10多处新技术开发区，初步形成我国北方的一条"黄金通道"。

　　2008年7月16日，在北京奥运会开幕之前，北京和天津之间的第二条高速公路——京津塘高速二线（京津高速）主线贯通通车。该高速路起点为北京五环路化工桥，终点位于天津市东疆港，全长 147 公里，为北京首条双向 8 车道高速路。

2008 年 8 月 1 日，在北京奥运会开幕前一周，全国第一条城际高速铁路——京津城际铁路正式开通运营，把北京和天津两大中心城市紧密连为一体，不但提升了两个城市的交通运输能力，也使两个城市间的文化、经济、商贸、旅游、科技等资源得到整合并实现共享。如今，天津、北京之间铁路动车班次间隔只有 15 分钟左右，双城之间的运行时间仅为 28 分钟，和公路交通比较，从北京通州还未到西城，北京与天津之间铁路动车就已经互相到达。单从交通角度，尤其是从铁路动车这个角度来说，北京、天津、河北廊坊已经实现了一体化或者说同城化。

（2）海、陆交通一体化——天津港大力推进"无水港"建设

天津港是中国北方最重要的国际化港口，同世界上 180 多个国家和地区的 500 多个港口有贸易往来，是拥有亚欧大陆桥全部三条通道且运量最大的沿海港口。为了把港口服务向内陆延伸，2007 年，随着天津市和内陆腹地十一省市关于《北方地区大通关建设协作备忘录》和《建设内陆无水港合作意向书》等协议的签订，天津港便开始在北京、河北及华北地区建设无水港。截至目前，天津港现已在内地建设无水港 23 个，开通 15 条集装箱班列，服务辐射京津冀及中西部地区 14 个省市，近 500 平方公里的直接经济腹地。天津港 70% 以上的货物吞吐量和 50% 以上的口岸进出口货值来自京、冀及其华北与西北地区，展示出了天津港乃至天津对周边区域经济不断增强的辐射作用以及不断提升的城市地位。当前，虽然有秦皇岛港、黄骅港、京唐港分别排列在天津港左右，但是，天津港先进的管理、优良的服务、完善的设施、丰富的功能以及与全国乃至全世界众多港口的海运网络，作用与优势是十分明显的。天津港在内陆积极建设无水港，对京、冀及其整个华北和西北地区的辐射作用远不是运输与物流这么简单，它对整个所覆盖地区的经济、社会发展的拉动作用还会逐渐显现。

（3）空、铁、陆交通一体化——天津机场在京、冀兴建城市候机楼

为了充分发挥天津滨海国际机场的功能作用，减轻首都机场的压力，为首都机场分流，让河北省的乘客乘机方便，实现京津冀的交通一体化，2014 年 5 月 8 日，天津机场在北京南站设立的城市候机楼正式投入使用。这是天津机场在河北省黄骅市、沧州市、天津滨海高新区（华苑）、天津站旅游集散中心相继建设了城市候机楼后，又在北京建设的第五座城市候机楼，也是天津机场将空铁联运服务持续向京津冀地区延伸的重要举措。2014 年 8 月 10 日，天津滨海国际机场在河北省唐山、保定、廊坊、白沟、胜芳再设 5 个异地候机厅，将机场服务向周边城市、向河北省腹地再次延伸。

京、冀候机楼的建设极大改善了旅客乘机难的问题，既节省了时间又节省费用，北京南站与天津机场航站楼间实现了轨道接驳，在京旅客来津乘机比去首都机场要节省至少1小时。旅客凡是购买指定航空公司空铁联运航班机票从北京经天津乘机出行，可免费搭乘京津城际列车和大巴往返天津机场和北京南站。今年6月1日起已全面为搭乘天津机场航班进出北京的旅客减免高铁和大巴票，8月天津机场T2航站楼、地下综合交通中心投入运营后，地铁2号线将同步通达，北京南站与天津机场航站楼间将实现轨道接驳。届时，预计从北京南站到达天津机场航站楼用时将缩短至60分钟之内，旅客可通过"高铁+地铁""高铁+大巴"两种交通方式经天津机场进出北京。

流通，是经济与社会发展的血液；交通，是经济与社会发展的动脉。没有交通的通畅就没有人流、物流、资金流和各种资源的流动渠道，京津冀一体化，首先是交通的一体化，在这方面，天津早就在做着切切实实的努力，为京津冀一体化奠定了良好的基础。

3　日本东京、大阪、名古屋三大都市群交通网络与"一卡通"的基本经验

从20世纪50年代开始，日本政府对日本的三大都市群（以东京为首的首都地区，以大阪为首的近畿地区，以名古屋为首的中部地区）进行了大规模的基础设施建设，其中东京地区的交通一体化建设经验，对我国今后进一步发展京津冀交通一体化有着相当大的参考价值。

时至今日，东京圈（东京、横滨、埼玉、千叶）已形成了包括6条新干线、12条铁路、13条地铁、27条私营铁路和4条地方运营铁路在内的多达62条线路的铁路交通网。以办公楼最为集中的新宿为例，每天早上，居住在东京周边各地的人们通过5条铁路，3条地铁，以及京王线和小田急线两条私铁，都可以抵达新宿车站，平均每天进出新宿车站的旅客多达364万人次。特别值得注意的是，包括私营铁路在内的所有线路都可以使用一种乘车卡，极大地节约了时间。另外，此卡还可以在自动贩卖机或便利商店进行消费，甚至很多餐馆也可使用交通卡结账。

位于东京市南部的品川也是办公楼较为集中的地区，此地距横滨大约25公里，与从北京东部的燕郊至国贸的距离基本相同，假设居住在横滨的员工要在9点之前赶到位于品川的公司上班，乘坐8点20分从横滨出发的电车，只需30分钟便可准时到达。

铁路交通网的极度成熟，也进一步促进了航空交通布局的合理化。成田、羽田两大机场作为东京的门户，也是全日本最繁忙的两个机场。其中，位于东京湾的羽

田机场（填海建造的机场）主要承担国内线的航班起降，而位于千叶县成田市的成田机场主要担负国际线的运营，布局类似于上海的虹桥和浦东。但成田、羽田之间不但有铁路直接连接，另外还分别有铁路连接东京火车站，使得包括东京、横滨、埼玉、千叶、栃木、茨城在内的整个关东地区基本上实现了铁路一次换乘便可抵达机场。

4 加快京津冀交通一体化进程的对策与建议

2014 年 8 月 6 日京津签署的《贯彻落实京津冀协同发展重大国家战略推进实施重点工作协议》中涉及关于"协同构建互联互通现代交通网络体系"，主要包含 5 项内容：共建交通运输体系、研究制定交通一体化实施方案、共同争取推进京津高铁二线建设、提升海空港服务能力、推进京津公路顺畅连接。

所谓一体化发展，就要你中有我，我中有你，融为一体；所谓协同发展，就是要优势互补，互利共赢。如果三方过于打自己的小算盘，或总是以"老大"自居，那就难以协同发展，若不能协同，何来一体？在一体化发展的过程中，难解的痼疾是地方利益格局的限制。而一体化发展势必触动或打破既有利益格局，以获得足以促进跨区域发展的动力和体制机制保障。在京津冀海、陆、空立体交通网络建设方面，天津已为交通一体化打下了较好的基础，展望未来的京津冀交通一体化发展，应以开放的心态，包容的胸怀，着眼于长远，共同努力实现交通一体化。

（1）以开放的心态和长远的视野，以京、津为圆点对京津冀立体交通网络进行重新规划

这是一个以京津为圆点，覆盖唐山、秦皇岛、保定、廊坊、沧州、承德、张家口等整个华北地区城市群的立体交通网络，而不要再囿于过去所谓环某一城市经济圈的思路来进行规划，必须要考虑海、陆、空立体交通网络的编织。这是为了以后整合京津两大城市功能后与整个华北地区的放射与互动，而不再出现京津各自与华北地区互动的局面。只有这样，才能舒缓北京，利用天津，带动整个华北地区，才会促进区域内产业和人员、要素的高效流动，并最终带动京津冀三地实现经济社会的同步发展。

（2）尽快完成京津 6 条高速公路的建设与完善，大力推进京津冀主要城市客运 2 小时交通圈

所谓 6 条高速公路是指京台、京秦、塘承高速二期、唐廊高速一期、唐津高速改扩建、京津塘高速市区段高架工程建设。天津建成 6 条高速公路，会起到推动京津冀交通一体化进一步加速的良好作用。而环京津冀主要城市客运 2 小时交通圈，

会使人的流动促进信息的流动，尤其是通过便捷的人员往来，改变三地人固有的本土意识，进而对一体化形成共识。

（3）建设北京与天津、与滨海国际机场、滨海新区、天津港无缝对接的地铁线，促进北京与天津的同城化

让京津两地公众的日常生活融为一体，是一体化意识最好的宣传与普及。而便捷的地铁轨道交通，最容易让公众产生没有从一个城市来到另一个城市的感觉。京津的深度融合，对北京没有直接弊处，对天津却有直接的利处。虽然地铁建设需要加大公共投入，地铁票费收入相比高铁、动车要明显偏低，这样会增加公共成本，但对两地消费的拉动、平抑房价、旅游收入等领域的促进作用十分明显，尤其是可以让京、冀的人流便捷出入和利用天津滨海国际机场、天津港，从而繁荣与活跃滨海新区尤其是于家堡、响螺湾等新建功能区，让北京和廊坊的客人坐地铁直入天津市区、机场、天津港码头，综合起来看应该是利大于弊。

（4）大胆推进京津冀客运服务"一卡通"

据悉，城市公共交通"一卡通"起步于1999年。目前全国约有254个地级以上城市发行一卡通，总数超3.5亿张，仅北京市就有7000多万张，使用范围覆盖公交、地铁、出租汽车等多种交通方式，并在部分城市扩大应用至小额消费支付。

为推动京津冀交通一体化发展，未来应在京津冀路网规划建设和线路逐步调整完善的前提下，对客运线路重新优化，对重复的线路进行调整，然后在京津以及河北与京津紧邻城市大胆推进客运服务"一卡通"，首先应在京津之间率先实现地铁、公交"一卡通"，然后逐步覆盖河北省相邻城市，在区域内实现路网一体化、服务一体化、信息一体化，为京津冀市民生活带来便利，让区域内企事业单位和市民感受到已经"一体化"和"一体化"给他们带来的便利，进而快速促进区域内对"一体化"的认知与共识。

（5）物流信息化建设与货运"一单制"

据了解，交通运输部党组书记、部长杨传堂7月上旬先后到天津、河北、北京就京津冀交通一体化开展调研。他指出三地要着力促进区域交通运输协同管理，推进区域交通信息服务对接，力争实现区域公交"一卡通"、客运服务"一票式"、货运服务"一单制"。

京津冀之间，过去由于受行政区划的限制，虽然紧密相邻却有重重阻隔。因行政区使得三地之间虽然近在咫尺但交通往来却是"长途"运输，正式与非正式的种种设卡收费，使得三地之间运输不畅，多次造成在全国产生较大影响的"大拥堵"，2010年3月17日至19日，发生在津围公路蓟县与宝坻段的大堵车，堵车"长龙"达20多公里，时间长达30多个小时，给经营和运输新鲜蔬菜与水果的商户造成的

损失可想而知。以后，三地之间应该摒弃跨省市的长途运输习惯思维，尽快在交通一体化的大框架下，加快物流信息化建设，在基于云计算技术与物联网建设的基础上，构建覆盖京津冀三地的物流信息平台和信息共享机制，防止大堵车现象再次发生，降低运输成本，提高运输效率，使京津冀之间的交通运输真正实现一体化、信息化、现代化和科学化。

总之，京津冀三地经济发展水平不尽一致，若能通过一体化实现协调联动的共同发展，对全国其他地区的示范意义是不可估量的，势必将为未来国家推进其他有条件和有必要推进一体化发展的地区提供宝贵的经验。而交通一体化，是三地真正实现一体化协调发展的最准确的突破口和前提条件，京津冀如何率先实现交通一体化，是京津冀能否实现一体化发展所面临的第一个关键课题。

作者简介

张霁星，男，1958 年生人，硕士，天津市行政管理学会副会长兼秘书长、天津市公务员能力建设中心主任、研究员，中国行政管理学会常务理事，国家公务员局公务员培训暨 MPA 校外导师。邮箱：zhang_jixing@126.com

张桐，1981 年生人，千叶工商大学大学院在读博士，金融机构东京公司（美资）保险部课长。

中国行政规制收费制度及其改革
——以药品监管为例证

宋华琳

1 引言

行政规制收费是政府筹集资金所普遍采纳的方法，是进行行政管理，向公众提供公共服务时弥补所占用社会资源的重要手段。药品领域的政府规制，不仅通过保障药品安全、有效且质量可控，保障公众健康权益，也通过规制部门颁发许可、给予认证等活动，给予了申请者在市场上的准入资格，使得申请人可以借此获得相应的商业利益。因此，根据成本补偿原则、受益原则和效率原则，对申请人收取与服务成本或管理成本相当的费用，具有一定的合理性。

在域外，药品规制收费不仅是药品规制机构的重要经费来源，作为一项重要的政策工具，对于确保药品安全有效，提高药品审评的绩效，缩短药品审评的时限，促进医药产业的发展，具有重要的意义。为此，本章将对我国药品规制收费制度的现状加以梳理，通过对行政规制收费理论的评介，并结合中国药品规制的实际情况，为我国药品规制收费制度的发展与完善提出自己的建议。

我国法学界对行政收费制度的研究，更多是对形式和程序方面的关注，关注以怎样的法律位阶来设定行政收费，行政收费的程序为何。[①]但是，费与税有怎样的区别，行政规制收费的范围为何？在实现政府规制和公共治理目标的过程中，行政收费又发挥着怎样的功能？对于这些更为实体化的问题，法学界尚殊少研究。[②]

目前，我国已在电力、证券、银行、保险规制领域尝试性地引入了行政规制收费制度。但迄今为止，经济学界、管理学界对行政规制收费的制度设计，对行政规

---

① 王成栋，葛波蔚，满学惠. 行政收费的法治进程——对中国现行法律涉及收费规范的整理及分析. 行政法学研究，2002（3）；王克稳. 关于乱收费的法律思考. 行政法学研究，2004（1）.

② 江利红. 论行政收费范围的界定. 政治与法律，2012（7）.

制中的"使用者付费"理念，也仅限于非常初步的评介，而殊少结合我国实际领域的探研。[①]

本文的研究意旨，不仅在于推进我国药品规制收费制度的改革，也试图思考，在中国的政府规制领域，是否有可能引入"使用者付费"（user fee）的理念与制度，规制收费的设定主体、收费范围、收费目的、收费标准、收费调整程序为何。本文试图通过药品规制收费这一具体领域的研究，来深化我国学界对行政规制收费制度的理解。

2 中国现行的药品规制收费制度

规制机构的运作，应以规制经费得到充分保障为前提。当行政规制的受益人是不特定的大多数人，不与特定的受益或服务相联系时，应以财政拨款作为其主要经费来源。当行政规制机构提供的服务或物品有可确证的受益及可确证的受益人时，受益人应为其获得的服务或物品支付相应的对价。[②]这蕴含了行政规制中的"使用者付费"原理，是指行政机关就其提供的特定产品或者特定服务向特定受益人收取一定的费用。

我国目前较少从"使用者付费"角度讨论行政收费制度的设定及其改革。《价格法》第47条第1款规定，"国家行政机关的收费，应当依法进行，严格控制收费项目，限定收费范围、标准"。实践中，我国行政收费的设定方式大体有两种方式：一种是法律、法规、规章等以明文规定的方式来设定收费；另一种是通过规章以下的规范性文件来设定收费。

作为法律、行政法规，《药品管理法》第41条及《药品管理法实施条例》第62条对药品规制收费进行了原则性规定。在这两个原则性条款中都明确规定，收费标准由国务院财政部门会同国务院价格主管部门制定或核定。在实践中，药品规制收费项目和标准，通常是由国家药品监督管理部门向国家财政部门、国家价格主管部门提出申请，由其审核后批准，这也是我国目前采用的最为普遍的设定规制收费的方式。

我国现行药品规制收费主要包括药品审批收费、药品认证收费、药品检验收费、中药品种保护收费四项。

---

① 为数不多的相关研究成果参见：国家电力监管委员会，中华人民共和国财政部，世界银行. 中国电力监管机构能力建设研究报告. 中国水利水电出版社，2007.

② David G. Duff. Benefit Taxes and User Fees in Theory and Practice. 54 University of Toronto Law Journal 391, 393, 2004.

2.1　药品注册收费

根据《行政许可法》第 58 条第 1 款的规定，行政机关实施行政许可，不得收取任何费用，但法律、行政法规另有规定的，依照其规定。根据现行《药品管理法实施条例》第 62 条的规定，依据《药品管理法》和该条例的规定进行药品注册的，可以收取费用。《药品注册管理办法》第 3 条则将药品注册申请包括为"新药申请、仿制药申请、进口药品申请及其补充申请和再注册申请"。

药品注册收费一般会涉及评审费用、日常管理费用以及颁发和变更许可证等费用。在 1995 年 4 月至 2015 年 5 月间，我国新药审批费、进口药品注册审批费等收费始终按照《关于调整药品审批、检验收费标准的通知》（计价格〔1995〕340 号）规定的标准收取，以审批国产新药的收费标准为例，仅为 3.5 万元。如此之低的收费标准，不足以反映药品审评活动的成本。以 2013 年审批国产新药的收费标准为例：澳大利亚 98 万元（人民币），加拿大 176 万元，美国 1207 万元，日本 185 万元。[①]

国家食品药品监督管理总局于 2015 年 5 月 27 日公布实施了新的《药品、医疗器械产品注册收费标准》和《药品注册收费实施细则（试行）》，调整了药品注册收费标准。仍以新药注册收费为例，调整后的国产新药注册申请收费标准为 62.4 万元，但仍只相当于澳大利亚的 64%、加拿大的 35.5%、美国的 5.2%、日本的 33.7%。[②]

2.2　药品认证收费

《中华人民共和国认证认可条例》第 2 条规定，认证是指由认证机构证明产品、服务、管理体系符合相关技术规范、相关技术规范的强制性要求或者标准的合格评定活动。认证的意义是要求产品或服务的提供者符合一定的标准或条件，从而保障产品或服务的消费者了解相应的信息和知识。认证涉及确定认证标准，并将其适用于个别被认证者的过程。[③]

《药品管理法》第 9 条和第 16 条分别规定了《药品生产质量管理规范》（GMP）认证和《药品经营质量管理规范》（GSP）认证的制度，规定药品监督管理部门对药品生产企业是否符合《药品生产质量管理规范》，对药品经营企业是否符合《药品经营质量管理规范》，进行认证。经认证合格的，发给新药证书。

---

① 食品药品监管总局发布药品、医疗器械产品注册收费标准和实施细则. http://www.sda.gov.cn/WS01/CL0050/120200.html.

② 食品药品监管总局发布药品、医疗器械产品注册收费标准和实施细则. http://www.sda.gov.cn/WS01/CL0050/120200.html.

③ Eleanor D. Kinney. Private Accreditation as a Substitute for Direct Government Regulation in Public Health Insurance Programs: When Is It Appropriate? 57 Law and Contemporary Problems 47, 49, 1994.

在国家发改委、财政部 2004 年 1 月发布的《关于药品生产经营质量管理规范认证收费标准及有关问题的通知》（发改价格〔2004〕59 号）中，规定了《药品生产质量管理规范》认证中的受理申请费、审核费及其标准；规定了各省、自治区、直辖市药品认证管理机构对本辖区内的药品经营企业收取 GSP 认证费，收费标准由企业所在省、自治区、直辖市价格主管部门会同财政部门制定，并报国家发展改革委、财政部备案。各地的 GSP 收费标准也和各地经济发展的总体状况、医药产业的结构及规模有一定的关联性。

2.3　药品检验收费

《药品管理法》第 6 条规定，药品监督管理部门设置或者确定的药品检验机构，承担依法实施的药品检验工作。药品检验作为保证药品安全有效和质量可控的技术支撑，处于技术监督的支柱地位。通过注册检验、监督检验，承担着为药品技术审评、行政规制、行政处罚等提供科学、公正的检验数据的职责。

根据《药品管理法》第 41 条，对于国务院药品监督管理部门规定的生物制品、首次在中国销售的药品、国务院规定的其他药品，在销售前或进口时，由国务院药品监督管理部门指定药品检验机构进行检验，可以收取检验费。

根据《药品管理法实施条例》第 62 条，实施药品审批检验及《药品管理法》第41 条规定范围内的检验，可以收取费用。从学理角度考察，审批检验等是以决定是否批准药品注册为目的的检验，对申请人而言，获得注册申请后有在市场上获得特定收益的可能，因此设置审批检验收费具有一定的正当性。

此外，根据《药品管理法实施条例》第 61 条，药品抽查检验，不得收取任何费用。药品抽查检验是药品规制工作的一部分，是药品事后规制的重要环节，经费更适于由财政来保障。

在《国家发展改革委、财政部关于调整药品检验收费标准及有关事项的通知》（发改价格〔2003〕213 号）的附件中，颁布了相应的药品检验收费标准，规定了 562个项目的单项检验费用。

2.4　中药品种保护费

国务院于 1992 年颁布了《中药品种保护条例》。1993 年 4 月 23 日发布的《国家物价局、财政部关于中药品种保护审评收费的通知》（价费字〔1993〕178 号）规定，申请中药品种保护的企业应向中药品种保护审批委员会交纳中药品种保护、审评费。目前中药品种保护收费主要包括初审费、复审费、保护品种年费、同品种质量考核费、出口审查费。

2.5　小结

我国现行的药品规制收费制度，其设定依据来自法律、行政法规的规定。目前我国药品规制收费的水平较低，未能反映出药品审评、药品认证、药品检验等规制活动的成本，也未能为其提供成本补偿。目前药品规制收费用途不明，未能体现通过规制收费，拓展药品规制资源和经费保障，改进药品规制效率，提高药品规制服务质量的初衷。

3　行政规制收费的一般理论

在设计行政规制收费制度时，某种物品或服务的收费补偿机制，是同这种物品的消费特征紧密联系在一起的。除了经营性服务可以利用价格机制以外，提供政府服务的主要是税收或收费两种方式。

3.1　物品的消费特征与分类

在公共经济学中，往往可以根据物品所具有的排他性和竞争性进行分类。所谓物品的排他性是指，这些物品的使用或消费可以被禁止，反之，在技术上不能禁止他人消费，或者禁止成本过高的物品，则不具有排他性的特征。物品的竞争性是指某个人对某种物品的使用会减少其他人对该物品的使用，当这种物品的消费者在边际上增加时，其成本并不发生变化，这种物品则属非竞争性的物品。[1]

根据排他性和竞争性，可将物品或服务分为两类：第一类是既有排他性又有竞争性的私人物品。市场上销售的各种消费品绝大部分属于私人物品。第二类是既无排他性又无竞争性的公共物品。在提供某种公共物品时，不能排除任何一个人对这种公共物品的使用，同时任何人的享用并不会减少其他人的享用。[2]第三类则是介于纯粹公共物品和私人物品之间的物品，这些物品或具有消费的竞争性而无排他性，或具有消费的排他性而无竞争性，或者只具有有限的排他性和有限的竞争性。通常将这类物品称为俱乐部物品或准公共物品。针对政府对俱乐部物品或准公共物品的提供，更适于引入相应的行政规制收费制度。

---

① 亚洲开发银行，（原）国务院经济体制改革办公室课题组编著. 中国电力规制机构建设研究报告. 中国财政经济出版社，2004：79.

② Clayton P. Gillette & Thomas D. Hopkins. Ederal Users Fees: A Legal and Economic Analysis, 67 B.U.L.Rev.801, 1987.

3.2   不同类型物品的供给与成本补偿方式

从公共经济学的角度考察，可以依据物品所具有的竞争性和排他性将其分为私人物品、公共物品和准公共物品。对于具有不同特征的物品，通常会采取不同的供给方式和成本补偿方式。

1. 私人物品

私人物品是指在消费上具有竞争性和排他性的物品，例如冰箱、洗衣机等。私人物品在技术上比较容易分割，且较易形成明确的产权，为有效的市场交易奠定了基础。私人物品具有效用完全内敛的特征，这使得价格机制成为提供均衡产出激励的最理想机制。价格制度最显著的特征是有偿性、自由性和波动性。

2. 公共物品

公共物品具有非排他性和非竞争性，缺乏市场交换的基础，是典型的市场失灵领域。价格机制在消费者"搭便车"行为的困扰下难以发挥作用，因此更适于采取强制性的税收征收，来实现社会所需的产出水平。特别是，当公共物品涉及公共资源的配置，而配置并非根据相对人的支付意愿或支付能力，更多基于权利、需求或价值来配置公共资源时，则不适于以收费的形式来提供公共物品。[①]例如，我国教育领域就是以财政拨款为主的体制。[②]

公共物品的提供一般采取公共财政保障的方式，利用税收制度来补偿公共物品的提供成本。税收是由代表公众的政府为提供公共服务而取得财政收入的一种形式。与价格制度不同的是，税收具有无偿性、强制性和固定性，是政府行使行政权力而进行的一种强制性服务。税收通过政府提供的公共物品和公共服务使大众受益，或者说纳税人从公共服务中受益，获得一般补偿。

3. 准公共物品

所谓准公共物品是指具有竞争性而没有排他性，或者具有排他性而无竞争性的产品，或者只是具有有限排他性和有限竞争性的物品，例如高速公路、草原、桥梁等。[③]一般而言，具有"公共"性质的物品不一定是"纯"公共物品。行政在提供准公共服务的过程中，也会使得特定的受益人获得特定的收益。

行政规制之所以具有正当性，是因为其力图克服垄断与自然垄断、信息缺失、外部性、市场垄断等缺失，遏制掠夺性定价、不正当竞争，规范稀缺资源配置，促

---

① David G. Duff. Benefit Taxes and User Fees in Theory and Practice. 54 University of Toronto Law Journal 391, 412, 2004.

②《教育法》第 53 条第 1 款规定，国家建立以财政拨款为主、其他多种渠道筹措教育经费为辅的体制，逐步增加对教育的投入，保证国家举办的学校教育经费的稳定来源。

③ 赵全厚. 论公共收费. 经济科学出版社，2007：13～14.

进规制的协调一致。但是，行政规制作为政府提供的一种服务，除捍卫公共利益，保障公共福祉之外，还可能令特定受益人获得收益。例如，在药品注册审评中，不仅通过事先许可的形式来维护药品安全，同时获得许可的药品企业也有了进一步在市场上集聚商业利润的可能。

行政规制作为政府提供的公共服务，可能使公众与特定受益人同时受益。这使得在包括药品审评等在内的规制领域，行政规制具有了准公共物品的特征。此时提供这种规制服务的成本，应由税收和"使用者"付费同时予以承担。

3.3　行政规制收费制度设计的原则

行政规制收费的设计应秉承三个重要的原则，即公平原则、效率原则和合法原则。

1. 公平原则

在进行行政规制收费的制度设计时，重要的是制度设计中的分配正义或公平问题。评价某种规制收费是否公平的一个主要依据，在于其设定是否满足公平原则。该原则认为，人们应当根据他们从政府服务中获得的收益来付费，即"谁受益，谁负担"或者"受益多少，负担多少"，体现出直接受益性以及受益与负担的相称性。药品规制中的诸多许可、认证、检验活动，令被规制者获得了相应的资质或认可，去从事相应活动，为此向被规制者收取相应的费用，符合公平原则。

评价规制收费设定是否公平的另一种方法是能力原则。该原则认为，应根据一个人所能承受的负担来对其征收税费。能力原则引出两个公平概念，即纵向公平和横向公平。纵向公平认为，能力大的人应承担更多的税赋负担。横向公平则认为，有相似支付能力的人应承担相同的负担。这两种概念具有一定的操作性，并得到较为广泛的应用。

2. 效率原则

效率原则是指规制收费的设置和征收必须要有效率。效率原则包括规制收费结构的经济效率，以及规制费用征收过程本身的效率。规制收费的设置要使收费额外负担最小化和额外收益最大化，应尽可能使社会付出最小的代价，以最小的成本取得最大的收入。

公平原则与效率原则之间往往存在着冲突。在药品规制中，相当一部分规制成本是固定成本，与药品企业的规模没有关系，因此根据成本归属原则，所有企业应承担相同的负担，但这种安排又没有考虑企业的支付能力；如果考虑公平因素，让支付能力弱的企业少承担规制成本，又违背效率原则。在实际的规制收费设计中，最后所得的收费结构往往是基于公平和效率双重考虑的权衡。

3. 合法原则

规制收费设计的第三个原则是合法原则。规制收费的征收应以法律规定的事项和幅度为限。规制收费的结构和水平的设定应符合一定的程序要求，并引入利害关系人的参与。规制费征收部门的财务管理应符合有关规定，并有严格的审计监督。

4　改革中国行政规制收费制度的可能性

4.1　规制活动的性质与规制收费

药品企业和药品消费者之间存在高度的信息不对称，药品消费者没有能力获得关于药品收益和风险的完整信息，这使得药品企业可能提供虚假的或误导的信息，向消费者提供不安全或不必要的药品。[①]

因此，药品领域存在"市场失灵"，这给药品消费者带来了风险。解决药品领域的"市场失灵"，不能仅限于民事、刑事法律责任等事后救济，不能仅靠侵权法、刑法和消费者权益保护法、产品质量法等，需开展以风险分析为基础的药品规制，通过事前规制与事后规制方式相结合，通过命令—控制型规制与激励型规制相结合，通过政府规制与行业的自律性规制、企业的自我管理相结合，来实现药品规制的目标，确保药品安全有效。[②]

从现代规制理论出发，药品规制带来的主要收益是：从药品市场主体的角度出发，药品规制可以减少药品生产、经营者从事相关活动的不确定性，有助于它们对未来活动形成较为稳定的预期；从消费者角度，药品规制旨在从制度上保证消费者获得更多的药品信息和服务，降低因药品带来的健康风险，维护消费者的健康权益。[③]

药品规制也构成了一种具有不同程度排他性，类似但不同于公共物品的准公共物品。一方面，药品规制活动具有非竞争性，即任何一个市场相关者得到规制服务本身，并不会影响其他市场参与者得到规制服务；另一方面，药品规制具有局部排他性，对于被排除在药品研究开发、生产、经营等环节之外的人，一般无法获得相应活动所可能带来的收益。因此，或可将药品规制活动视为准公共物品或准公共服务。

---

① A. Katz. Pharmaceutical Lemons: Innovation and Regulation in the Drug Industry, 14 Michigan Telecommunication & Technology Law Review1, 2007.
② 宋华琳. 药品安全监管改革与法治建设. 行政管理改革，2012（9）.
③ 余晖. 中国药业政府管制制度形成障碍的分析（上）. 管理世界，1997（5）.

作为准公共服务的一部分，药品规制应更为科学、专业、独立、透明和可问责。药品规制机构禀赋越高，规制治理网络越多元，规制自主性就越容易实现，对应的药品规制政策绩效就越佳。[①]药品规制机构的自主性包括财务自主性（financial autonomy），2002 年至 2007 年间的数据表明，财政拨款占全国药监系统机关经费来源比例的 80%以上，占药监系统事业单位经费来源比例的 50%以上。[②]这说明中国药品规制机构的财务自主性较弱，制约了规制机构的独立性，乃至制约了必要药品规制活动的开展。

药品规制活动同样有成本，同样需要筹集相应的资金来源。在财政经费不能完全保障药品规制活动的背景下，当药品规制活动有可确证的受益与可确证的受益人时，以公平且有效率的方式设定药品规制收费，有助于体现"谁受益，谁负担"的精神，使得规制机构经费相对不受财政预算制约，具有更强的机构自主性和机构禀赋，以更充足的规制资源，去实现规制目标。

4.2　规制机构的地位与规制收费

在发达国家，传统上政府核心由行政部门组成，实行部长负责制，其活动最终对国会或者总统负责。专门化的政府规制机构（regulatory agencies）则被视为"无头的第四部门"，其核心特征是独立性和可问责性，通过让规制机构独立于政治，与其他综合政策制定部门适度分离，确保规制机构决策上的高度专业化，使其公正、客观地行使规制权。[③]

对规制机构而言，其财务上的稳定性和可持续性至关重要。政府给药品规制机构的拨款一般低于履行规制功能所需的实际成本，为此应以规制收费作为必要的补充。各国都对药品许可、药品生产、药品检验、药品认证等收取一定的规制费用。从理论上看，规制收费是使规制机构与传统行政部门相区分的一种形式，这既不会打乱国家的预算安排，也有利于保证规制机构的独立性。

各国药品规制机构的经费来源大致有三类：第一类是完全靠政府预算拨款，这类药监机构非常少见，仅见于塞浦路斯、突尼斯、委内瑞拉、津巴布韦等极少数国家；第二类是完全靠规制收费，如英国、澳大利亚、荷兰等；第三类是一方面依靠财政预算拨款，另一方面将规制收费作为对预算的重要补充，如美国等。第三类是

① 胡颖廉. 中国药品规制——基于自主性分析框架的绩效影响因素研究. 经济科学出版社，2012：66.
② 胡颖廉. 中国药品规制——基于自主性分析框架的绩效影响因素研究. 经济科学出版社，2012：100.
③ 马英娟. 政府监管机构研究. 北京大学出版社，2007：91～97.

相对较为常用的模式。^①

药品规制收费构成了药品规制机构的重要经费来源。为避免规制机构因预算和经费的压力而影响其规制绩效，可通过向被规制者收取规制费或年费的方式，作为规制机构经费来源的重要组成部分，以增强规制机构的独立性，进而增加规制能力。

例如，在药品注册领域，涉及药物临床试验、新药申请、仿制药审批、进口药审批、非处方药申报、补充申请、药品再注册等许可任务，药品审评部门的工作负荷日益加重。目前国家食品药品监督管理总局药品审评中心作为药品注册管理的技术审评机构，作为全额财政拨款的事业单位，每年在财政计划基础上，由国家财政部以"财政补助收入"款项给予药品审评中心财政拨款，财政拨款是支撑药品审评中心的基本支出和项目支出的唯一经费来源。药品审批中心的审评人力资源、信息体系和智力资源都无法适应日益增长申请量的需要。相较而言，美国、欧盟等国家或地区都将规制收费作为药品审评工作任务经费的重要来源，这构成了对财政拨款的重要补充。

从保障药品规制机构独立性和专业性，保障药品规制机构有充分资源履行药品规制职能的角度出发，或可探索通过引入药品规制收费机制，适度提高药品规制收费水平，来实现确保药品安全、有效和质量可控的规制目标。

4.3　规制收费与受益者负担

在现代经济条件下，税收是财政收入的主体，税收的特性在于普遍性、无偿性和强制性。税收并非以收益为基础，而是反映了以民主为基础的，代议制机构对纳税人支付能力的判断。无偿性的税收更适宜于生产和提供那些具有普遍受益的物品，而不究具体每一个人的受益程度如何。

对于规制服务这样的准公共物品，采取收取规制费的方法，既有利于实现公平，也有助于增进效率。因为规制收费体现了受益的直接性，以及受益和负担的对称性。这对受益人是一种有效的激励，而其他人也无需为此付出额外的费用。

1."可确证的受益"及"可确证的受益人"

从学理上考察，规制收费要以存在"可确证的受益"及"可确证的受益人"为前提。例如，在美国，1952 年颁布的《独立办公室拨款法》（Independent Office Appropriation Act）提出，当任何联邦行政规制机构向包括团体、协会、组织、公司或者企业在内的任何人，提供工作、服务、报告、文件、利益、特权或同等价值之

---

① Sauwakon Ratanawijitrasin and Eshetu Wondemagegnehu. Effective Drug Regulation: A Multicounty Study. World Health Organization, 2002: 49.

物时，行政规制机构应最大限度地实现经费的自给自足（self-sustaining）。①对该法的解释也认为，只有规制机构的活动给特定对象带来直接收益时，才能向特定对象征收使用者付费。

在美国的 1974 年国家有线电视协会诉美国案中，法院判决认为，联邦通讯委员会（FCC）的收费考虑的是该委员会的总体预算，而非被规制者获得的私人利益，因此判决联邦通讯委员会的规制收费违法。②在 1974 年的 *Federal Power Commission v.New England Power Co.et al.*案中，法院判决认为相关收费是以被规制者从规制中获得的私人利益为前提，但规制收费应是"针对特定个人或公司，针对特定服务的特定收费"，在该案中收费以联邦动力委员会规制整体产业的成本为基础，是不恰当的。③

但有时很难确定规制机构的活动，究竟是让社会全体公众受益，还是给予了特定受益人以利益。在美国 1995 年的 *Covell v. City of Seattle* 案中，确立了判断行政规制收费正当性的三个标准：④（1）主要目的是为了聚集金钱，实现可欲的公共福祉，抑或主要目的是为了规制；（2）集聚的金钱是否只是用于认可的目的；（3）所收取的费用同费用缴纳者所获得的服务是否有直接的关联性。⑤

2. 中国的药品规制收费与受益者负担

围绕药品规制收费问题，也存在着类似的争议。有观点认为药品规制是为了维护公众健康福祉，而并非是让特定人受益，因此应以财政预算的形式保证药品规制的经费。但是，并不能因某一规制事项给社会公众带来受益，就能说明其未给特定群体带来特定的受益。

就我国的药品规制而言，药品审评的确是确保药品安全性和有效性的事前保障，有助于捍卫公众健康权益和公共安全，促进公众获得创新的药物。但对特定申请人而言，药品许可的尽早获得，将使得其在市场上占据先机，获得比较优势，获得特定利益。新药的许可与规制，构成了特定药品企业的生命线，设计精良、制度完备、运转高效的药品上市许可制度，构成了医药产业发展的助推器。

与之类似，药品生产许可、药品经营许可制度，构成了从事药品生产、经营活动的准入壁垒，获得药品生产许可、药品经营许可的特定被规制者，将有机会从事相应的药品生产经营活动，在医药市场上展开公平有序的竞争，从而获得特定的经济利益。

---

① Note. The Assessment of Fees by Federal Agencies for Services to Individuals, 94 Harv. L. Rev., 1980: 439-456.

② National Cable Television Association v. United States, 415 U.S. 336, 1974.

③ Federal Power Commission v.New England Power Co.et al., 415 U.S. 345, 1974.

④ Covell v. City of Seattle, 127 Wash.2d 874, 1995.

⑤ Hugh D. Spitzer. Taxs vs. Fees: A Curious Confusion, 38 Gonz.L.Rev.353, 2002/2003.

对于法定的药品检验活动而言，药品检验结果有辨明药品真伪之效，还构成了药品监督管理执法的重要依据，据此进行的打击假冒伪劣行为，有助于规范药品市场的活动，使得守法的被规制者获得更好的市场环境，其产品的生产销售免受假冒伪劣药品的侵害，这使得被规制者获得特定的利益。

药品规制活动不仅有益于公共福祉，而且通过许可、检验、认证等活动，使得守法的被规制者获得了在市场上从事具有商业价值活动的可能性，并将不符合条件者排除于市场活动之外，使得被规制者获得较为良好、公正的制度环境，从而在市场上发展壮大，获得特定的利益。

因此，药品规制也是面向特定市场主体提供的一种规制服务，具有准公共物品的性质，故对作为受益人的市场主体收取规制费，具有相应的正当化依据。

4.4　规制收费与规制绩效的改进

1. 美国的药品规制收费与药品审评

在美国，药品规制收费制度的引入，也在于当时新药上市的"时滞"（time lag）现象，公众认为药品审评过慢，使得美国公众没能享受到应有的健康服务和药物治疗；产业界认为药品审评过慢，使得药品研究开发成本日渐高昂，时间的推移使得潜在创新药品的专利期日益流逝，其相对于仿制药的潜在优势也日渐减少。[①]

在此背景下美国于 1992 年颁布了《处方药使用者付费法》（Prescription Drug User Fee Act, PDUFA）（I），规定所收的规制费，用于人用药品审评工作。在此期间美国食品药品管理局（FDA）利用这些收费来增聘人员，更新药品审评的信息技术基础设施。食品药品管理局的药品审评和研究中心（CDER）、生物制品审评和研究中心（CBER）、法规事务部（ORA）以及局长办公室（OC）的人员从 1992 年的 1277 人增加到 1997 年的 1990 人，增加了 56%。食品药品管理局的平均药品审评时间也从 1992 年的 30 个月，降低到 1997 年的 15 个月。[②]

在美国 1997 年颁布的《处方药使用者付费法》（II）中，规定规制机构必须"通过及时、有效的审评临床研究……以及时的方式来采取适宜的行动，促进公众健康"。美国在 2002 年颁布的《处方药使用者付费法》（III）及 2007 年颁布的《处方药使用者付费法》（IV）中，都秉承了类似的思路。美国食品药品管理局对优先审评药物的平均审评时间从 1993 年财政年度的 13.2 个月，降低到 2006 年财政年度的 6 个月；

---

① Amanda R. Kronquist. The Prescription Drug User Fee Act: History and Reauthorization Issues for 2012. Backgrounder, 2011, 1-15.

② Mark K. Olson. How Have User Fees Affected the FDA? The 1992 FDA Reform Successfully Reduced Drug Review Times. Regulation, 2002, 20-25.

正常审评药物的平均审评时间，从 1993 年财政年度的 22.1 个月，降低到 2006 年财政年度的 10.3 个月。

2. 中国以药品规制收费改进药品审评的可能性

医药产业作为"朝阳产业"，在国民经济中占有重要的地位，截至 2012 年年底，我国医药产业共有 6625 家企业，总资产 16408 亿元，2012 年共完成产值 18255 亿元。在中国，药品审评也是药品规制部门的一项重要公共服务职能，通过药品审评政策的创新，审评时限的缩短，审评质量的提高，将有助于规范药品研发秩序，提高药品研发水平，推动药物创新，引导制药业健康发展。

应通过药品审评的法律创新、制度创新、机制创新，改进药品审评工作的实施，让患者早日能用到治疗艾滋病、恶性肿瘤、罕见病等疾病且具有明显临床治疗优势的新药，以及治疗尚无有效治疗手段的疾病的新药，促进药品的可及性和可获得性，维护患者的健康权益。

在我国，药品注册和审评是药品管理部门的法定职能，《药品管理法》第 5 章规定了药品注册制度。药品审评作为具有高度技术性、专业性而且任务量重、政策性强的事项，具有专业背景的药品监督管理官员也无法对申请者资料的技术要点予以全面的把握，为此构建药品审评的技术支持体系，就显得尤其重要。

目前，国家食品药品监督管理局药品审评中心作为国家食品药品监督管理局的直属事业单位，现有编制约 120 人，它是国家食品药品监督管理局药品注册技术审评机构，为药品注册提供技术支持。但我国制药企业数量众多，药品注册申请申报数量多，药品审评中心审评人员数量少，药品审评人力资源与审评任务量之间的矛盾日益突出。如果审评资源不能保障，药品审评人员处于长期超负荷应对状态，势必会影响审评质量和审评效率，无法适应当今医药产业的发展趋势，影响医药产业创新及公众用药的可及性。

为此，首先，可通过摸清药品审评中的资源和经费缺口，适度提高药品审评费的标准，建立收费标准、收费水平与审评任务之间的关联性，并将审评收费定向用于改善药品审评的人力资源。这可使得药品审评机构增加人员编制，为人员提供更有竞争力的待遇，吸引有更丰富经验、学识和资历的人员加盟药品审评队伍，使药品审评队伍能胜任日趋复杂、更具风险性的药品审评工作。各国审评任务及人员情况如表 1 所示。

其次，美国《处方药使用者付费法》规定，可将药品规制收费用于药品审评的信息化建设。中国也在着力构建药品技术审评内部组织管理的信息化平台，将审评过程中产生的信息进行整合、标准化，再加工构建成数据仓库，为审评的决策提供参考信息，从而提高审评工作的质量和效率，也满足外界对药品审评信息的需求。[①]
可通过适度提高药品规制收费，来进一步提高我国药品审评的信息化程度。

表 1   2007 年各国审评任务及人员情况

	美国 CDER	欧盟 EMEA	中国 CDE
2007 年审评任务	6530	2598	6569
审评人员数量	1400	119	113
平均任务（人·年）	4.7	21.8	58

再次，药品审评作为以科学技术为导向的高度专业性领域，不仅需要有药学、医学、化学、生物学等专业知识背景，并具有较为丰富审评经验的专职工作人员，也仍需倚重对特定领域关注度更高，学识经验更丰富，学术研究更深入的外部专家。我国现行的药品注册审评中，尚缺乏一支相对固定、有较强专业背景、较高学术地位、科学公正的专家队伍作为审评支持。通过药品规制收费制度，有助于弥补审评部门经费方面的缺口，通过外聘具有更高学识，更多责任心的专家，让一流的人才为药品审评工作提供科学咨询建议。

最后，目前我国新药审批费、进口药品审批收费的收取标准依然停留在 1995 年国家计委、财政部发文所确定的水平，药品审评收费不能反映审评任务的实际成本，也同药品审评部门的日常经费无直接的关联性。药品审评收费制度亟待改革，应增加审评收费与审评成本之间的关联性，明确审评收费用途，将其用于审评资源的征募与审评绩效的改进。

综上，适度提高、合理确定药品审评收费标准，并将费用指定用于药品监督管理部门的药品审评、药品审评信息系统的完善以及聘用外部专家等活动，将有助于改进药品审评绩效。审评收费不会影响审评工作的公正性，因为审评收费将秉承事先确定的，一以贯之、一视同仁的收费标准，不会偏向特定类型的药品，不会偏向特定规模的企业。充足的审评经费还将有助药品审评队伍的人力资源建设，通过增加审评人员数量，提高审评人员的专业化程度，更好引入外部专家的治理资源，有效地缩短药品审评时限，改进药品审评质量。

3. 规制收费与规制目标的实现

药品规制的目标旨在确保药品规制的安全、有效和质量可控，以及促进药品的可及性和合理用药。药品规制收费不仅包括药品审评收费，还包括了药品生产和经营许可收费、药品检验收费、药品认证收费、中药品种保护收费等项目，如果能在

---

① 范乙. 信息技术对我国药品技术审评工作的保障作用. 中国药事，2009（8）.

规制收费和规制支出之间建立有效的机制，将收费用于特定药品规制项目，将有助于药品规制能力的提高，药品规制队伍的稳定，药品规制人员知识结构的改善及药品规制基础设施体系的建设，以更好地履行各项药品规制职能，确保药品规制目标的实现。

5　推进中国行政规制收费的制度改革

综上，应在深入理解行政规制收费理论的基础上，适度整合我国现有各项药品规制收费制度，依法设定药品规制收费制度，明确药品规制收费的范围，适度提高药品规制收费标准，完善药品规制收费的形成和调整程序，规定药品规制收费的用途。通过引入"使用者付费"理念，建构药品规制收费制度，促进我国药品规制收费的合理化，增强我国药品规制机构的自主性，使其能更好地实现确保药品安全、促进药品可及性等多重行政任务。

5.1　以法律设定规制收费

从行政法学中法律保留的理论出发，当行政侵害到公民的权利自由或对公民课予义务负担时，需有法律根据。而作为针对特定对象就特定事项征收的费用，收费亦是对被规制者课予的负担，为此应以法律规定为宜。在美国、德国、澳大利亚等国家的药品法典或专门药品收费法律中，对药品规制收费制度加以具体规定。

《价格法》第47条第1款规定，"国家行政机关的收费，应当依法进行，严格控制收费项目，限定收费范围、标准"。我国现行《药品管理法》第41条和《药品管理法实施条例》第62条规定了药品规制中的收费制度，但并未体现规制收费中的"使用者付费"、成本补偿的理念，未能认识到收费与规制之间的内在关联。

在未来《药品管理法》的修改过程中，应尽可能以专门条文对药品规制收费制度加以规定，规定药品规制的收费范围、收费标准、收费标准形成程序、收费的减免及收费用途。此外，国务院药品监督管理部门还应建立和国家发展改革委员会、财政部的协作机制，或可联合颁布规范性文件，来进一步界定药品规制收费标准的形成和调整程序，说明药品规制活动成本的计算方法，说明确立某一具体规制收费标准所应遵循的规则与原则。通过法律规则的建构与细化，来推进我国药品规制收费制度的发展与改革。

5.2　规定规制收费的范围

世界各国对药品收费的项目不尽相同。一般而言，都是对药品规制中专业性、技术性更强，需要更多人力资源和成本耗费的规制事项予以收费，这集中体现于药品许可、生产和经营许可、药品认证等事项。各国对药品检验收费的情况规定不一，有的是完全由政府支出，有的则规定了药品检验收费。

根据我国的实际情况，药品注册、药品认证、药品生产和经营许可、药品检验活动等需要一定的成本支出，也是令特定被规制人能够从事相应活动并获取经济利益的前提，应将这些事项纳入药品规制收费的范围。收取的费用包括药品审评费、药品认证费、药品生产许可费、药品经营许可费、药品检验费、中药品种保护费等事项。

5.3　确定规制收费标准

1. 药品规制收费与成本补偿原则

在规制收费的设计中，应尽量确定规制服务的成本，通过测算成本信息来进行预算控制和成本控制，设计合理的规制收费水平。OECD 的研究报告也认为，应明确确定适宜于收费的每项服务的全部成本费用，不论收费能否全部或部分地弥补全部成本费用，应弄清每项服务的所有费用。如果收费不能全部弥补成本，那么应明确政府对该项服务的补助程度；全部成本不仅包括服务的直接成本，还包括与其他活动分摊的成本，以及诸如折旧和资本成本在内的非现金成本。[①]

规制收费应体现成本补偿原则。[②]如果规制服务的受益人不支付费用，或者支付的费用低于政府规制服务所需的成本，就会给纳税人带来更多负担，造成来自社会其他部分的"交叉补贴"；反之，规制收费也不能过度的高于规制活动的成本，否则受益人的付费将可能构成对其他规制活动的"交叉补贴"。

根据我国《行政事业性收费项目审批管理暂行办法》[③]第 3 条的规定，行政事业性收费是指国家机关、事业单位、代行政府职能的社会团体及其他组织根据法律、行政法规、地方性法规等有关规定，依照国务院规定程序批准，在向公民、法人提供特定服务的过程中，按照成本补偿和非盈利原则向特定服务对象收取的费用。这也体现了规制收费中的成本补偿原则。

目前我国药品规制收费水平过低，未能反映出我国药品检验、审评、许可、认证的真实成本，也未能根据规制项目的变化，科学技术的发展，物价水平的上涨而

① 赵全厚. 论公共收费. 经济科学出版社，2007：193.

② 国家食品药品监督管理总局于 2015 年 5 月 27 日调整了药品注册收费标准。这次收费标准的调整，是按照成本补偿原则确定的。根据国家发改委、财政部规定的测算原则和授权，总局聘请第三方会计师事务所，进行了药品、医疗器械产品注册费成本的测算，确定了新的收费标准。详见"食品药品监管总局发布药品、医疗器械产品注册收费标准和实施细则"，http://www.sda.gov.cn/WS01/CL0050/120200.html.

③ 财综〔2004〕100 号.

及时调整。为此，应适度提高我国药品检验、审批、认证的收费水平，体现成本补偿的原则，保证药品规制机构收回其从事检验、审批和认证等活动的成本。

2. 药品规制收费标准的确定

可以通过对药品检验、审评、许可、认证等活动的性质、工作负荷、成本及经费缺口的探究，通过对每一药品规制活动的成本核算，来确定相应规制收费的标准。还可借鉴域外药品规制收费制度的经验，根据药品规制活动中的经费缺口，确定需收取规制费的总额，并将其分摊到诸类药品规制收费中，然后再测算每类药品规制收费的大致标准。

3. 针对不同类型的产品或企业收取不同的规制费用

在世界各国，一般都对新药审评收取更高的审评费用，对仿制药审评收取相对更低的费用。新药审评会有更为复杂的技术要求，面对更多的风险判断和内在的不确定性，耗费更多的人力资源和工作负荷，在我国也应对新药注册收取较仿制药更高的审评费用，这更为契合我国当下医药产业结构的实际状况。

此外，在设计我国药品规制收费制度时，可考虑被规制方的类型、规模和支付能力，所开发品种的情况，规定对相应规制收费的减免，这体现了量能收费的精神，也反映出规制部门将收费作为规制工具，引导医药产业结构调整，促进自主创新的政策目标。

例如，可考虑：（1）对创新药品、儿科用药、罕见药品、基因治疗药品、体细胞治疗药品和组织工程药品等，可减免申请费用；（2）对年产值或年销售额低于特定金额的中小企业，可减免相应的规制费用；[①]（3）国家药品监督管理部门有权对特定被规制者减免特定规制费用。

5.4　明确规制收费标准的形成与调整程序

在我国，目前政府规制收费标准由国务院财政部门、国务院价格主管部门制定。在未来，制定和调整药品规制收费标准时，应充分听取利害关系人意见。在确定具体收费标准时，应对相关情况进行调查，通过召开座谈会、论证会、书面征求意见等形式，听取包括被规制企业、消费者及相关部门或单位在内的意见。

此外，药品规制收费标准的确定，应考虑到物价方面的因素（城市消费品价格指数的总体变化、上一财政年度基本工资的总体变化等）、工作量方面的因素（药品

---

① 在《药品注册收费实施细则》（试行）中规定了对小微企业的收费优惠政策，对符合国务院规定的小微企业提出的符合特定情形的创新药注册申请，免收新药注册费和创新药Ⅱ期或Ⅲ期临床试验补充申请注册费。详见《国家食品药品监督管理总局关于发布药品、医疗器械产品注册收费标准的公告》（2015 年第 53 号），http://www.sda.gov.cn/WS01/CL0087/120201.html。

审评、药品检验、药品认证总量的变化等）等。在未来或可引入对药品规制收费标准的定期审查机制。具体药品规制收费标准由国务院财政部门、国务院价格主管部门制定，应对每项收费项目规定具体的有效期（3～5 年）。在有效期满后，应由国务院药品监督管理部门向国务院财政部门、国务院价格主管部门重新申报。

5.5　规定规制收费的用途

在我国部分法律中，为特定收费项目规定了特定用途，例如《固体废物污染环境防治法》第 34 条第 2 款规定，"排污费用于环境污染的防治，不得挪作他用"。《大气污染防治法》第 14 条第 3 款规定，"征收的排污费一律上缴财政，按照国务院的规定用于大气污染防治，不得挪作他用，并由审计机关依法实施审计监督"。《水污染防治法》第 24 条第 2 款规定，"排污费应当用于污染的防治，不得挪作他用"。

对于药品规制而言，它针对的并非一项纯公共物品，而是准公共物品。药品规制有助于公众健康福祉的保障，同时也使得被规制者获得了发展自己的资格，使得被规制者能在一个良好的、公平的市场环境从事相应活动，从而给予特定被规制者以受益。

为此，在"公共服务以财政负担为主，准公共服务以财政和受益者共担"原则的指引下，应对相应的药品规制活动收取规制费，并明确规定所收取药品规制费的用途。例如，可规定所收取的规制费专门用于药品注册、监督管理、应急、稽查和信息化等规制事项，不得挪作他用。这将有助于体现规费设计中的公平原则，体现"谁受益，谁负担"的精神，让被规制者有缴纳规费的激励，有助于规制费用的有效征收，改进规制绩效。

作者简介

宋华琳，南开大学法学院教授，法学博士，博士生导师，兼任中国行政法学研究会政府规制专业委员会副会长。

京津冀一体化发展背景下天津市基本公共服务体系研究*

张进昌 东 方

摘 要： 在推进京津冀协同创新发展中，基本公共服务均等化既是重要目标，也是关键因素。本论文参照中国统计年鉴等相关资料数据，分析了京津冀三地尤其是天津的发展现状。文章梳理了"十二五"期间，天津市在基本公共服务方面取得的成就，在总结天津市近年来基本公共服务实践经验的基础上，提出了具有可操作性的对策与建议，以促进京津冀公共服务均等化及一体化。

关键词： 京津冀；公共服务；一体化；协同创新

随着经济全球化的深入发展及我国改革开放的稳步推进，京津冀都市圈以其发达便捷的交通、雄厚的工业基础和科技教育实力并凭借其丰富的自然资源和优越的地理位置，成为继珠江三角洲和长江三角洲之后，我国经济发展的第三增长极。天津作为北方重要的经济中心，在提升公共服务水平，合理配置公共资源，为京津冀地区的公共服务建设共建共享起到了关键作用。

1 研究背景

京津冀区域经济概念提出已有近 30 年的时间，但地区协同发展一直步履蹒跚。习近平总书记在《关于京津冀协同发展工作讲话》中提出"自觉打破自家一亩三分地的思维定式"。2014 年 3 月中旬国家发布的《国家新型城镇化规划（2014～2020年）》强调"京津冀、长江三角洲和珠江三角洲城市群，要继续在制度创新、科技进步、产业升级、绿色发展等方面走在全国前列，建立城市群发展协调机制。要科学

---

　* 本论文是张进昌教授承担的国家社科基金项目"公共图书馆以财政投入为主体的资金保障体系研究"（项目编号：14BTQ004）的研究成果。

定位各城市功能，增强城市群内中小城市和小城镇的人口经济集聚能力，引导人口和产业由特大城市主城区向周边和其他城镇疏散转移"。2015 年 4 月 30 日，中央政治局会议审议通过的《京津冀协同发展规划纲要》指出，推动京津冀协同发展是一个重大国家战略，要保障京津冀全体公民能共享区域经济发展成果，在地区、城乡和不同人群之间实现均等化，其中实现区域基本公共服务普惠化的目标尤为迫切。比如，消除人才在区域内的流动障碍，探索共享优质公用服务资源的新路径等。

京津冀协同发展战略将促进京津冀城市群逐渐形成资源共享、错位发展、优势互补、合作共赢的局面，将为国家新型城镇化发展战略和跨行政区的城市群发展提供理论探索和实践经验。在过去的京津冀发展过程中，京津存在较强的虹吸效应，吸引了人才和企业的流入，造成了京津冀三地之间巨大的差距。具体经济指标差距如表 1 所示。北京进出口总额、城镇居民人均收入等指标高于天津、河北两地。2014年，在新型城镇化发展战略的指引下，中国城市不再"单打独斗"，而是携手发展，形成竞争合作的城市群。整合"京津双子星座"，形成京津冀地区区域龙头，"双核"共同携手，共同建设环渤海地区的京津冀城市群，才能形成世界级的城市群。

表 1   2013 年北京、天津、河北主要经济指标

地区	地区生产总值（亿元）	全社会固定资产投资（亿元）	社会消费品零售额（亿元）	实际利用外资（亿美元）	进出口总额（亿美元）	出口总额（亿美元）	城镇居民人均收入（元）
北京	19500.6	7032.2	8375.1	85.2	4291	632.5	40321
天津	14370.16	10121.2	4470.43	168.29	1285.28	490.25	32658
河北	28301.4	23194.2	10516.7	66.7	548.8	309.6	22580

资料来源：2013 年北京、天津、河北国民经济和社会发展统计公报。

2014 年京津冀三地 GDP 总量达到 66474.5 亿元，占全国的 10.4%。[①]从人均 GDP看，2014 年，北京、天津人均 GDP 均超 1.6 万美元，而河北仅 6500 余美元，不足京津的 1/2；从产业结构看，北京以第三产业为主，比重达到 77.9%，并呈明显的高端化趋势，天津、河北第二产业比重仍占一半左右，分别为 49.4%和 51.1%；从镇化率看，京津冀三地城镇化率分别为 86.4%、82.3%和 49.3%。

---

① 北京市统计局、国家统计局北京调查总队发布京津冀三地统计数据。

2 发展现状

基本公共服务一体化的内容范围，包括公共教育、公共卫生、公共文化、公共交通、生活保障、住房保障、就业保障、医疗保障、生态与环境、现代服务业等十个方面。这里主要研究公共教育、公共文化、公共医疗，以及社会保障如生活保障、住房保障、就业保障等方面，其他方面由于缺乏准确系统的数字指标就不一一赘述了。另外，这里主要比较北京、天津以及河北的几个主要城市（石家庄、唐山、秦皇岛、邯郸、邢台、保定、张家口、承德、沧州、廊坊、衡水，其他城市由于数据资料较少、缺乏准确系统的数字指标，因而不再逐一比对）。

2.1 公共教育

天津市"十二五"规划提出全面推进素质教育，优质协调发展基础教育，经过四年多来的努力，天津市基本公共教育服务的目标如期完成。1190 所义务教育学校通过督导评估验收，完成天津市义务教育学校现代化标准建设任务。完成特殊教育学校新建、改扩建的计划和特殊教育师资队伍建设项目培训任务。[①]天津市提出了优质协调发展基础教育的基本原则，到 2015 年，学前三年入园率超过 96%，义务教育巩固率达到 99%，高中阶段教育毛入学率达到 97%。2013 年，普通高校本专科招生 14.37 万人，在校生 48.99 万人，毕业生 12.10 万人。[②]2010 年 4 月天津市制定了《天津市特殊教育学校现代化建设标准》和《天津市特殊教育学校校舍与场地建设基本指标表》，使天津市特殊教育发展进入规范和快速发展的轨道。天津市教委《进一步做好进城务工就业农民子女义务教育工作的意见》规定，民工子女按规定到教育行政部门指定的公办学校就读，其交纳费用按照定，与本市学生相同；除此之外，学校不得再收取借读费和其他形式的赞助费。在这个政策的推动和保障下，天津农民工子女义务教育居全国直辖市第一位。

京津冀三地人均教育事业费支出差异悬殊。2013 年全国平均人均教育事业费支出是 1195.37 元，北京市人均教育事业费支出为 3037.99 元，天津市人均教育事业费支出为 2680.18 元（参见图 1）。普通高等学校每百名学生拥有教师数量差异较大。这一指标可以衡量人均占有教育资源的情况。北京市人均占有教育资源量高于天津市，并远远高于河北省。2013 年，京津冀三地最大值为北京市，普通高校每百名学

---

① 天津市教育委员会编. 天津教育年鉴（2013）. 天津社会科学院出版社，2013：109.

② 2013 年天津市国民经济和社会发展统计公报。

生拥有的教师数量为 10.31 人；其次为天津市 6.33 人，高于同期全国平均数量水平
5.88 人；最小值为河北省的秦皇岛市，其普通高校每百名学生拥有的教师数量为 4.02
人，北京为秦皇岛的 2.56 倍（参见表 2）。京津冀人均教育经费支出不均较严重。教
育支出占财政收入（支出）比例也有明显的差异。这从一个侧面反映了三地的经济
发达程度不同，对教育的重视程度也有差距。近几年公共财政加快了对农村的延伸，
农村公共服务和基础设施建设也取得了明显进展，但与相比，还存在很大的城乡差
别。[①]

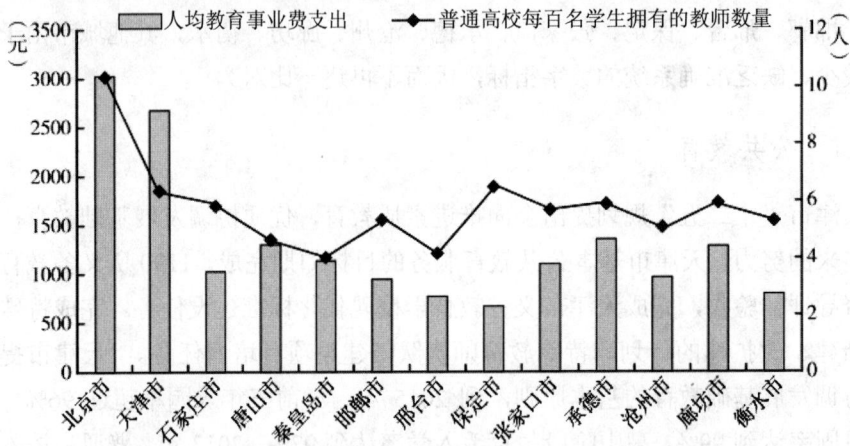

图 1　京津冀主要城市人均教育事业费支出和每百名学生拥有的教师数量对比

表 2　2012 年京津冀公共教育一体化评价指标体系

地区		人均教育事业费支出	教育支出占财政支出比（%）	教育支出占财政收入比（%）	普通高等学校每百名学生拥有的教师数量（人）
全国		1195.37	19.19	31.42	5.88
北京		3037.99	17.06	18.96	10.31
天津		2680.18	17.67	21.52	6.33
河北省主要城市	石家庄	1052.18	23.55	40.14	5.91
	唐山	1315.12	19.9	32.4	4.72
	秦皇岛	1154.47	17.44	32.10	4.02
	邯郸	960.17	25.12	51.64	5.39

---

① 郑世艳. 天津市基本公共教育服务均等化的差异分析[J]. 天津农学院学报，2011（3）：52～54.

续表

地区		人均教育事业费支出	教育支出占财政支出比（%）	教育支出占财政收入比（%）	普通高等学校每百名学生拥有的教师数量（人）
河北省主要城市	邢台	798.38	22.93	67.04	4.21
	保定	695.64	20.59	49.38	6.63
	张家口	1102.33	19.37	48.45	5.85
	承德	1365.28	21.82	62.37	5.94
	沧州	991.13	23.68	51.74	5.18
	廊坊	1298.31	20.98	32.67	5.91
	衡水	830.65	22.85	72.43	5.38
京津冀差异指标	最大值/最小值	4.37	0.94	2.56	2.56
	标准差	684.36	2.51	16.15	1.49
	差异系数	0.51	0.12	0.36	0.26

资料来源：《中国城市统计年鉴（2013）》和国家图书馆中的经网数据。人均教育事业费支出是一个城市的教育事业费支出除以城市常住人口所得。普通高等学校每百名学生拥有教师数 ＝ 高校任职教师数／普通高等学校在校学生数。

2.2 公共文化

作为全国的文化、政治中心，北京有深厚的历史文化底蕴和丰富的文化资源，文化产业起步较早，发展较快，产业总体实力较强。天津市不仅积极研究制定了文化创意产业发展规划，还制定了相应的扶持政策，培育和建立了一批文化创意产业园区和产业基地，总体水平略低于北京。河北省文化产业的发展比天津落后，并远远逊于北京。不论是每百人艺术团体数量还是每百人公共图书馆藏书量，北京均居首位（参见表 3）。

表 3　2012 年京津冀公共文化一体化评价指标体系

地区	艺术表演团体（个）	每百万人拥有艺术团体数（个）	剧场、影院数（个）	每百万人拥有的剧场影院数（个）	公共图书馆图书总藏量（千册）	每百人公共图书馆藏书（册）
全国	7312	5.75	3535	2.78	727816	65.56
北京	324	24.97	198	15.26	55560	428.22
天津	48	4.83	29	2.92	14692	147.93

续表

地区		艺术表演团体（个）	每百万人拥有艺术团体数（个）	剧场、影院数（个）	每百万人拥有的剧场影院数（个）	公共图书馆图书总藏量（千册）	每百人公共图书馆藏书（册）
河北省主要城市	石家庄	26	2.59	22	2.19	5766	57.35
	唐山	10	1.35	7	0.94	2180	29.39
	秦皇岛	14	4.81	9	3.09	1247	42.82
	邯郸	—	—	13	1.31	1479	14.89
	邢台	11	1.47	28	3.74	1082	14.47
	保定	1	0.09	27	2.3	1930	16.47
	张家口			8	1.71	1562	33.35
	承德	8	2.12	16	4.25	857	22.74
	沧州	—	—	5	0.67	1027	13.8
	廊坊	11	2.54	6	1.39	1905	43.97
	衡水	7	1.58	15	3.39	538	12.16
河北省内主要城市差异	最大值/最小值	26	53.44	5.6	6.34	10.72	4.72
	标准差	6.71	1.28	7.92	1.14	1346.96	14.56
	差异系数	0.61	0.62	0.56	0.50	0.76	0.53
京津冀差异指标	最大值/最小值	324	277.44	39.6	22.78	103.27	35.22
	标准差	93.51	6.92	49.35	3.61	14509.67	109.76
	差异系数	2.03	1.49	1.68	1.09	2.1	1.63

资料来源：北京、天津和河北国民经济和社会发展统计公报，《中国城市统计年鉴（2013）》。

依据《中国文化文物年鉴 2014》的统计数据，从数量来看，天津有 31 个公共图书馆，在四个直辖市中处于第二位的水平。和各直辖市一样，只有 1 个群众艺术馆；有 18 个文化馆，与海南并列倒数第一位；有 264 个文化站，在全国排在倒数第五位；有 20 个博物馆，在全国排在倒数第四位；有 48 个艺术表演团，在全国排在倒数第二位；有 35 个艺术表演场馆，在全国排在倒数第六位。由此可见，天津市的文化机构还有很大的发展空间。

2013 年文化事业费。从全国来看，人均经费为 38.99 元；北京市为 115.66 元，在全国排第二位；天津市的人均经费为 64.96 元，在全国排在第八位。从文化事业费占财政支出的比重看，北京为 0.59，天津为 0.38，天津在全国居十九位，在四大直辖市居倒数第一位。显然，在文化事业费的投入上，天津还有较大差距，与直辖市的地位不匹配。[①]

2013 年天津市在文化发展方面将文化为民、文化惠民落到实处，向市民免费发放"天津文化中心公益文化消费券"，各文化场馆共举办公益文化普及活动 715 场，展览 70 余个，演出近 300 场，文献外借 200 余万册，接待观众约 400 万人次。文化遗产保护工作全面推进。此外，天津博物馆《中华百年看天津》荣获"全国博物馆十大陈列精品展览"，精心举办《珍贵的瞬间——纪念周恩来诞辰 115 周年图片展》《"中国梦、我的梦"大型图片展》等特色展览百余个，积极组织博物馆开展送展览、送讲座进学校和社区的活动，受到广大观众的热烈欢迎。但是，天津作为一个拥有 600 多年历史的文化名城，拥有丰富的历史文化，政府等相关部门在文物、文化遗产的发掘发现以及宣传等方面做得还不够，没有充分展现出天津市丰厚的历史文化传统，也使得本市人民及外地市民并不认为天津是一个拥有丰富历史文化的城市。

2.3　公共医疗

根据国家卫生计生委的研究报告，北京外来就医人员中最多的来源地是河北省，约占外来就医人员总量的 23%。一是与京津对比，河北医疗资源非常紧张，特别是基层农村医疗资源薄弱，技术较差，导致了很多病人不愿在河北的基层医院看病。二是涌入大城市、大医院，造成京津两地大医院人满为患，出现看病难。[②]从三地拥有的医疗机构数量看，北京有 51 所三级医院，约占华北地区三级医院总数的 24%。北京的医疗资源远远优于河北，但医疗优质资源供求总量与结构存在着严重的不均衡。北京每万人占有床位数和医生数量均高于国家平均水平，更高于天津和河北各市，优秀的医生和卫生医疗资源如表 4 所示。

表 4　2012 年京津冀公共医疗一体化评价指标体系

地区	医院、卫生院数（个）	医院、卫生院床位数（张）	医生数（执业医师+执业助理医师）（人）	每万人占有医院床位数（张）	每万人拥有医生数量（人）
全国	61995	4938163	2511378	38.81	19.74
北京	608	92610	82192	71.38	63.35
天津	465	48896	30710	49.23	30.92

① 中华人民共和国文化部编. 中国文化文物年鉴 2014. 国家图书馆出版社，2014：19.
② 李怀. 加快京津冀都市圈医疗养老产业相互融合、协同发展. 廊坊日报，2014-3-11.

地区		医院、卫生院数（个）	医院、卫生院床位数（张）	医生数（执业医师+执业助理医师）(人)	每万人占有医院床位数（张）	每万人拥有医生数量（人）
河北省主要城市	石家庄	395	41603	23122	41.38	23.00
	唐山	157	28198	17858	38.01	24.07
	秦皇岛	66	10568	7188	36.29	24.68
	邯郸	382	33409	14800	33.64	14.90
	邢台	297	23705	12905	31.70	17.26
	保定	445	37037	19683	31.6	16.79
	张家口	67	12005	6663	25.63	14.23
	承德	252	16057	7473	42.60	19.83
	沧州	119	19872	14552	26.7	19.55
	廊坊	184	15375	8645	35.49	19.96
	衡水	211	13252	7844	29.95	17.73
京津冀三地主要城市差距统计指标	最大值/最小值	9.21	7.71	11.43	2.78	4.45
	标准差	161.70	21497.75	19368.06	314.43	0.14
	差异系数	0.58	0.71	0.99	0.42	0.39

资料来源：《中国城市统计年鉴（2013）》，每万人占有床位数和拥有医生数是各城市床位数和医生数除以城市年末总人口（万人）得到，近几年天津市政府卫生投入的总量有了较大的增长，但相对于整体经济的快速发展以及农村人群卫生保健需求的增加仍显不足，占 GDP 比重无明显增长。

数据调查结果显示：1996~2013 年间，天津市卫生费用占 GDP 的比重均在 3.4%~4.6%之间起伏，而在此期间我国卫生总费用占 GDP 的比重在 3.81%~5.36%之间。数据显示 2011 年天津在全国居倒数第五位（参见图 2）。

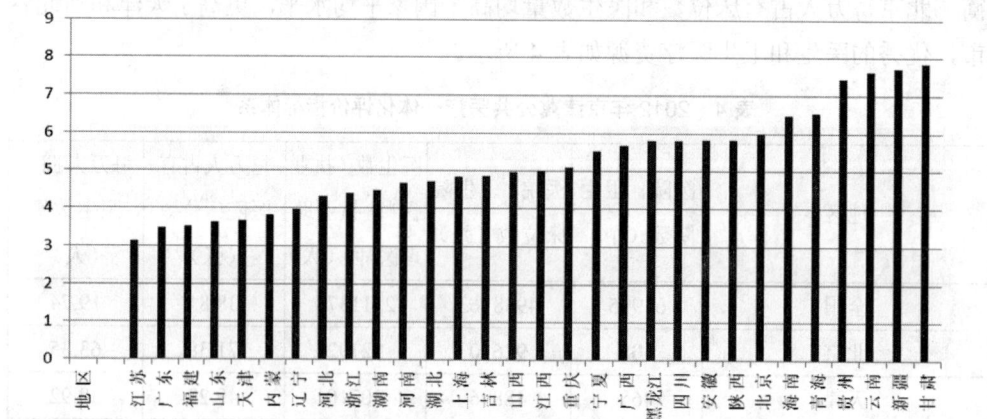

图2　2011 年全国各省市卫生总费用占地区生产总值比重排序

资料来源：《中国卫生年鉴（2013）》。

2006～2013 年天津市医疗卫生支出的平均增长速度为 29%左右。天津市医疗卫生支出占财政支出的比重较低，2003～2013 年间除 2010 年、2011 年、2013 年略高于 5%，其他年份都在 5%以下，最低的年份为 4.26%。从医疗卫生财政支出占地区生产总值比重看，这一比重大多数年份都在 0.6%以下徘徊，仅 2011 年达到了 0.8%，始终未能突破 1%。[①]

表 5　2000～2013 年天津市医疗卫生支出占地方财政支出的比重　单位：亿元，%

年份	医疗卫生支出	财政支出	天津市医疗卫生支出占财政支出的比重
2000	8.69	187.05	4.64
2001	10.01	234.67	4.26
2002	11.71	265.21	4.41
2003	15.31	312.08	4.91
2004	18.34	375.02	4.89
2005	18.98	442.12	4.29
2006	23.78	543.12	4.38
2007	33.10	674.33	4.91
2008	41.92	867.72	4.83
2009	54.22	1124.28	4.82
2010	70.07	1376.84	5.09
2011	90.53	1796.33	5.04
2012	105.91	2143.21	4.94
2013	128.94	2549.21	5.06

资料来源：《天津统计年鉴（2014）》。

2.4　社会保障

2.4.1　住房保障

京津冀地区在住房保障方面做了很多的工作，包括加快保障房建设，完善分配制度等。2012 年北京全市落实保障性安居工程用地 850 公顷，占总土地供给的 50%。2012 年天津全市保障性安居工程占地 492 公顷，占总土地供给的 29.67%。2012 年河北完成保障性安居工程用地 2649.58 公顷，占总土地供给的 27.91%。[②]

天津市保障性住房安居工程主要包括廉租住房、公共租赁住房、经济租赁住房补贴、经济适用房和限价商品住房五种形式。天津市近两年明显加大了对限价商品

[①] 梁学平. 天津市医疗卫生财政投入规模及差异程度的分析[J]. 中国卫生经济，2014(03)：55～57.

[②]《中国房地产年鉴（2013）》、民政部《2013 年 7 月各省社会服务统计数据》。

住房的开发力度，这种"先难后易"的做法让天津市住房保障政策深得民心。[①]连续调高限价商品住房的申请条件，扩大保障范围，效法经济适用住房的做法，给购房者直接支付贷款贴息和营业税补贴，切实有效地减轻了居民的购房负担。2013 年天津市最大的棚户区——西于庄棚户区改造项目的启动，意味着天津市中心城区最后的连片易改造棚户区成为历史。接着，天津市开始分批次、分阶段的新一轮棚户区改造，从 2014 年 6 月份开始，南开战备楼、河西宾馆路、红桥西沽等 20 处片区成为新一轮棚户区改造项目的重点。[②]农村危房改造属于重大的民生工程，可以起到政府投资拉动民间投资、提振内需的示范效应。2013 年天津市完成农村 1761 户五保户危房改造，其他贫困户完成 1/3 以上；2014 年 10 月全部完成农村 10468 户危房改造任务。由于财政补贴专款专用，直接拨给农户，保证了房屋建设质量安全可靠。[③]

2010 年各地区城镇家庭户的住房间数与面积和 2012 年房价收入比如表 6 所示。

表 6   2010 年各地区城镇家庭户的住房间数与面积和 2012 年房价收入比

地区	平均每户住房间数（间/户）	人均住房建筑面积（平方米/人）	人均住房间数（间/人）	住房自有率（%）	2012 年商品住宅均价（元）	2012 年人均年收入（元）	2012 年房价收入比（%）
全国	2.65	30.33	0.93	74.86	5429.93	24564.7	6.7
北京	2.09	28.23	0.87	57.40	16553.48	36468.75	13.28
天津	2.00	26.11	0.74	64.67	8009.58	29626.41	6.89
河北	3.20	30.46	1.00	89.55	4141.96	20543.44	6.55
最大/最小	1.6	1.17	1.35	1.38	4.0	1.78	0.95
标准差	0.55	1.78	0.11	13.77	5185.48	6522.90	3.09
差异系数	0.22	0.06	0.12	0.2	0.54	0.23	0.35

资料来源：2010 年中国第六次全国人口普查资料。2012 年房价根据商品房销售均价计算得出。房价收入比＝商品房平均销售价格×2010 年人均住房建筑面积／人均年可支配收入（注：2012 年人均住房建筑面积在统计年鉴等资料上无法找到原始数据，暂以 2010 年人均住房面积替代）。

2.4.2   社会保险

社会保险的主要项目包括养老社会保险、医疗社会保险、失业保险、工伤保险、

---

① 《中国公共管理年鉴（2013）》。
② 王月，张磊. 天津分批次分阶段开展新一轮棚户区改造 首批 20 处片区. 每日新报，2014-6-17.
③ 王月. 10468 户贫困户住上新农居. 每日新报，2014-11-23.

生育保险。北京无论城镇养老保险还是医疗、失业保险的参保人数占全市总人数的比重都是最高的，远高于天津和河北。北京、天津的医疗保险参保人数都接近70%，远远高于河北，河北城镇居民医疗保险参保人数占比最高的是唐山和秦皇岛，比例稍高于30%，不到北京、天津的一半，最低的为沧州，仅为13.92%，甚至河北主要城市都达不到国家的平均水平。

天津在全国率先实现城乡居民社会保险一体化发展，连续多年提高离退休人员养老金标准，月人均养老金由2004年年底的765元提高到2014年的2295元，实现了企业退休职工养老金"十连增"，年均增长15.3%，全市累计有164万退休职工受益，增收41亿元。①出台系列养老服务政策，构建天津特色的社会化养老体系。天津市政府给予社会办养老机构和居家养老服务设施一次性建设补贴和扶持政策；实施了政府为经济困难且需要生活照料的老人购买服务措施。截至2014年5月，天津市各类养老机构床位总数46266张，平均千名老人占有25张床位。②根据《天津市民政服务设施布局规划（2010～2020）》，形成了"973"养老服务格局，即全市老年人口中97%老年人居家养老，3%老年人入住养老机构养老。

依据天津市医疗保险服务的政策法规，天津市的城乡居民基本医疗保险，把学生、儿童和其他不属于城镇职工基本医疗保险制度覆盖范围的非从业城乡居民，也就是原城镇居民医疗保险参保范围和新农合参合人员，全部纳入保障范围。天津市常住人口1395万人，户籍人口996万人，基本医疗保险覆盖984万人，在"十二五"期间天津市正式跨入全民医保新阶段。③

天津充分考虑物价上涨等因素对失业人员基本生活带来的影响，适时提高失业保险金标准。2014年7月再次提高失业保险金发放标准。领取期限处于第一至第十二个月的，失业保险金月发放标准由800元提高到880元；领取期限处于第十三至第二十四个月的，失业保险金月发放标准由760元提高到840元；其他失业保险待遇标准也做了相应调整。

工伤保险基金支出平稳增长，职工待遇水平不断提高。2010年支出额、支付人数和人均支付水平分别比上年增长了30.69%、17.33%和11.39%。同时为1016名工伤职工和1095名供养亲属调整了待遇。工伤职工月人均伤残津贴由1105元提高到1320元，比上年提高了19.46%；供养亲属抚恤金月人均由505元提高到574元，

---

① 庞津昆，曲明. 天津企退养老金10年增两倍　月人均收入达2295元　164万退休职工增收41亿元. 中老年时报，2014-10-26.

② 韩雯. 天津三年新增养老床位3万张：千名老人拥有32张. 天津日报，2014-05-23.

③ 李东. 智慧医保——着眼公民视角的医疗保险变革. 天津工人报，2013-11-15.

比上年提高了 13.66%。①加强康复管理，切实满足工伤职工的康复需求。

2012 年京津冀社会保险参保人数占比情况如表 7 所示。

表 7 2012 年京津冀社会保险参保人数占比

地区		城镇基本养老保险参保人数（万人）	城镇养老保险参保人数占比（%）	城镇基本医疗保险参保人数（万人）	城镇医疗保险参保人数占比（%）	城镇失业保险参保人数（万人）	城镇失业保险参保人数占比（%）
全国		24846.77	19.53	4396.87	34.55	14247.44	11.2
北京		1206.38	58.3	1431.6	69.18	1006.74	48.65
天津		490.26	34.69	981.3	69.44	268.69	19.01
河北省主要城市	石家庄	174.46	16.8	269.3	25.93	89.9	8.66
	唐山	185.81	25.05	225.2	30.36	79.38	10.7
	秦皇岛	67.42	22.31	92.53	30.63	31.09	10.29
	邯郸	106.46	10.72	181.79	18.30	66.28	6.67
	邢台	56.11	78.05	164.38	22.87	34.33	4.78
	保定	112.28	9.89	189.25	16.67	52.13	4.59
	张家口	74.28	15.86	115.98	24.76	38.53	8.23
	承德	50.24	13.32	93.12	24.71	25.03	6.64
	沧州	75.92	10.2	103.59	13.92	35.12	4.72
	廊坊	62.84	14.51	94.31	21.77	24.77	5.72
	衡水	43.72	9.90	63.13	14.27	18.31	4.14
差异指标	最大值/最小值	27.6	7.47	22.68	4.99	54.99	11.76
	标准差	309.92	13.42	397.27	17.76	259.08	11.53
	差异系数	1.49	0.7	1.29	0.60	1.9	1.05

资料来源：《中国城市统计年鉴（2013）》。

2.4.3 生活保障

京津冀建立了完善的最低生活保障制度，但保障标准差异较大，而且都是基于本地居民，相互之间的流转性差。北京城镇居民和农村居民人均收入都高于天津和河北省，2013 年天津城市人均最低保障金标准最高为 600 元，北京次之为 580 元，

---

① 郑研. 天津人的福气——天津社会保障工作综述. 天津社会保险，总第 43 期.

河北最低仅为 450 元，差异系数为 0.12；北京农村人均最低保障金标准最高为 460 元，天津次之为 400 元。

2008～2013 年，天津市城市低保标准平均增速仅为 10.6%，然而同期最低工资标准与社会平均工资平均增速分别达到了 12.8%和 12.2%。其直接后果就是城市低保标准与最低工资标准及社会平均工资水平的差距没有缩小，反而明显加大。其中，城市低保标准占最低工资标准的比重由 2008 年的 48.8%下降到 40.0%，占社会平均工资水平的比重由 21.2%下降为 15.4%（参见图 3）。

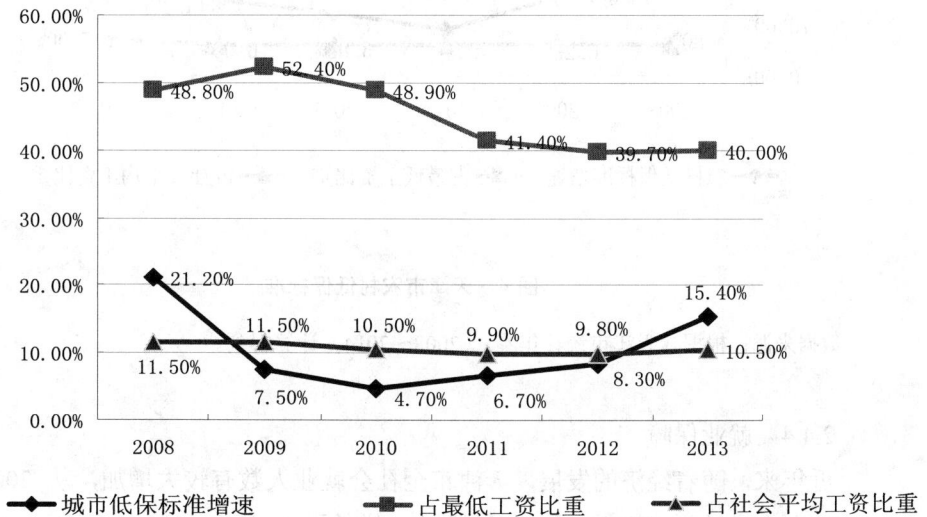

图 3　天津市城市低保标准

数据来源：根据《天津市统计年鉴》（2008～2014）计算得到。

2008～2013 年，天津市农村低保标准平均增速仅为 18.3%。2007 年 7 月，国务院下发了《关于在全国全面建立农村最低生活保障制度的通知》，要求在 2007 年年内全面建立农村低保制度，因此 2008 年天津市农村低保标准有了大幅提高，增速达到了 60.0%，但此后增速显著放缓。值得注意的是 2013 年增速再度提高，达到了 25.0%，这可能与天津市农村城市化进程明显加快，示范小城镇建设顺利推进有着密切联系。但是农村低保标准与最低工资标准及社会平均工资水平的差距没有显著缩小。其中农村低保标准占最低工资标准的比重由 2008 年的 24.4%提高到 26.7%；占社会平均工资水平的比重由 5.8%提高为 7.0%（参见图 4）。

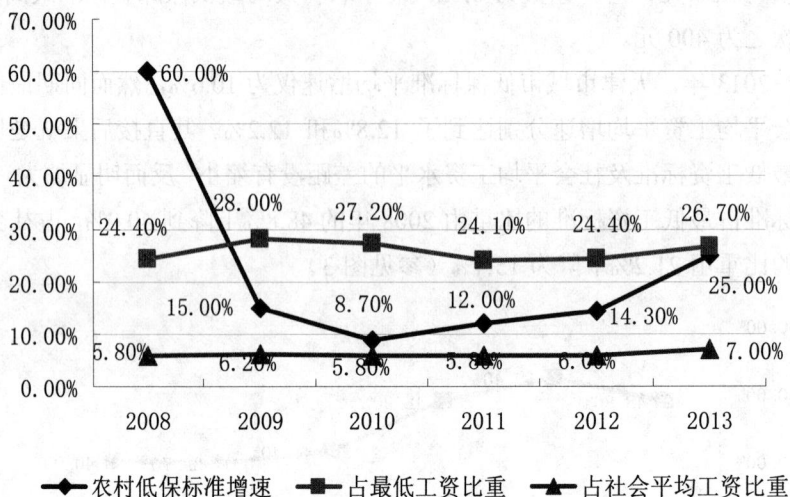

图4　天津市农村低保标准

数据来源：根据《天津市统计年鉴》（2008～2014）计算得到。

2.4.4　就业保障

近年来，随着经济的发展，天津市全社会就业人数有较大增加，从 2008 年的 544.26 万人增长到 2012 年的 756.83 万人，增长了 39.1%。[①]2013 年，天津市就业规模持续扩大。多渠道开发就业岗位，新增就业 48 万人。促进创业，带动就业，实施百万技能人才培训计划，开发职业技能培训包 420 个。出台大学生就业帮扶政策，应届高校毕业生就业率保持较高水平。各类困难群体就业安置率达到 86% 以上，"零就业"家庭动态为零。[②]

2012 年 7 月天津市人力资源和社会保障局开通了"天津政府公共就业服务网"，该网站是集政策法规查询、个人求职信息发布、企业招聘信息发布以及在线咨询等功能于一体的综合性公共就业服务网站。在任何一台能登录互联网的电脑上都可以足不出户就能享受到免费的"零距离"就业信息服务，实现了市区人力资源社会保障自助服务覆盖面达 100%。全市开通基于电子地图的"就业 E 图"，将全市 1356 个公共就业服务机构、28 个培训服务机构和 236 家重点企业招聘等相关信息上网运行，打破服务的时间、空间限制。

---

① 数据摘自历年《天津市统计年鉴》。
② 2014 年《天津市政府工作报告》。

作者简介

张进昌，女，1957 年生人，天津财经大学经济学院，教授。邮箱：zhangjinchang@tjufe.edu.cn

东方，女，1985 年生人，天津财经大学管理学硕士学位毕业，经济学博士在读，助理研究员。邮箱：dongfangdeer@163.com

典型国家自贸区管理模式及其借鉴*

薛立强

摘 要：自贸区管理模式包含四类主体和两个层面。典型国家在建设自贸区过程中主要形成了"中央（联邦）政府—管理公司""地方政府—管理公司""一体化机构"等三种模式。这些管理模式的借鉴意义是：实行多元主体合作；构建扁平化的组织结构；运营层面实行公司化管理；实行独立且严格的海关监管。

关键词：自贸区 管理模式 典型国家

按照《京都公约》（《关于简化和协调海关业务制度的国际公约》）中《关于自由区的附约》的规定，自贸区"指一国的部分领土，在这部分领土内运入的任何货物就进口税及其他各税而言，被认为在关境以外，并免于实施惯常的海关监管制度"。[①]自 1547 年世界上第一个自贸区——意大利热亚那城的格雷亨自由港建立至今，全球已有超过 120 个国家和地区建立了 1200 多个自贸区，贸易额约占世界贸易额的20%。[1]在自贸区的建立与发展过程中，不同的国家和地区基于自身的自然地理禀赋、经济发展方式、政府管理体制、社会历史状况、思想文化传统等方面的实际情况，形成了各具特色的管理模式。了解其中较为成熟的、主要的管理模式，借鉴其中的有益成分和经验，无疑将有利于推进中国自贸区以及市场经济体制的建设、发展和完善。

1 自贸区管理模式的四类主体和两个层面

管理模式是指管理系统的组织结构和运行方式，即采用怎样的组织形式将相关

---

*国家社科基金项目"我国地方政府执行力研究"（10CZZ029）阶段性研究成果。

① 在不同的国家和地区，对"自贸区"有不同的称谓，如"自由港""自贸区""对外贸易区""工业自由区""自由区""边境客户工业区""免税出口加工区""出口加工区""经济特区""投资促进区""自由出口区""关税自由区""保税区""保税港区""自由贸易港区""自由贸易岛"等。其中，"自贸区"为传统称谓和多边机构的惯用称谓。

参见天津市自贸区研究院. 世界自由贸易港区发展经验与政策体系（研究报告）. 2014：3.

的管理主体结合成为一个有机系统，并以一定的方式、方法来实现该系统的任务和目的。管理模式的内容主要包括两个方面：管理主体、这些主体之间的关系。从相关国家和地区较为成熟的自贸区管理实践来看，其管理模式主要包括四类主体、两个层面。

1.1　四类主体

自贸区的管理主要涉及四类主体，分别是：中央（联邦）政府、有关的地方政府、公共管理公司、非营利性的私营管理公司。具体而言，在任何一个国家，建立自贸区都是促进经济发展和国际贸易的一件"大事"，因此中央（联邦）政府都高度重视，并以一定的方式参与自贸区的管理。自贸区是一个国家或者地区内部划出的一部分实行特殊海关监管制度的区域，往往坐落于该国重要的海空港口，因此该区域的有关地方政府多以一定的方式参与自贸区的建设和管理。在一些国家或者地区，政府通过成立公共管理公司的方式对自贸区进行运营管理，因此这些管理公司往往也成为自贸区的管理主体之一。在自贸区的管理实践中，有些国家或者地区会委托或者聘请一些非营利性的私营管理公司进行微观运营层面的管理，因此私营管理公司也是自贸区的管理主体之一。[①]需要注意的是，负责自贸区具体经营的公共管理公司和非营利性的私营管理公司一般是按照企业经营的方式来进行自贸区的管理工作的，整个管理机构由政府指定或认可的董事会来领导。但是，由于其管理职权来自政府的授权，因此它们往往又是非营利性质的。

1.2　两个层面

上述四类主体在自贸区的管理实践中形成两个管理层面：宏观体制层面和微观运营层面。前者主要涉及政府与自贸区之间的关系，主要内容是中央（联邦）政府与有关的地方政府之间在自贸区管理上的职责划分；后者涉及的是自贸区内部相关主体之间的关系，主要内容是相关的地方政府、公共管理公司、非营利性的私营管理公司等自贸区的运营主体以怎样的方式管理运营自贸区。

2　典型国家自贸区管理模式

上述四大主体在自贸区的两个管理层面以不同的方式组合起来，形成自贸区的

---

① 现实中很多管理公司既有公共股份也有私人股份，这里根据主要股东的性质将其分为公共管理公司和私营管理公司，特此说明。

不同管理模式。从世界上较为成熟的自贸区管理实践来看，其管理模式主要有以下三种。

2.1 "中央（联邦）政府—管理公司"模式

该模式的基本特点是，在宏观体制层面，中央（联邦）政府设立全国自贸区的主管机构，自贸区的运营则由私营管理公司来进行。①实行这一模式的典型国家是美国。根据 1934 年《美国对外贸易区管理总则及其规章和程序》，在联邦政府层面设立商务部"对外贸易区委员会"②作为联邦政府管辖全国对外贸易区的最高机构。"委员会"由商务部部长、财政部部长或他们指定的其他人员组成。商务部部长担任"委员会"主席并有权任命执行秘书③、发布通知、召集会议，以及向国会提交"委员会"的年度报告。自贸区的运营主体则是经"对外贸易区委员会"授权的公共管理公司或者非营利性的私营管理公司。在美国，这些管理公司被称为"受让人"。按照相关法规，经"对外贸易区委员会"的授权，"受让人"有权设立、经营和管理对外贸易区，并且，这些"特权"不得再次出售、转让或转移。④除了这两类主体外，海关在对外贸易区的日常运营中履行监管职责，主要任务是对货物进出对外贸易区进行管控，征收有关税费，并确保相关的进出口手续符合法律法规。除美国外，大体实行这种管理模式的国家还有巴拿马、埃及、土耳其、委内瑞拉、葡萄牙等国。

2.2 "地方政府—管理公司"模式

该模式的基本特点是，在宏观体制层面，自贸区的管理事务由该区所在地的地方政府负责；⑤在微观运营层面，自贸区则由管理公司来经营。实行这一模式的典型国家是德国。根据欧盟及德国法律，德国建立并运营了 5 个自贸区：不莱梅哈芬、科克斯霍芬、德根多夫、杜伊斯堡和汉堡。本文以汉堡港为例来说明问题。在宏观体制层面，汉堡州政府负责汉堡港的总体规划和土地使用，汉堡州经济和劳工事务

---

① 在这一管理模式下，地方政府基本上不参与自贸区的管理。
② 美国的自贸区被称作"对外贸易区"（Foreign Trade Zone，FTZ）。
③ 执行秘书是委员会的主要管理官员。
④ 按照相关规定，"受让人"可以将对外贸易区的部分经营和管理权委托给"经营人"（具有特定资质的公司、合伙人或个人）和"使用人"（利用对外贸易区储存、处理或加工外国或国内货物的公司、合伙人或个人），但经营人、使用人或其他人员发生违法行为时，受让人仍应承担相应责任。
参见周阳. 美国对外贸易区制度及对我国保税港区的启示. 水运管理，2009（1）：17～20.
⑤ 在这一模式下，中央（联邦）政府无专门机构，而是通过颁布法律规定自贸区管理机构的权限与活动范围。

部则是汉堡港的主管部门，二者的职责分工如表 1 所示。①在微观运营层面，汉堡港由公共管理公司和私营管理公司进行竞争并共同提供服务。具体而言，汉堡港鼓励港内不同公司的相互竞争，港区内的集装箱装卸、货运代理，以及其他服务都是通过公开竞标的方式来确定服务主体的。这些服务主体可以是公共管理公司，也可以是非营利性的私营管理公司。这些公司通过竞争，从汉堡州政府租用土地并负责一些设施——包括起重机、集装箱桥吊、跨运车等机械设备，码头的面层及仓库、堆栈、办公楼、铁路支线、道路等——的建设和运营。这些设施的使用者则向其交纳相关的使用费。除德国外，英国、丹麦、爱尔兰、瑞典、意大利、芬兰、奥地利、匈牙利等欧洲国家也实行这样的管理模式。

表 1　汉堡州政府及其经济和劳工事务部在汉堡港管理中的职责分工

汉堡州政府	规定港区的水陆范围，港区内的土地和水域由州政府负责总体规划（规划范围内属私人财产的土地可以出卖，但政府有优先受让权）
	规定在港区可进行的活动，如港区内可以作业的货种和禁止作业的货种，港区内的竞争规则等
	负责港区内重要基础设施（如主要道路）的建设
汉堡州经济和劳工事务部	制定港口的操作性规范
	建设港区内的基础设施并租赁给经营者
	建设和疏浚港池和港内航道
	制定港内交通规则
	对进出港和靠泊码头锚地的船舶以及装卸作业进行安全监管（包括港区消防）
	掌握在港与进出港口船舶的动态
	征收港口使用费

资料来源：胡大龙. 德国汉堡自贸区. 国际市场，2013（3）：40～43.

2.3　"一体化机构"模式

该模式的基本特点是，由中央（联邦）政府和地方政府组建或委托一体化的管理机构，对自贸区进行集中统一管理。在实践中，这一模式又包括两种实现形式，一是"管理公司式一体化机构"，即由政府授权的管理公司来对自贸区进行统一管理，其典型国家是新加坡。目前，新加坡共设有 8 个自贸区，它们分别由新加坡国际港

---

① 德国实行联邦制，汉堡既是德国的一个直辖市，也是一个州。联邦制国家的政府层级分为联邦政府、州政府、地方政府（单一制国家的政府层级分为中央政府、地方政府），因此从严格意义上讲，联邦制国家的州政府不能称作地方政府。这里为了研究的方便，将中央（联邦）政府之下的政府统称为"地方政府"，特此说明。

务集团有限公司、裕廊海港私人有限公司和樟宜机场集团管理。[①]经新加坡政府授权，三个管理公司拥有对其所管理的自贸区的全部管理权。二是"政府式一体化机构"，即由中央（联邦）政府和自贸区所在地的地方政府组建一体化的管理机构，对自贸区进行集中统一管理。这一模式是很多后发型国家在建设自贸区时的选择。例如，2000 年，阿联酋迪拜政府将原来独立管辖海关、港口和杰贝阿里自由区的机构合并，成立了自由区管理局，该管理局在一个主席的领导下，管理权限高度集中，可以直接向投资者颁发营业执照，提供行政管理、工程、能源供应和投资咨询等多种服务，还负责与海关等关键部门的协调。[2]需要注意的是，阿联酋虽然实行"政府式一体化机构"管理模式，但在自贸区的运营层面，则实行的是公司化管理方式，强调以消费者为中心，制定投资友好型的政策和规则。

3　典型国家自贸区管理模式的借鉴意义

迄今为止，中国的自贸区尚处于"试验"阶段，实行的是一种"地方政府—管委会"模式。例如，根据《中国（上海）自由贸易试验区条例》的规定，上海市政府在国务院和国家有关部门的领导、指导和支持下，根据《中国（上海）自由贸易试验区总体方案》明确的目标定位和先行先试任务，组织实施改革试点工作，依法制定与自贸试验区建设、管理有关的规章和政策措施。[3]在微观运营层面，上海自贸区管委会作为市政府的派出机构，具体落实自贸试验区改革试点任务，统筹管理和协调自贸试验区有关行政事务。总体而言，这样一种管理模式适应了自贸区初创阶段的需要，能够较为有力地执行中央和上海市的自贸区政策，有利于集中各方面力量推进自贸区建设。但是，相对于典型国家较为成熟的自贸区管理模式而言，这一管理模式还不成熟，还存在一定的问题。最关键的问题是，管理主体性质单一，各主体间结构复杂，制度化的协调机制不健全，容易受到既有的政府间条块矛盾的制约。因此，如何构建适合中国国情、事权划分科学、管理高效统一、运行公开透明的自贸区管理模式，依然是自贸区建设的重要内容。在探索完善中国自贸区管理模式的过程中，适当借鉴典型国家自贸区管理模式的经验，无疑具有重要的意义。综合而言，典型国家自贸区管理模式的有益经验主要有以下四个。

---

① 新加坡港务集团有限公司管理着 5 个自贸区，它们分别为：布拉尼货物集散站、岌巴集散处、巴西班让货物集散站、三巴旺码头以及丹绒巴葛货物集散站和岌巴货物集散站。裕廊海港私人有限公司管理裕廊海港。樟宜机场集团管理新加坡机场物流园和樟宜机场航空货运中心。

参见江玮. 新加坡：高度开放的贸易自由港是如何建成的. 21 世纪经济报道，2014-1-6.

3.1　实行多元主体合作

这是典型国家自贸区管理模式在管理主体方面的突出特征，即实行政府机构、公共管理公司、非营利性的私营管理公司等不同性质的多元主体之间的合作。在如前所述的三大模式中，除阿联酋等后发型国家的自贸区只有政府机构一类管理主体外，发达国家自贸区的管理主体都不止一类，而是包括政府机构、公共管理公司、非营利性的私营管理公司等多元主体。如果仔细观察的话，这些多元主体之间的合作呈现出如下三个特点：一是宏观体制层面的管理主体以政府机构为主，或者为中央（联邦）政府，或者为地方政府（当然，在"管理公司式一体化机构"模式中，则是以管理公司作为管理主体）。二是微观运营层面的管理主体基本上是管理公司。然而，在不同的国家和地区，公共管理公司和私营管理公司的地位和作用有所不同。例如，美国对外贸易区运营层面的管理主体几乎都是私营管理公司。经营英国利物浦自由港的摩西港务公司 80%的股份掌握在私人投资者手中，20%的股份被英国政府拥有；新加坡国际港务集团有限公司则是经 1997 年、2003 年两次改制而成，①政府占有大部分股份。三是微观运营层面各管理主体的职权来自政府的授权，其职权的履行又要受到政府的指导和监督。这点在前面有所述及，这里不再赘述。发达国家的自贸区管理之所以较多地采取多元主体的合作结构，主要是基于自贸区建设的内在要求。自贸区的优越性在于为涉外商贸活动提供便利化和优质服务，因此其管理机构的设置必须以效率为中心，尽量减少管理上的繁文缛节。而运用多主体合作的方式，引入公共或私营的管理公司作为自贸区的管理主体，则较好地规避了政府机构管理层级和环节过多带来的弊端，增加了管理的透明度，实现了管理机构的精简和管理过程的高效。

3.2　构建扁平化的组织结构

这是典型国家自贸区管理模式在组织结构方面的突出特征，即普遍构建一种尽量减少中间管理层级的、扁平化的组织结构。如前所述，在"中央（联邦）政府—管理公司"模式和"地方政府—管理公司"模式下，组织结构上仅包括两个层级，即中央（联邦）政府和管理公司，抑或地方政府和管理公司。在"一体化机构"模式下，则仅有一个管理层级。之所以实行扁平化的组织结构，主要是因为自贸区要实行不同于其他区域的适应贸易与投资自由化、便利化要求的政策，因此需要特别的授权，也就自然需要冲破既有的多层级政府间关系架构，构建一种运转高效的扁

---

① 新加坡国际港务集团有限公司的前身是 1964 年新加坡港务局成立的自贸区管理机构，1997 年实行公司化改制，成立了新加坡港务有限公司，2003 年更名为现名，实现了集团化和全球化运营。

平化组织结构。从其效果看，扁平化的自贸区组织结构为宏观体制层面和微观运营层面的各主体，以及区内的各个投资和贸易主体提供了便利的沟通渠道，从而在很大程度上提升了自贸区的活力，为有效实行相关国家的自贸区政策提供了组织保障。

3.3　运营层面实行公司化管理

这是典型国家自贸区管理模式在动态运行方面的突出特征，即在微观运营层面，各管理主体对自贸区的具体运营普遍实行公司化管理。这一点在"中央（联邦）政府—管理公司"模式、"地方政府—管理公司"模式和"管理公司式的一体化机构"模式中自然不是问题，因为这些模式下运营层面的管理主体本身就是管理公司，其实行公司化管理是应有之义。值得注意的是，即使是实行"政府式一体化机构"模式的阿联酋，其对自贸区的具体运营，实行的也是公司化管理。如前所述，阿联酋迪拜自由区管理局是一个管理权限高度集中、人员精简、办事高效，以"商务自由主义"（Freedom to do Business）为核心理念，强调服务质量驱动和以消费者为中心的管理机构，其对自由区完全实行公司化的管理方式。典型国家之所以对自贸区实行公司化管理，主要是基于以下两大原因：一是自贸区性质单一，没有必要实行类似于一般行政区域的管理模式。自贸区在性质上是一种受海关治外法权保护的，实行最低程度贸易限制的关税豁免区域。这样的区域不同于一般的行政区域，没有必要建立一般行政区域式的管理机构并实行类似的管理方式。二是自贸区贸易与投资便利化政策的实施适宜于实行公司化管理。如前所述，自贸区贸易与投资便利化政策的实施要求实行高效率的优质服务，而这正是公司化管理的优势，二者相结合可以更好地释放自贸区的政策潜力，实现相关国家建立自贸区的目标。

3.4　实行独立且严格的海关监管

这是典型国家自贸区管理模式在监管方面的重要特征，即海关对进出自贸区的投资和贸易实行独立且严格的监管。自贸区被视为"境内关外"的海关特殊监管区域，海关对其实行"一线放开"和"二线管住"的政策，①绝大部分商品可以自由进入自贸区，或在区内经过包装、加工后再出口，免除进口税和海关费用，并简化海关手续；海关重点对进入域内关税区的货物和商品征收相关税费并进行严格监管。从管理模式的视角看，关键是要保证海关不受干预的、独立的监管权，只有这样，才能保障自贸区的正常运转。这一点在自贸区管理模式较为成熟的国家和地区也有

---

① 所谓"一线放开"，是指入区货物和商品实行备案制，区内可以自由储存或流转，出区核销，在自贸区与域外发生联系的环节，实现完全自由。所谓"二线管住"，是指区内货物和商品进入域内关税区视为进口，须办理报关手续并交纳相关税费，海关对其进行严格的监管。

着突出的表现。如前所述，美国海关对对外贸易区的日常运营履行严格监管职责，确保进出口手续符合相关规定。

总体而言，自贸区管理有其特殊性和内在规律，自贸区建设应在深刻认识这些特殊性和内在规律的基础上，结合本国和本地区实际创建出适宜的管理模式。这点对正处于自贸区建设初创阶段，而自贸区建设又在很大程度上肩负着进一步推进经济体制、行政体制等改革"探路者"重任的中国来说，无疑具有重要意义。

参考文献

（1）王玫黎，宋秋禅. 略论重庆保税港区法律制度的构建[J]. 经济法论坛，2010（1）：205～212.

（2）天津财经大学，天津市自贸区研究院. 世界自由贸易港区发展经验与政策体系（研究报告）[R]. 2014：79.

（3）中国（上海）自由贸易试验区条例[Z]. 第七条.

作者简介

薛立强，男，1977 年生人，天津商业大学公共管理学院，副教授，法学博士，管理学与工程博士后。

外资政策演进过程中的地方政府执行力问题研究*

刘　畅

摘　要： 政策执行力是衡量政策运行质量的核心指标，也是决定政策执行合理有效的关键要素。每个地方政府都会拥有一定的政策执行力，只是不同政府间执行力的强弱不同。地方政府采用何种策略执行中央政策，取决于中央和地方力量的对比，中央和地方是否存在利益冲突，以及该项政策的明晰度等因素。由于中央与地方的力量对比居于核心地位，最能决定政策执行取向，本文在马特兰德（Matland）政策冲突性——明晰性矩阵模型的基础上进行细化，按照中央政府主导和地方政府主导两种情况，分别分析地方政府在外资政策演进过程中的执行策略。

关键词： 中央政府；执行力；外资政策；地方政府

1　研究综述

国内外对政府执行力的研究主要集中在以下两个方面：

（1）中央与地方政府关系的研究。国内的观点大致分为两种，一种观点强调中央政府的主导作用。持这种观点的学者普遍认为，中央政府通过干部任命制、任期制、考核制、岗位轮换制等干部管理制度，能够有效地约束地方政府的自利行为，从而控制地方官员的行为并最终达到使地方政府和中央政府的利益保持一致的目的（黄亚生，2002；王殿春，2013）；另一种观点强调地方政府的主导作用，认为随着分权化改革的不断推进，地方政府掌握了足够的任意处置权，中央政府已经无法对其行为进行有效控制，即使能够控制，但由于缺乏完善的监督，效果也不尽如人意（Richard F., 2000；Larry Bossidy & Ram Charan, 2002）。由于我国政府结构存在的多层委托代理关系也会导致中央政府控制失效，使得地方政府在执行中央政策时发生偏离（黄亚生，2002；谢庆奎，2007；莫勇波，2011）。

（2）地方政府执行力的影响因素及提升路径研究，认为执行主体、执行资源、

---

*本文系国家社科基金青年项目"外资政策演进过程的地方政府执行力研究"（14CZZ019）的阶段性研究成果。

执行制度等是政府执行力的重要构成要素和能量来源（莫勇波，2007；姚克利，2010）；对于政府执行不力的原因分析，主要从执行过程的角度出发探究执行不力的原因（Aaron，2002；莫勇波，2010），从执行力的构成要素出发进行探索（徐元善、孙台维，2012；陈坦、骆广东，2013），采用博弈论的方法分析地方政府执行不力的原因（丁煌，2011；潘镇，2013）。针对地方政府执行不力，提出从新制度主义视角提升政府执行力（胡象明、孙楚明，2010），以治理理论为视角（丁煌，2012），从问责制与绩效考评的角度出发提升政府执行力（莫勇波、张定安，2013；史耀疆，2000）。

综上，既有成果总体上重规范研究而轻实证研究，重静态研究而轻动态研究，这就削弱了理论研究对具体实践的指导能力。从实践来看，地方政府在执行中央政策时并不确定是执行或是偏离，表现出多样化的特点。本研究在借鉴已有理论的基础上，运用马特兰德（Matland，1995）政策冲突性—明晰性矩阵模型，分析改革开放以来，随着中央与地方政府关系的改变，地方政府外资政策执行力的变化情况。

2　政策执行的主导性

地方政府采用何种策略执行中央政策，取决于中央和地方力量的对比，中央和地方是否存在利益冲突，以及该项政策的明晰度等因素。由于中央与地方的力量对比居于核心地位，最能决定政策执行取向，因此本文在马特兰德（Matland）矩阵模型的基础上进行细化，按照中央政府主导和地方政府主导两种情况，分别分析地方政府的执行策略。

2.1　中央政府主导

在中央政府与地方政府的力量对比中如果中央政府居于主导地位，地方政府的力量不足以违背中央，即使地方政府与中央政府在利益上存在较大冲突也必须要按照中央利益执行政策，这种中央政府主导的格局也会保证中央政府利益的实现。但是，有一种情况例外，那就是政策制定的模糊性。我国外资政策在改革开放之初采取摸着石头过河的策略，不论是内容还是行业限制均比较模糊，这就给地方政府在执行政策时以较大的自主性，使中央政府的利益大打折扣。根据我国的外资政策冲突性和明晰性等特性并考虑中央与地方政府的关系，笔者以马特兰德（Matland）的模型为基础，建立了新的地方政府政策执行力模型，如图1所示。

		行政性服从 Ⅰ	政治性服从 Ⅱ
政策明晰性	高		
	低	强制性试验 Ⅲ	象征性服从 Ⅳ
		低	高
		政策冲突性	

图 1　中央政府主导下的政策执行力

如图 1 所示，按照政策的明晰性以及地方与中央的冲突性这四个维度，可以将地方政府外资政策的执行力分为四种情况：行政性服从（第Ⅰ象限，低政策冲突性，高政策明晰性）、政治性服从（第Ⅱ象限，高政策明晰性，高政策冲突性）、强制性试验（第Ⅲ象限，低政策冲突性，低政策明晰性）、象征性服从（第Ⅳ象限，高政策冲突性，低政策明晰性）[1]。

（1）在低政策冲突、高政策明晰的情况下，地方政府往往会采取行政性服从的执行策略。由于政策明晰性较高，政策目标已经得到普遍认同和支持，实现目标的政策执行方式也比较明晰，这种情况下，中央政府可以轻松获得预期的政策执行结果。并且，当中央政府有足够实力让地方政府遵照中央意图执行政策时就逐渐演变为一种常规性、技术性的执行行为，即地方政府无条件服从中央并能够正确执行中央政策，中央政府也可以利用无线电及互联网等工具及时了解地方政府在政策执行过程中遇到的问题以便纠正和控制。一旦地方政府的这种技术性行为成为惯例，就形成了政治性服从的执行模式，这样既可以降低政策执行的随意性又可以极大地提高政策执行效率。行政性服从就像一部运转完善的机器，而中央政府由于掌握了绝对的信息和资源，成为控制机器运行的主要方面，机器的运行方式相对程式化，因此其产生的政策结果可以预期。

（2）在高政策冲突、高政策明晰的情况下，地方政府会选择政治性服从的执行方案。通常较高的政策冲突性为地方政府提供了违背中央政府利益的条件，但是，中央政府主导的大前提使得中央政府有足够的实力去控制地方政府，并约束地方政府的政策执行力。为了应对地方政府对中央政策的违背，中央政府可以采取鼓励或惩罚的正负激励机制。一方面，中央政府可以鼓励那些实现预期政策目标的地方政府；另一方面，中央政府也可以惩罚那些偏离执行中央政策意图的地方政府。通过正负激励机制可以有效控制地方政府的政策执行。当然，高政策明晰性也为中央政府监管地方政府的政策执行行为提供了便利，因为政策非常清晰明了，很难让地方政府有权变的可能性，一旦地方政府执行中央政策时偏离了中央意图，中央政府能够马上发现，此时中央政府主导的背景使得地方政府为此要付出高昂的成本，因此地方政府往往选择政治性服从。由此可见，政治性服从也会让中央政府得到预期的政策结果，但是相比较第一种情况（行政性服从），中央政府要付出更多的资源和代价（政府激励、有效监管等）。

（3）在低政策冲突、低政策明晰的情况下，地方政府将采取强制性试验的执行策略。此时中央与地方的冲突较小，地方政府倾向于服从中央并执行中央政策，但政策明晰度偏低导致的政策模糊不清以及实现政策途径的不确定性往往会使地方政府不知所措，只得通过逐渐摸索不断学习的试验方式来执行中央政策。这种情况可以充分调动地方政府的积极主动性，地方政府也可以根据本地区的具体经济、政治、社会条件实践出更有效更可行的执行方案，通过地方政府提供的政策结果反馈，中央政府也可以得到更多有价值的基层意见和启发。当然，并不是所有的地方政府都有机会采取这种试验式的执行策略，能否施行是由中央说了算，即由中央政府选定的地方政府才有资格进行，在此过程中，中央政府也会积极参与其中给予相应的指导并把握地方政府试验的整体方向，确保地方政府不会肆意妄行，偏离中央政策目标[2]。可以这样理解，强制性试验就是被选定的地方政府在中央政府划定的政策框架内，根据地方特点自主行动。改革开放30多年以来，我国很多的"实验区""试验田""先行先试"都属于强制性试验的范畴，由于是摸着石头过河，没有任何前人的经验而言，因此试验的结果无法预知，不同地区的试验结果可能大相径庭。

（4）在高政策冲突、低政策明晰的情况下，地方政府倾向于采取象征性服从的执行策略。由于中央政府与地方利益存在高度冲突，地方政府有较强的意愿去违背中央指令，再加之政策明晰性低，中央没有明确的执行方案去约束和监督地方政府的政策执行行为，因此，地方政府拥有较大的灵活自主性。但由于中央主导的地位仍然存在，地方政府的力量相对薄弱，因此，地方政府不敢违背中央指令，但是又不会积极执行政策，往往消极怠工，低效率甚至是敷衍了事。这也就解释了现实中为什么很多中央政策无法真正推行到地方。尤其是当中央的政策表述不甚明晰，该政策又触及了地方的利益，地方政府就会持观望态度，往往会等待其他地方政府先做出反映自己才模仿改进，亦或是在中央更加强大的压力下不得已而为之。我国的房地产市场以及相关政策就是地方政府象征性服从的典型案例。由于地方政府的上有政策、下有对策的思维主导，使得中央的政策意图难以真正实现，无法产生中央政府所预期的政策结果，中央政府只有通过制定更加清晰明确的政策才能降低地方政府的行为随意性，缩小地方政府在执行政策时的行为空间[3]。

2.2 地方政府主导

当地方政府掌握较多的经济资源，占有相对主导权时，就不会一味听从中央的政策安排，地方政府大多会从自身利益出发，以实现本地区的最大利益为出发点，按照自身的想法行事。此时，中央政府无法很好地约束地方政府政策执行行为，尤其是当某些政策的明晰性偏低，没有具体的执行细则，只有大体的政策框架和指导思想时，地方政府违背中央意图执行政策的概率就会明显上升。图2的矩阵揭示了地方政府主导下的政策执行力策略分布。

	选择性服从 V	政治性背离 VI
高		
低	诱致性试验 VII	认知性背离 VIII

政策明晰性

低   政策冲突性   高

图2 地方政府主导下的政策执行力

（1）在低政策冲突、高政策明晰的情况下，地方政府倾向于采取选择性服从的执行策略。与图1中中央政府占优的情况不同，由于地方政府此时占据主导地位，地方政府手中掌握相对充足的资源，可以自主选择执行政策的强度和意愿。根据我国目前的官员政绩考核标准，地方官员往往偏向于将有限的资源投入到可以快速产生经济效益的产业中，从而偏向于相应政策的执行。而那些社会效益明显但成本较高，亦或是收益产生于中长期之后的项目与政策，地方政府的执行意愿就远不如前。所以，对于同样是"理性人"的地方政府来说，只有当中央政府的政策能够为地方带来更大的利益，或者说该政策的收益大于成本时，地方政府才会主动执行中央的政策，而此时中央也能达到最初的政策预期[4]。但现实的情况是，中央政策都是从全局利益出发，往往无法兼顾每一个地方政府自身的利益，那么，当一项中央政策的执行会影响当地经济发展，损害到地方利益时，地方政府很可能采取消极应付的方式，使中央政府的利益无法实现。由此可见，这种选择性的政策执行策略取决于地方政府的利益是否能够真正实现。

（2）在高政策冲突、高政策明晰的情况下，地方政府倾向于采取政治性背离的执行策略。地方政府的主导地位，再加上中央与地方的较高政策冲突性，其结果必然是地方政府偏离中央的指示，按照能为自身带来更大利益的执行方案行事。出现这种情况往往是由于中央政府约束力偏弱，缺乏有效的制约或监督地方政府的能力，而地方政府往往掌握较多的经济资源，拥有与中央抗衡的能力。当较高的政策明晰性都无法阻止地方政府违背中央意图，就说明中央政府已经失去惩罚地方政府的有效手段，地方政府即使偏离执行中央政策所遭受的来自中央的惩罚力度也不大，这种情况是最令中央政府头疼的也是中央政府所不愿意看到的，其结果便是中央的政策意图无法在地方实现。

（3）在低政策冲突、低政策明晰的情况下，地方政府更多地选择诱致性试验的执行策略。与中央政府主导的政策试验不同，此时地方政府占据主动权，成为试验的发起人。地方政府不需要在中央制定的政策框架内进行试验，也不需要中央政府的指定，选定特定地方政府进行试验。这就为地方政府的实验性执行策略带来了更多的灵活机动性，地方政府可以完全根据自身特点，更加合理优质地配置地方资源。我国幅员辽阔，各地方的情况大相径庭，按照这种自发方式得出的政策结果也会呈现多样化的特点。在这种情况下，中央政府的作用就是及时评价和总结地方的做法，将经验加以推广。早在 20 世纪 80 年代我国东南沿海地区地方政府部门就开始顺应时代变化尝试利用计算机辅助技术实现"办公自动化"。地方政府电子政务建设的"广州模式""青岛模式"、北京海淀园的"数字园区"模式等都可以看作是地方政府诱致性试验的不同政策执行结果。

（4）在高政策冲突、低政策明晰的情况下，地方政府倾向于选择认知性背离的执行策略。当中央利益与地方利益发生冲突时，由于地方政府的主导地位以及政策的低清晰度，地方政府会采取自主行为，选择有利于自身的利益行事。与中央政府主导的情况不同，地方政府不会消极抵制中央政策而是有足够的力量偏离执行中央政策，但这又区别于前面分析的政治性背离执行策略，地方政府会在中央大的政策框架下选择那些符合自身利益的政策条款，或是作出有利于本地区经济发展的政策解释，最终的结果是，虽然地方政府偏离执行中央政策，但是却属于合法的行为，不至于像政治性背离那样与中央的利益完全分割而受到中央惩罚。此种政策执行策略虽然比政治性背离执行偏离中央政策目标的程度低，但是仍然不符合中央政府的全局观。

从以上的比较分析可以发现，一方面，即使在中央政府主导的情况下，中央政策也不一定完全能够顺利地贯彻执行，而地方政府主导时，也不意味着中央利益就无法实现。要想使地方政府主观上乐于执行中央政策并达到中央预期关键在于中央是否能够调动地方积极性以及是否能够降低中央与地方的冲突性。另一方面，政策的明晰性对于中央利益的实现也同样重要。由于我国东中西部差异很大，不同地方政府所拥有的资源不同，各自的具体情况也相差甚远，每一个地方政府为某项政策的投入和预期也都有所差异，执行中央政策的意愿以及反应程度千差万别，当中央政策相对模糊，中央政府能够给予地方更多执行弹性时，反而能够取得更好的政策执行预期。

3 政策执行的动态性

任何一项政策都不会一成不变，随着时间的推移和社会生活的变迁，政策会不断被修订，或者出台替代性的新政策，在这一过程中，中央政府和地方政府的力量对比也会发生变化。当中央刚刚制定出台一项新政策时，并没有具体规定该项政策的资源投入、政策的参与部门以及政策的执行步骤等，地方政府在政策执行方式上也并不清楚，这就有可能出现包括积极的或消极的各种各样的执行方式。此时中央政府会积极观察监控，一方面要积极吸收地方的成功经验，另一方面也要及时发现并制止有些地区的消极应对[5]。当政策执行一段时间后，中央政府会慢慢总结哪些是地方政府执行意愿强烈的政策，其中一些成功的经验有可能内化为惯例，并被保留，供其他地方政府仿效借鉴[6]。这时，政策执行的标准以及政策执行方式就逐渐标准化、明晰化，随之中央与地方之间的冲突会大大降低，最终达到二者利益的均衡。而遭到地方政府抵触的政策应及时加以总结，找出其中的原因并进一步改进，为今后修订政策或重新制定新政策做准备，经过修订的政策应该调动地方政府执行政策的积极性和主动性。

地方政府根据自身情况，对政策进行自己的理解，以地方利益为出发点，选择适合本地区的政策执行策略。尤其是政策的模糊性可以在政策形成阶段减少阻力，并在政策执行时有更大的灵活性。由于政策的执行需要行政人员来具体操作，这些人的办事风格、掌握的资源、个人偏好、执行能力等都不同，因此同一项政策在不同地区不同政府部门中的执行效果可能完全不同。有时地方政府面对一项新的中央政策时往往持观望态度，当观察到其他地方政府的有益的政策结果时再学习其执行经验，这样可以减少自行摸索的政策执行成本。政策的演进过程实质上就是中央政府和地方政府的多阶段动态博弈过程[7]。地方政府的政策执行力也不是单一的某一种执行策略，而是根据中央与地方的力量对比、政策的模糊程度、政策执行过程中中央与地方的冲突变化等表现出明显的动态性。

4 地方政府外资政策执行力实证分析

我国外资政策具有明显的冲突性和动态性，因此格外适合作为此研究的分析对象。所谓冲突性，是指我国外资政策从制定伊始，就存在中央和地方利益的不一致，中央政府制定外资政策是从全局出发，在全国范围内引导产业流向，引导外商投资，其目的是优化我国整体的产业结构，促进经济的持续稳定发展。可以说，外资政策一直作为中央政府重要的政策工具来引导外商直接投资，扩大我国开放领域，合理优化产业结构。引进外资的质量问题一直是中央政府最为看重的。但是地方政府往往追求本辖区的利益，在自利目标的驱使下，会尽力扩大投资需求，盲目吸引外商投资来增加地方的经济收入，对于地方政府而言，引资的数量大过质量。

所谓动态性，是指我国外资政策自改革开放以来，根据引资的不同时期，进行了多次调整。本文以《外商投资产业指导目录》（以下简称《目录》）为分析对象，《目录》是我国指导外商直接投资的重要政策，是指导审批外商投资项目的依据。自1995 年首次颁布以来，根据经济发展和对外开放需要，每隔一段时间适时进行修订，至今共修订了五次（参见表 1）。在我国外资政策不断演变的过程中，中央政府与地方政府的多阶段动态博弈也在持续进行，由此产生了不断变化的地方政府的政策执行策略[8]。

表 1　改革开放以来我国外资政策的演变

年份	外资政策	发布部门
1995	《指导外商投资方向暂行规定》和《外商投资产业指导目录》	原国家计划委员会、原国家经济贸易委员会、原对外贸易经济合作部
1997	《外商投资产业指导目录（1997 年修订)》	原国家计划委员会
2002	《指导外商投资方向规定》	原国家计划委员会、原国家经济贸易委员会、原对外贸易经济合作部
2004	《外商投资产业指导目录（2004 年修订)》	国家发展和改革委员会、商务部
2007	《外商投资产业指导目录（2007 年修订)》	国家发展和改革委员会、商务部
2011	《外商投资产业指导目录（2011 年修订)》	国家发展和改革委员会、商务部
2015	《外商投资产业指导目录（2015 年修订)》	国家发展和改革委员会、商务部

资料来源：商务部网站、发改委网站、新华社网站。

4.1　选择性服从（1987~1997 年）

改革开放前，我国一直持拒绝外资的态度，再加上"文革"的破坏，经济发展停滞不前，人民生活水平低下。为了改变当时的状况，国家决定实施"改革开放"的大政方针，肯定了招商引资的重要价值，从过去的抵制外资转变为吸引外资。1995年 6 月 7 日经国务院批准，20 日由原国家纪委、原国家经贸委、原对外贸易经济合作部联合发布了《指导外商投资方向暂行规定》和《外商投资产业指导目录》，这是我国自建国以来第一次以法规形式，将我国产业分为鼓励类、限制类（甲）和限制类（乙）以及禁止类三大领域，以此指导外商在华投资的产业方向。此时，由于处在吸引外资的起步阶段，地方政府的实力较弱，而中央政府的控制力也不够强，因此无法对地方政府施加过分的压力，无法很好地控制地方政府行为，这就会增加地方政府行为的不确定性。但由于此时不论中央政府还是地方政府都有着强烈的引资意愿，都希望尽快摆脱经济落后的局面，改善人民生活，因此地方政府将采取选择性服从的政策执行策略，政策结果往往表现为地方政府基本按照中央政策行事，中央与地方和平共处（参见表2）。

表2　1987～1997 年地方政府外资政策执行力分析

政策执行策略	选择性服从
政策发布部门	原国家计划委员会
政策冲突性	低
政策明晰性	高
中央—地方力量对比	地方政府主导
地方政府审批权限	低
政策工具	组织性工具、经济性工具
政策目的	增加外资政策指导的透明度，把外商投资引导到中国继续发展的产业上来

4.2　行政性服从（1997～2002 年）

随着我国招商引资工作的不断深入，中央政府的控制力逐渐增强，这种控制力主要通过备案制得以体现。中央政府通过预先设定备案报告的时间、内容、施行方案等，以此作为评估地方政府政策执行力的基本依据，这可以有效提高中央政府对于地方的控制力。1997 年我国第一次修订《目录》，就是进一步以法规的形式规定了外商投资的产业范围，每个地方政府与外商签订的投资合同都要在对外经贸部门进行备案。如果涉及《目录》中限制类限额以下的项目，还必须报中央备案。这一制度的深入推行可以使中央政府有效控制地方政府的外资政策执行行为，防止地方政府过多审批限制类外资项目，保证其不违反中央的政策意图。在这一阶段，中央政府的力量明显增强，不再允许地方政府拥有更多的自主权限。这从多部委联合发布政策也能看出。1997 年仅由原国家纪委单独修订《目录》，而此后的四次修订均由国家发改委和商务部联合发布，多部委共同监督就限制了地方政府的任意处置权。

这一时期总体上中央与地方的政策冲突性不大，随着《目录》的不断修订和完善，政策明晰性也逐渐提高，中央政府逐渐居于政策主导地位，地方政府倾向于采取行政性服从的外资政策执行策略（参见表3）。

表3　1997～2002年地方政府外资政策执行力分析

政策执行策略	行政性服从
政策发布部门	由原国家计划委员会单一发布改为原国家计划委员会、原国家经济贸易委员会、原对外贸易经济合作部联合发布
政策冲突性	低
政策明晰性	高
中央—地方力量对比	中央政府主导
地方政府审批权限	中
政策工具	组织性工具、经济性工具
政策目的	促进外商投资结构的优化，适应"入世"后的新变化

4.3　强制性试验（2002～2011年）

2001年12月中国加入了世界贸易（WTO）组织，这对于我国的招商引资既是机遇更是挑战。为了适应加入WTO后国内外环境的改变，我国必须要提高利用外资的水平并改善外资投资环境。基于此，中央政府分别在2002年、2004年、2007年和2011年四次修订《目录》，总的趋势是不断扩大国家鼓励外商投资的范围，尤其重点鼓励外商投资到农业等基础产业、老工业基地等传统产业、高新技术产业以及环保产业。同时，继续限制外商投资于包括服装、食品制造等在内的我国具有明显比较优势的劳动密集型产业。对于石油加工、冶金等资金密集型产业均属于《目录》中允许外资进入的项目。总之，《目录》经过四次修订，最大限度地使外资政策能够体现我国产业政策的指导思想。在这一时期主要是为了适应我国"入世"后不断变化的国内外形势，此时由于政策经常变动，政策比较模糊，中央和地方都是摸着石头过河，地方政府更是处于摸索阶段，如何既符合中央政策目标，又能使地方获益，因此强制性试验是地方政府首选的政策执行策略。苏州高新技术开发区、青岛经济技术开发区等都是在国家整体政策框架下，结合本地区实际情况，不断实验，不断摸索招商引资的新模式，获得了较好的引资成效，得到了中央政府的肯定（参见表4）。

表 4   2002～2011 年地方政府外资政策执行力分析

政策执行策略	强制性试验
政策发布部门	国家发展改革委员会、商务部联合发布
政策冲突性	低
政策明晰性	低
中央—地方力量对比	中央政府主导
地方政府审批权限	中
政策工具	组织性工具、经济性工具
政策目的	使外商投资与我国国民经济的发展、产业结构的调整更好地衔接

4.4   政治性服从（2011～2015 年）

为适应国民经济社会发展和产业结构调整的需要，适应新常态经济发展，中央政府继续施行积极的利用外资政策，"并更多地依靠法律、制度、政策等软环境方面的建设，依靠先进的制造业和服务业，进一步扩大开放"。[①]2015 年修订的《目录》中，最主要的特点是进一步扩大服务业和一般制造业的开放并放宽外商投资的市场准入，有重点地放开服务行业外资准入限制，进一步放开一般制造业，减少制造业和基础设施等产业对外商的限制，健全外商投资监管体系。在完善外商投资安全审查的基础上，大幅下放鼓励类项目的核准权。2015 年 1 月商务部公布了《中华人民共和国外国投资法（草案征求意见稿）》，今后将以负面清单为基础，逐步推行准入前国民待遇加负面清单的管理方式。这一时期，中央政府对于外资政策的控制由准入前的备案转为准入后的环节，逐步加强事中事后的监管，全面推行普遍备案、有限核准的制度。由于地方政府拥有更多的审批权限和更广泛的审批范围，有实力选择服从或不服从中央的政策，但中央政府监督力度的加大使得地方政府违反政策的成本越来越高，因此政治性服从是地方政府首选的执行策略。有趣的现象是，在国别选择上地方政府表现出明显不同的执行策略，在吸引发达国家外资方面，地方政府会与中央保持高度一致；但是在吸引发展中国家外商投资时，大多引入劳动密集型的小规模企业，与中央产业升级的政策思想相悖（参见表 5）。

---

① 商务部部长高虎城在 2015 年中国发展高层论坛上的发言。

表 5　2011～2015 年地方政府外资政策执行力分析

政策执行策略	政治性服从
政策发布部门	国家发展改革委员会、商务部联合发布
政策冲突性	高
政策明晰性	高
中央—地方力量对比	中央政府主导
地方政府审批权限	高
政策工具	组织性工具、经济性工具
政策目的	应对"入世"十年的挑战，新常态经济发展背景下招商引资工作调整

5　结论及展望

　　本文以我国外资政策的演进调整为线索，分析在不同时期我国地方政府在执行外资政策时的执行力变化情况。随着中央政府不断放权，地方政府外资政策审批权限和审批范围的提升，以及外资政策清晰性、冲突性的不断变动，地方政府执行策略也在不断调整。本文总结归纳了八种地方政府的执行策略，中央政府的权力随着地方政府的行政性服从执行策略到认知性背离执行策略而逐渐递减，与此同时，地方政府的权限则不断上升。自 1995 年我国首次制定《外商投资产业指导目录》以来，中央政府虽然逐渐下放地方政府的权限，但是其监督与控制权却一再收紧，地方政府虽然有较大的引资处置权，但由于违反政策的成本愈来愈高，因此也倾向于服从中央的政策意图，行政性服从和政治性服从仍然是地方政府的首选策略。今后，随着《中华人民共和国外国投资法》的出台，我国在吸引外资政策上将真正实现三法合一，中央政府将规定大的政策框架，给予地方政府更多的试验，甚至是"试错"的机会，充分发挥地方积极性与主动性，更好地使外资政策用于指导我国产业结构升级。

参考文献

　　（1）殷华方，潘镇，鲁明鸿. 中央—地方政府关系和政策执行力：以外资产业政策为例. 管理世界，2007（7）.

　　（2）李允杰，丘昌泰. 政策执行与评估. 北京大学出版社，2008.

（3）李允杰，丘昌泰. 政策执行与评估. 北京大学出版社，2008.

（4）曹堂哲. 公共行政执行的中层理论——政府执行力研究. 光明日报出版社，2010.

（5）殷华方，潘镇. 在华外资企业进入模式选择：基于合法性视角的分析. 南京师大雪豹（社会科学版），2011（6）.

（6）莫勇波. 政府制度执行力的生成机理及提升策略. 学术论坛，2015（3）.

（7）李拓. 制度执行力是治理现代化的关键. 国家行政学院学报，2014（6）.

（8）赵晋平. 我国吸收外资的产业政策研究. 管理世界，2002（9）.

作者简介

刘畅，1981 年生人，天津财经大学经济学院，副教授，教研室主任，南开大学法学博士，复旦大学公共管理博士后，天津市"131"创新型人才，主要研究方向为公共管理与公共政策。邮箱：liuchang8125@126.com

我国公共阅读服务中的政府行为及其改进

杨书文

摘　要：公共阅读服务是我国公共文化体系建设的关键环节，它在丰富广大群众精神文化生活方面的作用不容小觑。党的十八大报告明确指出要开展全民阅读活动，突出了公共阅读服务体系建设的重要性。政府作为公共产品和公共服务的提供者理应发挥重要作用，在公共阅读服务中承担主要职能。本文分析了我国现阶段公共阅读服务发展的现状，重点从政府公共管理角度出发，剖析了政府在公共阅读服务中的职责作用以及存在的问题，旨在提出完善我国公共阅读服务体系的对策建议，进一步促进公共文化服务的发展、服务型政府的构建以及全面小康社会的建成。

关键词：公共阅读服务；政府职责；财政投入；服务型政府

1　导论

公共阅读服务作为公共文化服务体系的重要组成部分，在丰富广大群众精神文化生活、提升国家文化软实力等方面发挥着不可替代的作用。它是指中央或地方政府为保障公民阅读权利，通过使用公共权力和公共资源，向全国或辖区内全体公民或某一类公民直接或间接平等提供的产品和服务，其核心任务是有效配置公共阅读资源，组织并向公民提供阅读产品、阅读服务、阅读场所和设施等。其本质是有效配置公共阅读资源，组织并向公众提供阅读产品和服务，保证公民基本阅读权利的实现。

党的十八大将"开展全民阅读活动"写入政府工作报告，十八届三中全会又提出构建现代公共文化服务体系；第十二届全国人大第三次会议将"让人民群众享有更多文化发展成果、倡导全民阅读、建设书香社会"等内容作为持续推进民生改善和社会建设的重要组成部分写入政府工作报告。这些战略部署显示出了党和国家对于公共阅读服务建设的重视和支持，同时也为构建公共阅读服务体系提供了政策导向和有力保障。2015年10月，"十三五"规划中明确要深化文化体制改革，实施重大文化工程，完善公共文化服务体系、文化产业体系、文化市场体系。创新公共文化服务方式，保障人民基本文化权益。推动文化产业结构优化升级，培育新型文化业态，扩大和引导文化消费。普及科学知识、倡导全民阅读。政府作为公共服务的提供者，在公共阅读发展进程中是不可替代的主导力量，因此发挥其优势，履行其职责，完善其行为，对于公共阅读服务的建设和发展至关重要，对于服务型政府建设意义非凡。

2 政府在公共阅读服务中的职责

2011 年召开的十七届六中全会重点对公共文化服务做出重要部署，加强公共文化服务，"要以公共财政为支撑，以公益性文化单位为骨干""必须坚持政府主导，按照公益性、基本性、均等性、便利性的要求……让群众广泛享有免费或优惠的基本公共文化服务"。[①] 可见，政府在公共文化服务体系建设中应发挥主导作用，而公共阅读又是公共文化发展中应有之义。

2.1 公共阅读相关设施的建设者和管理者

发展全民阅读不可或缺的就是物质基础，公共图书馆、农家书屋、社区书屋等基础设施作为开展公共阅读的重要载体政府理应承担建设和管理的职责。政府作为公共物品和公共服务的提供者，为满足公众的文化需求，就要发挥其角色的优越性和特殊性，努力建设和完善基础设施，给予相应财力支持，为广大公众尤其是农村地区创造良好的硬件条件。与此同时，政府作为主导者还要统筹管理公共阅读设施，做好协调和有机融合，建立公共阅读网络体系，最大限度地发挥公共基础设施的作用。

2.2 公共阅读相关政策法规的设计和制定者

现阶段，我国政府已制定并出台了一系列支持公共文化服务的法律法规、政策文件、管理办法等，为公共文化服务提供了制度保障，当然也同样为公共阅读服务的发展创造了良好的政策环境。例如，2005 年党的十六届五中全会提出"加大政府对文化事业的投入，逐步形成覆盖全社会的比较完备的公共文化服务体系"。2010年党的十七届五中全会又提出了"十二五时期基本建成公共文化服务体系的战略目标"；2012 年《国家"十二五"时期文化改革发展规划纲要》也提出了到 2015 年我

---

① 新华网.中国共产党第十七届中央委员会第六次全体会议公报.

国文化改革发展的主要目标：建立覆盖全社会的公共文化服务体系。2012 年党的十八大将"开展全民阅读活动"写入报告，十八届三中全会又提出构建现代公共文化服务体系。

2.3　重视少数民族和特殊群体

我国作为一个多民族国家应特别注重民族文化的发展以及不同民族文化之间的融合。政府作为主导力量应当持续增加对少数民族文字出版的财政补贴，以繁荣少数民族地区文化发展。此外，还要特别重视社会特殊群体的文化权益，将老年人、未成年人、残疾人、农民工、农村留守妇女儿童、生活困难群众作为公共文化服务的重点对象。例如实施盲文出版项目，开发视听读物，建设有声图书馆，鼓励和支持有条件的电视台增加手语节目或加配字幕。

2.4　实现社会互动，最大限度地满足公众需要

政府在公共阅读服务体系建设中扮演着极为重要的角色，但与此同时也需要其他力量的充实。在当前的市场经济条件下，政府的权限也是有限的，为了实现政府、市场、社会之间的良性互动，政府就要发挥角色的特殊性，积极培育和发展政府、企业之外提供公共阅读服务的"第三部门"，优化和拓宽公共阅读服务的供给主体，提高公共阅读服务的供给效率，特别是针对中西部公共文化服务相对匮乏的地区。

3　我国公共阅读服务发展的现状

3.1　阅读文化氛围日渐浓厚

"全民阅读活动"作为中央宣传部、中央文明办和新闻出版总署贯彻落实党的十六大关于建设学习型社会的一项重要举措，自 2006 年开展以来已在全国各地蓬勃发展，规模不断扩大，内容不断充实，方式不断创新，影响日益扩大，以一种更为群众接受的方式丰富和充实着人们的精神文化生活。例如江苏读书节、三湘读书月等读书节活动；上海书展、北京国际书展、江苏书展等书籍展销活动；2013 年江苏省开展的"全民阅读手拉手春风行动"以及 2014 年长沙市教育局组织开展的"书香长沙，爱心阅读"大型公益读书活动；此外，还有以征文、知识竞赛、演讲等倡导全民阅读的新形式。据中国新闻出版研究院调查显示，2014 年镇江市成年居民综合阅读率为 88.81%，接近九成居民有阅读行为。成年居民人均阅读纸质图书 5.23 本，

上网率为 70.9%，数字媒介和移动互联网已经成为居民的重要阅读载体。江苏省镇江市公共阅读服务的发展对于其他地区来讲具有深刻的示范效应，同时镇江人民的阅读意识强，共同铸就了镇江公共阅读以及公共文化事业的蓬勃发展。

3.2 基础设施建设日趋完善

公共图书馆事业再上新台阶。根据《中国文化文物统计年鉴（2014）》的统计数据，2013 年年末全国有公共图书馆 3112 个，比上年增加了 36 个；图书总藏量 74896 万册，增长 8.8%；电子图书 37767.27 万册，阅览室座席数 80.98 万个，增长 10.2%；全国人均图书馆藏量 0.55 册，比上年增加 0.04 册。公共图书馆作为广大人民群众享受文化发展成果、丰富文化生活的重要场所，其各方面都在不断顺应公众意愿。从表 1 中可以明显看出，我国公共图书馆在个数、总藏量以及人均藏量上都在逐年增加，公共图书馆建设不断发展。

表 1 2004～2013 年我国公共图书馆基本情况

年份	图书馆个数	图书总藏量（万册）	人均图书馆藏量（册）	财政拨款（万元）
2004	2720	46152	0.3	281234
2005	2762	48056	0.35	325880
2006	2778	50024	0.38	366089
2007	2799	52053	0.39	450512
2008	2820	55064	0.41	531926
2009	2850	58521	0.44	613175
2010	2884	61726	0.46	646085
2011	2952	63896	0.47	813232
2012	3076	68827	0.51	1002068
2013	3112	74896	0.55	1151163

数据来源：中国文化文物统计年鉴（2014）。

除了公共图书馆之外，截至 2012 年 8 月，全国共建成达到统一标准的农家书屋 600449 家，投入资金 180 多亿元，书屋覆盖全国行政村的目标提前 3 年实现。2013 年农家书屋进一步探索，努力向数字化转型，一年间建成各类数字书屋 1.75 万个，这样一来就有利于解决传统书屋资源有限的问题。社区书屋建设方面，到 2012 年底，全国共援建城乡社区图书室 16.7 万个，援建图书 5900 万册，约 3.8 亿城乡居民从中受益。

3.3 政府、社会合力加大对公共阅读服务的投入

为贯彻落实党的十八届三中全会精神，推进构建现代公共文化服务体系，2014年中央财政下拨中央补助地方文化体育与传媒事业发展专项资金 23.6 亿元，完善县级以上公益性事业单位基本公共文化服务设施，更好地提供基本公共文化服务；① 下拨农村文化建设专项资金 45 亿元，用于全国文化信息资源共享工程村级基层服务点、农家书屋、农村电影公益放映以及行政村各类文化体育活动等方面，以保障广大农村群众基本文化权益。② 图 1 可以更为清晰地表现出我国公共图书馆财政拨款数逐年呈上升趋势，财政拨款数于 2004 年到 2015 年 10 年间增加了 3.09 倍。

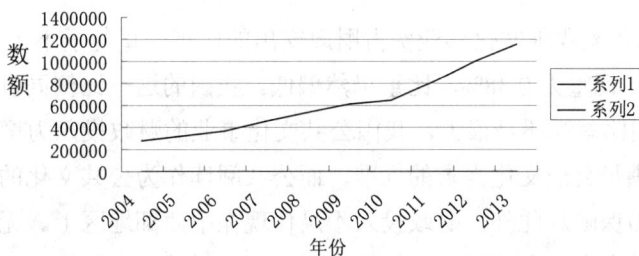

图 1 2004～2013 年我国公共图书馆财政拨款数（万元）

通过政府之外的力量确保公共文化服务水平不断提升。以公共图书馆为例，北京市朝阳区采取共建的形式，利用社会力量参与公共图书馆建设，扩大公共图书馆的社会影响力，传播知识，服务社会；天津市南开区依靠协会的力量，将政府职能由"办"文化转化为"管""办"结合的新模式；上海市则是启用国内知名社会学家和社会管理专业人士参与公共图书馆建设。这样一来，以这些部分先行城市为引导逐步开创我国公共阅读服务体系建设的新模式。

3.4 相关政策法规日益推进

国家相关政府部门以及个别先行地区针对公共阅读服务制定规划，推进阅读立法工作的展开。2012 年 5 月国务院常务会议通过了《国家基本公共服务体系"十二五"规划》、2013 年 1 月发布了《全国公共图书馆事业发展"十二五"规划》，2013年 2 月广东印发了《广东省深入开展全民阅读活动的实施意见》。这些政策规划为全国及各地区的公共阅读服务提供了政策指导和依据。立法上，为进一步推进全民阅读，国家已经将全民阅读立法列入国家立法工作计划，以此保障公共阅读服务体系

---

① 中央财政下拨 23.6 亿元补助地方文体与传媒发展。
② 中央财政下拨经费补助地方文体与传媒事业发展，支持农村文化建设。

建设的顺利进行。

4 我国公共阅读服务存在的问题

党中央积极倡导和部署加快推进全民阅读为政府构建公共阅读服务体系带来了十分重要的历史机遇，但同时也对政府公共行政提出了新的挑战。需看到的是政府作为公共阅读发展的主导力量，在其体系建设过程中仍有亟待完善和改进之处。

4.1 公共阅读服务财政投入仍显不足

据统计，近年来我国文化事业费占财政支出的比重一直处于不足 0.4% 的较低水平，2013 年这一比重为 0.38%，比重仍然偏低。我国的这一比例同世界一些发达国家 1% 的比例相比差距还是很大，我国公共文化事业的财政投入力度仍然较弱，还没能达到完全满足公众文化需求的标准，而公共阅读作为公共文化的一部分则也未得到充足的财力保障。此外，财政投入不足体现在中西部地区上。无论是中央对地方还是地方政府自身，中西部地区特别是西部地区财政拨款数较低。依旧以公共图书馆为例，参照图 2 的柱形图，明显看出北京、上海、江苏、浙江、广东等东部城市的财政拨款数较贵州、青海、西藏等有着很大优势。中央对于中西部地区投入力度有待加强。

由于财政投入的不足导致公共阅读资源的相对匮乏。据统计，我国平均公共图书馆拥有量为约 44 万人/座，人均藏书量 0.58 册。联合国早在 20 世纪 70 年代公布的公共图书馆拥有量标准为 3 万人/座。发达国家平均公共图书馆拥有量为：瑞士 3000 人/座、挪威 4000 人/座、奥地利 4000 人/座、德国 6600 人/座、英国 1.14 万人/座、法国 2.2 万人/座。[1]从图 3 可以清楚地看出我国平均公共图书馆拥有量距离世界标准还差很多，联合国颁布的标准为每 3 万人 1 座，而我国为 44 万人 1 座，是世界标准的 10 倍之多，同发达国家相比更是相差甚远。从柱形图也能清晰地看出我国平均公共图书馆拥有量远超世界标准以及其他发达国家。我国人口众多，这样一来公共阅读资源就显得更为匮乏。同其他发达国家比起来更应当大力发展公共阅读服务，充实资源，满足人们的精神文化需求。

---

① 朱永新. 关于设立"国家阅读节"，制定《国家阅读大纲》的建议.

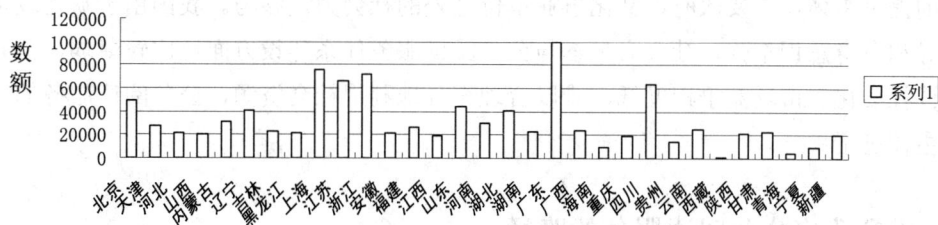

图2　2013年我国各地区公共图书馆财政拨款数（万元）

数据来源：中国文化文物统计年鉴（2014）。

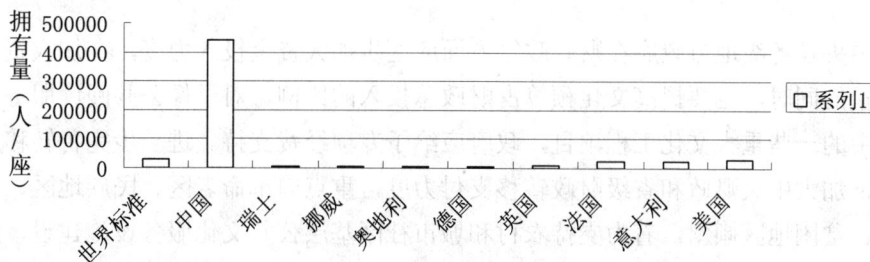

图3　我国及主要发达国家平均公共图书馆拥有量对比

4.2　政策法规滞后

世界上一些国家十分重视国民阅读体系的建设与发展，将国民阅读提升到立法的高度。如美国的《卓越阅读法》、日本的《儿童读书活动推进法》，另外还有关于阅读的计划、报告和大纲，比如英国、日本设立了"国家阅读年"、美国实施"阅读挑战计划"，这些都在一定程度上表现出国家对全民阅读的高度重视。对于我国来讲，在公共阅读政策法规方面也在逐步迈进，但同国外一些国家比较起来，仍然有一定差距。我国还未能形成一套完整的阅读大纲，阅读法也尚处在推进阶段。因此政府部门要极为重视，借鉴经验，为我国阅读文化创造制度法律保障。

4.3　工作机制尚不完善

一方面是统一协调机制问题。无论是国家还是地方，全民公共阅读工作都是由新闻出版行政部门承担，没有专门负责的常设机构，阅读资源难以形成有效的统一和协调，无法从全国整体的层面统筹安排，政府主导作用没有充分发挥，造成有些地方设施重复建设，而有些地区则投入不足，使得公共阅读资源难以发挥应有作用，同时也不利于全国公共阅读服务网络体系的构建。另一方面是社会力量参与机制问题。除了公益性特征之外，公共阅读服务兼具社会性特征，这就意味着政府不是唯一的提供主体,需要政府、文化事业单位之外的社会力量参与。我国由于缺乏政策引导和自身意识不强,社会力量参与公共阅读服务体系建设方面还比较薄弱,公共阅读社会化、市场竞争程度低,难以合理充分地利用社会资源,公共阅读服务的提供主体过于单一。

5 提升政府公共阅读服务的路径

5.1 加大财政投入力度

中央及各级地方政府在财政政策方面应逐步加大资金投入力度,在加大资金投入总量的同时,也要提高文化预算占财政总投入的比例,对于像公共阅读服务体系建设中的一些重大文化工程项目,政府应给予专项经费支持。进一步完善转移支付体制,加大中央财政和省级财政转移支付力度,重点向革命老区、民族地区、边疆地区、贫困地区倾斜,着力支持农村和城市社区基层公共文化服务设施建设,保障基层城乡居民公平享有基本公共文化服务[①]。此外,考虑到政府能力的有限性,政府自身还应当创新公共阅读投入方式,采用政府采购、定向资助等方式,鼓励社会组织加入其中。

5.2 建立健全公共阅读政策法规

为使我国公共阅读服务体系建设拥有有力的政策支持和法律保障,政府部门须加快出台公共文化服务保障法等相关法律法规,加强公共文化立法与文化体制改革重大政策的衔接,加快制定地方性公共文化服务法律规范,提高公共文化服务领域法治化水平。针对公共阅读来讲,政府应结合实际并借鉴他国先进经验,出台《全民阅读法》《图书馆法》等,以此倡导全民阅读,确立图书馆的法律地位。同时还要探索制定公共阅读服务体系建设的长期规划,为其发展提供一个科学、充实、健全的法律环境。

5.3 进一步优化公共阅读服务工作机制

(1)科学布局,建立健全统一协调机制

政府在资源配置上发挥着主导、规范和弥补的重要作用,各级政府在这些方面应当切实履行好相应职责。科学规划、合理整合公共阅读资源,避免资源的浪费和

---

① 中共中央办公厅、国务院办公厅印发《关于加快构建现代公共文化服务体系的意见》。

公共文化服务体系建设的盲目性。积极探索建立公共阅读服务的统筹协调机制，对公共图书馆、农家书屋、社区书屋、职工书屋等公共阅读的重要场所以及文化信息资源共享工程、广播电视"村村通"、互联网"校校通"等重大工程，还有各级公共图书馆管理人员、工会组织、社区教育工作者、农家书屋管理员等实现整合，使其各自发挥作用和优势，提升综合效益，为公共阅读服务体系建设提供充足的保障。

（2）建立以政府为主导的多元参与机制

在公共阅读体系建设中政府是主导，通过自身的角色特征来统筹、规划和分配阅读资源。政府起主导作用，但它并不是唯一的主体，政府应进一步简政放权，减少行政审批项目，吸引社会资本投入公共文化领域。联合图书馆、公益组织、民间团体、出版物发行企业、传媒企业、学校等社会各界力量，充分利用它们各自的特点与优势，有侧重地组织阅读项目和建设工作，实现更高的效益。鼓励和支持社会力量通过投资或捐助设施设备、兴办实体、资助项目、赞助活动、提供产品和服务等方式参与公共文化服务体系建设。

（3）完善公共阅读服务评价机制

公共阅读作为公共文化的一部分应当建立和完善服务评价机制，以政府效能为指标，制定公共阅读服务考核指标，作为考核评价领导班子和领导干部政绩的重要内容，纳入科学发展考核体系。加强对重大公共阅读项目的资金使用、实施效果、服务效能等方面的监督和评估。完善服务质量监测体系，研究制定公众满意度指标，建立群众评价和反馈机制。通过这些举措可以对政府形成激励和监督，使其更为积极地投身于公共文化事业的建设和发展中去。有了公众的反馈，政府可以从中知晓社会公众的实际诉求，改进不足，最大限度地满足人们的精神文化需求。

参考文献

（1）吴秀花. 公共图书馆建设中的政府责任. 内蒙古科技与经济，2014（9）（总第 307 期）：142～143.

（2）胡莹，侯国柱. 社会力量参与公共图书馆建设现状分析. 图书馆学刊，2014（5）：6～8.

（3）张秀兰，庄媛. 我国公共文化服务体系建设中的政府行为研究. 新世纪图书馆，2014（7）：5～8.

（4）陈娴颖，许立勇. 发展公共文化服务力 提升中国文化软实力. 艺术百家，2013（6）（总第 135 期）：31～38.

（5）莫启仪. 国外城市公共阅读服务实践及启示. 图书情报工作，2013，57（7）：

60～64.

（6）王可. 浅析全民阅读活动与图书馆的推动作用. 学术研究，2013（8）：144～146.

作者简介

杨书文，女，副教授，天津财经大学财政与公共管理系主任。邮箱：yangshuwen77@126.com

中国自然灾害应急管理的政策工具及其优化*

闫章荟

内容摘要：运用政策工具研究途径，分析中国自然灾害应急管理。研究的对象是中国自然灾害应急管理过程中所应用的政策工具，研究限定于自然灾害应急管理，且时间范围限定于改革开放之后。基于政策工具理论，总结分析改革开放之后，中国自然灾害应急管理的公共政策工具种类，探究各类公共政策工具具体的用途，为自然灾害应急管理政策工具规划提出对策建议。

关键词：自然灾害；应急管理；政策工具

政策工具是公共政策目标与政策结果之间的桥梁。目前，我国可供选择的自然灾害应急管理政策工具可以划分为三种类型：强制型公共政策工具、柔性公共政策工具与自愿型公共政策工具。中国自然灾害应急管理过程由政府完全主导型开始逐渐向政府、社会与市场共同参与型转变，这一转变过程并不是一种精心设计的结果，而是带有诱导性的制度变迁，即自然灾害应急管理的制度安排往往以应对某一特定自然灾害的方式而生。在自然灾害应急管理过程中，政策工具选择非常关键，关系到自然灾害应急管理的效率，民众对自然灾害应急管理效果的评价以及自然灾害应急管理效益。政策工具规划合理，运用得当可以在较大程度上提高自然灾害应急管理效率与效益。

1 我国自然灾害应急管理政策工具类型

严格意义上说，中国自然灾害应急管理公共政策工具应用始于 20 世纪 80 年代，1988 年《中华人民共和国水法》的颁布实施，是自然灾害应急管理政策工具应用的起点。进入 21 世纪之后，"非典"事件推动了中国应急管理公共政策工具的完善，自然灾害应急管理公共政策在质量和数量上都有了质的飞跃，2007 年《中华人民共

* 天津市哲学社会科学规划课题"社会网络视角下京津冀跨域突发事件应急联动机制研究"（TJGLWT15-003）。

和国突发事件应对法》的出台标志着自然灾害应急管理政策工具体系的基本建成。

根据政府介入自然灾害应急管理的程度，中国自然灾害应急管理政策工具可以划分为强制型工具、混合型工具和自愿型工具三种类型。目前，中国自然灾害应急管理仍以强制型政府工具为主。

1.1　强制型政策工具

强制型政策工具主要是指借助政府的权威与权力，对目标群体进行控制和指导，包括直接供给、管制以及其他命令性与权威性工具。

（1）直接供给

直接供给是指政府相关部门在自然灾害预警及应对过程中提供的各类公共物品、公共服务、公共财政支出。例如，防汛抗旱、危房改造、饮水安全、公路灾害防治等重大工程，各地的应急避难场所、抗震防洪基础设施、政府为防灾减灾拨付的专项资金、对各类自然灾害隐患点的治理、中小学危房改造、农村困难户的危房改造等。

（2）管制

中国自然灾害应急管理强制型政策工具包含六个类型：国家综合防灾减灾规划、法律、行政法规、应急预案、行政系统内部相关文件和标准体系。

目前，我国共有六部灾害应急管理相关法律，包括《中华人民共和国环境保护法》《中华人民共和国突发事件应对法》《中华人民共和国防震减灾法》《中华人民共和国森林法》《中华人民共和国防沙减沙法》和《中华人民共和国水法》。《中华人民共和国突发事件应对法》（以下简称《突发事件应对法》）是中国应对自然灾害事件的一般性基本法。中国在防洪、治沙、地震和森林灾害方面的专门性法律颁布实施时间普遍较早，内容多为框架性和原则性规定。由国务院制定实施的行政法规共有15部，这些行政法规在细节上进一步充实了应急管理的强制型政策工具。例如，其中规定了军队参加抢险救灾过程中，地方政府的责任范围和联动方式，汶川地震灾后恢复重建等内容。地方性法规中主要包括两部分内容，一部分是对法律与行政法规的实施性规定；另一部分是地方特有的防灾减灾强制型规制措施，例如，山东省制定了《地震应急避难场所管理办法》，北京市出台了《大气污染防治条例》，湖北省出台了《抗旱条例》。减灾规划则对未来一段时间内从预警、应对和救助的全过程进行应急管理指导。《国家综合防灾减灾十二五规划》已经出台实施，个别地方政府也根据《国家综合防灾减灾"十二五"规划》，编制了地方性防灾减灾规划，如四川省与青岛市都已编制完成综合防灾减灾"十二五"规划。地方政府规章与部门规章数量不多（其中地方政府规章3部，部门规章10部），河北省印发了《防灾减灾绩效管理办法》，民政部出台了《受灾人员冬春生活补助工作规程》。2006 年初，数十部应急管理预案先后出台，中国应急管理预案体系基本完善，自然灾害应急管理已经能够做到有法可依。此外，中国还有大量灾害应急管理相关标准，如有关建筑物防震标准就多达 25 项。对于以上规制仍然没有涉及的内容，中国行政体系内部一般会以通知、意见、办法等形式下发文件临时用于指导灾害应急管理工作。

就具体内容而言，管制性政策一般涉及以下六个方面：①灾害应急管理的基本原则，以人为本，最大程度地保护人民的生命和财产安全，公共部门内部协同配合，充分发挥民间组织和群众的力量已经成为了自然灾害应急管理的基本原则；②灾害应急准备，包括资金、物资、装备、培训和演练等内容；③灾害预警和信息管理；④应急处置，包括应急主管机构、协调机构、应急救援和求助等方面；⑤灾后重建；⑥法律责任。

（3）命令性与权威性工具

命令性与权威性工具包括政府专门针对自然灾害应急管理工作而设置的机构、政府间联动和能力建构等内容。

在中央层级，为灾害应急管理设置的机构主要包括：国家减灾委员会、国务院办公厅应急管理办公室、民政部门应急领导小组办公室、国务院针对特定灾害设置的临时性综合协调部门。国家减灾委员会是中国灾害管理的综合协调机构，主要负责研究制定国家减灾工作的方针、政策和规则，协调开展重大减灾活动，推进国家灾害应急救助和减灾体系建设，指导地方开展减灾工作，推进减灾国际交流与合作，组织、协调全国抗灾救灾工作。国务院应急管理办公室在中国灾害应急管理过程中充当着信息通道的作用。国务院各相关部门之间的信息联络保障工作由民政部应急领导小组办公室负责。国务院还设有几大类灾害管理专项协调部门，主要包括：国家防汛抗旱总指挥部，具体工作由水利部承担；国务院抗震救灾指挥部，具体工作由中国地震局承担。各级地方政府一般在政府办公厅设有应急管理办公室，在灾害发生之后，由主要责任部门牵头成立临时性应急协调机构。

当前，灾害应急管理过程中的政府联动方式主要包括召开工作联席会、高层政府向下级政府派驻工作组等方式。如 2014 年 10 月 30 日，重庆市涪陵区召开 2014 年度防震减灾工作联席会，区防震减灾工作领导小组副组长、副区长徐瑛出席会议，区防震减灾工作领导小组成员单位负责人参加了会议。

防灾减灾能力建设一直是中国灾害应急管理工作的重点内容，《国家综合减灾"十二五"规划》提出要提高城乡建筑和公共设施的设防标准，加强城乡交通、通信、广播电视、电力、供气、供排水管网、学校、医院等基础设施的抗灾能力建设。大力推进大中城市、城市群、人口密集区、经济集中区和经济发展带防灾减灾能力建设，有效利用学校、公园、体育场等现有场所，建设或改造城乡应急避难场所，建立城市综合防灾减灾新模式。

1.2　混合型政策工具

混合型政策工具是指政府通过劝导、信息提供、费用缴纳等方式引导政策目标群体的行动，但是最终的行动选择仍然由政策目标群体自行做出。在自然灾害应急管理过程中，混合型政策工具以宣传教育为主，如国家将 5 月 12 日设立为"防灾减灾日"，《国家综合减灾"十二五"规划》规定在每个省份至少新建或改扩建一个防灾减灾文化宣传教育基地，重点扶持中西部灾害多发地区，配置防灾减灾相关专业器材及多媒体设备，为公众免费提供体验式、参与式的防灾减灾知识和文化服务。要开发国家防灾减灾宣传教育网络平台，建立资源数据库和专家库，建设国家防灾减灾数字图书馆，实现资源共享、在线交流、远程教育等功能。开发防灾减灾系列科普读物、挂图和音像制品，编制适合不同群体的防灾减灾教育培训教材，组织形式多样的防灾减灾知识宣传活动和专业性教育培训，开展各类自然灾害的应急演练，加强各级领导干部防灾减灾教育培训，增强公众防灾减灾意识，提高自救互救技能。

地方政府在防灾减灾宣传方面也有各自的创新性做法，如天津市推动气象灾害预警服务进社区，建立社区气象服务站，为辖区居民提供突发气象灾害城区分区预警信息和精细到每 3 小时更新的气象预报信息。

1.3　自愿型政策工具

自愿型政策工具的核心特征是政府几乎不对政策目标行动进行干预，以自愿为基础，具体包括家庭、社区、社会组织及市场等工具。

社区作为防灾减灾的一个基础单元，在灾害预警及应对过程中发挥着重要作用。2007 年，国务院办公厅颁布《国家综合减灾"十一五"规划》，明确要求在全国开展综合减灾示范社区创建活动。2007 年 9 月，民政部制定并印发了"全国综合减灾示范社区"创建标准，并于 2013 年对该标准进行了修订。目前，我国已经建成数千个国家级防灾减灾示范社区。如 2014 年 12 月 2 日，北京市朝阳区丽都社区地震安全社区建设项目通过了北京市朝阳区地震局验收，北京市朝阳区丽都社区成为地震安全示范社区。

2　中国自然灾害应急管理政策工具选择

2.1　影响自然灾害应急管理政策工具选择的因素

（1）自然灾害发生与应对的复杂性

灾害应对任务的复杂性研究始于社会科学领域对灾害过程中人的因素的关注。1945 年，美国地理学家吉尔伯特·怀特开始从人类行为的角度研究自然灾害，引领了自然灾害研究的转向。[1] 之后的相关研究从人与自然相互作用的视角，强调人的因素所导致的灾害复杂性以及人的因素在减少灾害复杂性，提高灾害应对的适应性方面的重要性。

总体而言，学界认为灾害应对任务的复杂性来源于以下几个方面：

第一，人的复杂性。自然灾害应对的核心要素是人和技术，[2] 因此，人的错误是导致灾害的重要原因，同时可以通过调整人的行为而减少灾害的影响和损害。例如，特拉格（Trager）认为人的错误将使得核能风险增大 50%～70%，[3] 摩尔（Moore）认为 60%以上的海事灾害是由于人和组织在操作过程中的错误所导致的。[4] 而作为灾害应对任务的执行者，人的情感、知觉、人与人之间的沟通障碍、不完备的信息、存在瑕疵的决策过程都可能增加灾害应对任务的复杂性。[5]

第二，技术的复杂性。随着科技的发展，灾害应对过程中对技术的依赖日益明显。技术进步在提高灾害应对效率的同时，也将增加灾害应对的复杂性。首先，灾害应对过程中的沟通依赖于移动技术的发展，一旦移动技术和设备出现问题，则无法实现灾害应对人员之间的互动和协作。[6] 其次，技术系统本身也是一个复杂的巨系统，由大量的复杂构建所形成，因此，技术系统自身的复杂性也增加了灾害应对

---

① 童星，张海波. 基于中国问题的灾害管理分析框架[J]. 中国社会科学，2010(01): 132～146.

② Erman Coskun and Dilek Ozceylan. Complexity in Emergency Management and Disaster Response Information Systems (EMDRIS). Proceedings of the 8th International ISCRAM Conference – Lisbon, Portugal, May 2011.

③ Trager, Jr., T.A. Case Study Report on Loss of Safety System Function Events. AEOD/C504, U.S. Nuclear Regulatory Commission, Washington, DC. 1985.

④ Moore, W.H. The Grounding of Exxon Valdez: An Examination of the Human and Organizational Factors. Marine Technology, Vol. 31, Jan. 1994, pp.41-51.

⑤ Helmreich, R.L, Merritt, A.C. Culture at Work: National, Organisational and Professional Influences. Aldershot: Ashgate, 1998.

⑥ Chen, R., Coles, J. Lee, J., Rao, H.R. Emergency Communication and System Design: The Case of Indian Ocean Tsunami. Proceedings of the IEEE/ACM International Conference on Information and Communication Technologies and Development, 17-19 April, 2009, Doha.

任务的复杂性。[①]

第三，灾害事件的复杂性。灾害的复杂性历来是灾害学研究的重点内容之一，而社会科学界普遍把灾害事件的复杂性作为灾害任务复杂性的重要来源之一。

第四，互动过程的复杂性。灾害尤其是重大自然灾害的应对需要众多人员和组织协作完成，在协作中酝酿了互动的复杂性。首先，参与灾害应对的组织具有多元性，它们来自不同的管理体制之中，具有不同的组织文化和发展战略，其参与灾害应对的目标在总体一致的前提下，还有着许多差异巨大，甚至是完全相左的细分目标，其互动过程和结果必然蕴含无限的复杂性与多样性。[②] 其次，灾害应对始于不完备信息，[③] 而大量组织、系统和人员的加入与互动则可能进一步造成信息的误读，进而产生大量的非确切信息，[④] 这进一步增加了灾害应对任务的复杂性。

第五，文化的复杂性。重大自然灾害的发生往往并不遵循人为设定的行政界限，因此，灾害应对过程中的扩区域文化冲突在所难免。另外，人口的流动性造就了单一区域内的多元文化，这使得灾害应对过程中需考虑不同受灾群众的文化特征，尊重其文化习惯。[⑤]

（2）灾害应急管理目标的变迁

任何自然灾害应急管理的目标都是战胜灾害，具体而言，又有不同侧重点。中国自然灾害应急管理目标与中国社会发展进程和政府施政理念密切相关。

1998 年洪水灾害发生之时，中国正处于经济建设的关键时期，"发展是社会的第一要务"，自然灾害应急管理的主要目标是"确保长江大堤和松花江大堤的安全，确保重要城市的安全，确保人民的生命和财产安全"。[⑥] 这一目标的确立在一定程度上损害了一些地区和民众的现实利益，抵制这一目标的组织负责人受到了处罚。[⑦]

伴随着中国经济发展模式的转型和政府执政理念的转变，中国灾害应对网络的核心目标开始转变，确保普通人的生命和财产安全逐步成为灾害应对网络内各组织

① Erman Coskun and Dilek Ozceylan. Complexity in Emergency Management and Disaster Response Information Systems (EMDRIS). Proceedings of the 8th International ISCRAM Conference – Lisbon, Portugal, May 2011.

② Grabowski, M. Wet and Dry Tsunami Warning Systems: Lessons From High Reliability Organizations. Journal of Homeland Security and Emergency Management, 2010, Vol. 7: Iss.1, Article 46.

③ Manoj, B. S., and Baker, A. H. Communication Challenges in Emergency Response. Communications of the ACM, 2007. 50(3), 51-53.

④ Comfort, L.K., and Naim Kapucu. Inter-organizational Coordination in Extreme Events: The World Trade Center Attacks. September 11, 2001, Natural Hazards, 2006. 39(2), pp. 309-327.

⑤ Erman Coskun and Dilek Ozceylan. Complexity in Emergency Management and Disaster Response Information Systems (EMDRIS). Proceedings of the 8th International ISCRAM Conference – Lisbon, Portugal, May 2011.

⑥ 让伟大抗洪精神发扬光大. 经济日报，1998-9-29，第 1 版.

⑦ 中纪委监察部通报要求严肃查处防汛抗洪斗争中的违法违纪行为. 经济日报，1998-8-26，第 3 版.

间的共识。"坚持以人为本……千方百计保交通畅通、保正常供电、保市场供应、保
基本生活、保安全稳定"[①] 是 2008 年南方低温雨雪冰冻灾害应对网络的核心目标。
"一切想着人民，一切为了人民，一切为人民的利益而工作，确保灾区人民生命安全"[②]
是汶川地震应对的核心目标。玉树地震灾害应对网络的目标基本与汶川地震期间相
同，但更加重视对"人"的尊重，例如，玉树地震期间，玉树民宗局特地组织僧侣
为亡灵诵经超度，充分尊重了当地的风俗习惯。

综上，中国自然灾害应急管理目标经历了由重视"经济价值"到重视"生命价
值"，再到体现人文关怀，以人为本的转变过程。

（3）政策环境

就经济环境而言，中国自改革开放以来，市场经济体系逐步建立，国内生产总
值增速稳定，国家财政收入与居民家庭收入都有显著增长。一方面，伴随着政府职
能转变，政府在做好市场调节和经济监管工作的同时，更加重视社会管理职能与公
共服务职能，国家财政支出中用于社会管理与公共服务的支出比重已成必然。另一
方面，居民家庭收入大幅提高之后，中国近年来在数次自然灾害应急管理过程中，
社会捐助资金的数额越来越大，在 1998 年洪水灾害期间的社会捐助额为 1 亿元，中
央财政下拨 22 亿元用于抗洪救灾；在 2008 年南方低温雨雪冰冻灾害期间的社会捐
助额度达 22 亿多元；汶川地震灾害应急管理过程中先后到位的各类社会捐赠款物已
达 750 多亿元；玉树地震灾害期间各类救灾捐赠款物总价值达 85.09 亿元。

就政治与行政环境而言，我国政局基本稳定，政府的民主化进程逐步加快，公
共事务中民众的参与水平不断提高。从行政机构设置情况来看，民政部与国务院临
时性应急管理协调机构共同构成了特大自然灾害应急管理指挥协调中心，地方各级
政府普遍设置应急管理办公室及临时性应急管理协调机构构成自然灾害应急管理次
级协调中心。应急管理过程中虽然仍存在一系列的协同问题，但基本上已能保障自
然灾害应急管理的高效率应对。

就文化环境而言，公民市民社会精神逐步形成，社会参与意识不断提高，公益
心与同理心在社会中普遍形成。

就社会环境而言，社会组织经历了 20 多年的发展，在数量和社会影响力等方面
逐年提高，已经初步具备承接部分灾害应急管理工作的能力。

---

① 认真贯彻落实党中央国务院决策有力有序有效应对雨雪冰冻灾害. 人民日报，2008-2-2，第 2 版.
② 温家宝总理在地震灾区的 88 小时. 法制日报，2008-5-18，第 3 版.

2.2　自然灾害应急管理政策工具选择

由影响因素分析可知，自然灾害应急管理的复杂性与不确定性一方面要求政府强势权威的存在，另一方面又要求吸纳多元主体，建立灾害应急管理多元互动组织网络，协同应对自然灾害。

目前，强制型政策工具仍然是灾害应急管理的最主要工具选择。政府加强对防灾减灾工作的直接投入，强化灾害应急管理相关法律与预案的权威性，在灾害应对过程中保障核心机构的绝对权威与权力有利于维持灾害应急管理的有序与高效。混合型工具与自愿型工具的采用，有助于鼓励社会组织及社区、居民有序的参与，培育多元应急管理格局，降低灾害应急管理的不确定性。

3　自然灾害应急管理政策工具规划建议

《中华人民共和国突发事件应对法》总则中规定，国家建立统一领导、综合协调、分类管理、分级负责、属地管理为主的应急管理体制；国家建立有效的社会动员机制，增强全民的公共安全和防范风险的意识，提高全社会的避险救助能力。这意味着中国自然灾害应急管理政策工具选择的总体原则：一方面，以政府供给为主，通过政府直接提供、管制性公共政策实施以及相关机构设置等政策工具，继续完善防灾减灾工作，实现减少自然灾害连锁反应，最大限度减轻自然灾害危害的目标；另一方面，针对自然灾害发生及演化过程的复杂性，在面临预防、应急和灾后救助等过程中的突发需求时，引入混合型工具和自愿型工具弥补强制型工具的不足。就政策工具选择影响因素而言，当前，国民经济的健康发展，为强制型政策工具的选用提供了财力保障。随着大部门体制改革，服务型政府建设以及整个行政体系职能转型，强制型政策工具作为灾害应急管理的最主要政策工具将得到进一步完善与充实。民主政治的进一步发展，居民生活水平的提高，市场经济体系的建立，市民社会的完善又为混合型政策工具与自愿型政策工具的采用提供了重要的基础与资源。

基于以上分析，现阶段自然灾害应急管理政策工具规划应注意以下几点。

3.1　进一步充实与细化强制型政策工具

（1）强制型政策工具运用中存在的主要问题

目前，中国强制型政策工具主要存在以下问题：就体系而言，中国自然灾害应急管理法律体系尚不健全，一些灾种的应急法律尚不具备。就内容而言，各种规定也较为粗放，多为原则性和框架性的规定，缺乏可实施性的规定。应急预案体系"上行下效"的特点突出。国家总体应急预案出台后，各地方政府相应出台了各自的应急预案。现在中国已经有22个省（市）出台了突发公共事件应急预案。但是这些预案几乎完全仿照中央政府的应急预案体系设计，在机构设置、协调方式、责任认定等方面基本采取了相同的设置方式。地方政府是灾害应急管理的具体实施主体，每个地方应该根据自己当地的实际来制定应急预案，而不是仿照中央政府的应急预案来编制。现行的预案编制方式将使地方政府的应急预案无法与现实良好地对接，最后只能沦为虚设。就政策法律之间协同性而言，不同层级、不同地区应急预案的协调启动机制缺失。如省级应急预案与国家总体应急预案的适用问题尚未明确规定，若同时启动，两者如何衔接协调也没有具体的规定，这都为以后的灾害应急管理工作留下了隐患，如省际间和部际间的预案实施冲突现在只能由国务院总理出面裁决才能解决。就执行效果而言，中国的灾害应急管理过程并未完全遵循法律或预案的设定。最突出的表现是，法律一般规定灾区所在地的地方政府为灾害应急管理的主体，但是在中国历次灾害应急管理实践中，中央政府都在一定程度上承接了灾区地方政府的职责，成为灾害应急管理的主体。虽然中央政府的强势介入使得中国能够快速战胜灾害，较好地应对自然灾害带来的各种后果。但是就长远而言，却不利于中国政府整体质量的提升，也不符合中国政府的改革宗旨与目标。

（2）强制型政策工具应用建议

第一，进一步丰富灾害应急管理的法律体系，细化法律条款。全国人大及常委会立法、国务院行政法规从原则上规定应急的主管机构与责任机制，明确中央政府与地方政府的职责权限和活动范围，规定横向部门的协调方式与协调制度，通过立法将应急管理主体间协同合作制度化。应出台"突发事件应对法"的具体执行细则，可以条例的形式出台，具体规定各级政府、民间组织、私人部门和每个公民的角色和责任；限定各级政府、民间组织和私人部门参与灾害应急管理的人员范围。应急预案应该细化规定具体的灾害应急管理细节，包括灾前预防、灾中应对和灾后重建等，描述各类参与主体在灾害应急管理中的最佳行动方案，并给出备选方案。

第二，加强强制型政策工具的执行力度，尤其是在预防自然灾害发生及降低自然灾害损害的相关环节上。例如，在建筑物的防震标准上，中国已经建立起了比较完备的标准体系，在设计规范、加固技术规范、鉴定标准等多个方面都有相关标准。另外，中国对一些无人居住类建筑亦有设计、建筑和加固标准。但是，2008年初汶川地震发生之前，中国的各类建筑物的抗震等级设置并不高，而且对现有建筑标准的执行也不够严格，中国也没有把农村居民的自建住宅建设纳入国家标准管辖范围，这是汶川地震人员伤亡数量重大的一个重要原因。

第三，加大防灾减灾的直接供给，完善基础设施建设，将防灾减灾基础设施建设纳入城市和乡村建设发展规划，统筹发展防灾减灾基础设施。

3.2　发挥混合型政策工具与强制型政策工具的互补作用

应急状态下执法所面对的相对人是一个非常特殊的群体，相对而言他们普遍情绪激动，因此，各类矛盾更易激化，并可能进一步导致群体性事件发生。鉴于此，自然灾害状态下，执法方式应更具灵活性，在特定情势下，对灾民采取非强制性执法方法，如指导、劝告、建议等，谋求相对人同意或协助。如湖南在 2008 年雪灾中通过给予每位司机奖励 200 元的鼓励措施，引导他们离开京珠高速，绕行国道，分流车辆，取得很好的效果。

3.3　培育灾害文化，为自愿型政策工具运用创造条件

所谓灾难文化，即灾害观，即在长期与自然灾害斗争的过程中，一个地区、国家或民族所积累形成的知识、观念（包括道德观、价值观等）和习俗等。灾害应急管理法律和预案体系的完善本身就是一种灾害文化建设，国家通过灾害应急法律和预案体系的建设完善，从上到下确立了灾害应急管理的重要地位，提高了整个社会的风险意识。[①]灾害文化是一种协作文化，灾害应急管理不仅是政府的责任和工作，还是每个公民、每个组织、每个社区的共同责任。政府、民间组织和个人在灾害应急管理中有着各自发挥作用的领域。中国的灾害应急管理法律中尚不存在民间组织和个人参与灾害应急管理的具体规定与制度安排，这样的局面导致中国的私人部门和民间组织有着参与灾害应急管理的热情，却因为不知道如何与政府组织进行协作而被拒之门外。例如在玉树地震灾害中，大量民间组织和私人组织的救援力量被阻隔在了灾区之外。在灾害应急管理法律和预案体系中，对民间组织、私人组织参与灾害应急管理的方式、范围以及与政府组织的关系做出明确规定，应是未来中国灾害应急管理法律和预案体系建设的一个重要方面。

参考文献

（1）童星，张海波. 基于中国问题的灾害管理分析框架[J]. 中国社会科学，2010(01): 132～146.

（2）Erman Coskun and Dilek Ozceylan. Complexity in Emergency Management and

---

① 张海波. 当前应急管理体系改革的关键议题——兼中美两国应急管理经验比较[J]. 甘肃行政学院学报，2009(01): 55～59.

Disaster Response Information Systems (EMDRIS). Proceedings of the 8th International ISCRAM Conference – Lisbon, Portugal, May 2011.

（3）Trager, Jr., T.A. Case Study Report on Loss of Safety System Function Events, AEOD/C504, U.S. Nuclear Regulatory Commission, Washington, DC, 1985.

（4）Moore, W.H. The Grounding of Exxon Valdez: An Examination of the Human and Organizational Factors. Marine Technology, Vol. 31, Jan. 1994, pp.41-51.

（5）Helmreich, R.L, Merritt, A.C. Culture at Work: National, Organisational and Professional Influences. Aldershot: Ashgate, 1998.

（6）Chen, R., Coles, J. Lee, J., Rao, H.R. Emergency Communication and System Design: The Case of Indian Ocean Tsunami. Proceedings of the IEEE/ACM International Conference on Information and Communication Technologies and Development, 17-19 April, 2009, Doha.

（7）Erman Coskun and Dilek Ozceylan. Complexity in Emergency Management and Disaster Response Information Systems (EMDRIS). Proceedings of the 8th International ISCRAM Conference – Lisbon, Portugal, May 2011.

（8）Grabowski, M.. Wet and Dry Tsunami Warning Systems: Lessons From High Reliability Organizations. Journal of Homeland Security and Emergency Management, 2010, Vol. 7: Iss.1, Article 46.

（9）Manoj, B. S., and Baker, A. H. Communication Challenges in Emergency Response. Communications of the ACM, 2007, 50(3), 51-53.

（10）Comfort, L.K., and Naim Kapucu,. Inter-organizational Coordination in Extreme Events: The World Trade Center Attacks, September 11, 2001, Natural Hazards, 2006, 39(2), pp. 309-327.

（11）Erman Coskun and Dilek Ozceylan. Complexity in Emergency Management and Disaster Response Information Systems (EMDRIS). Proceedings of the 8th International ISCRAM Conference – Lisbon, Portugal, May 2011.

（12）让伟大抗洪精神发扬光大. 经济日报，1998-9-29，第1版.

（13）中纪委监察部通报要求严肃查处防汛抗洪斗争中的违法违纪行为. 经济日报，1998-8-26，第3版.

（14）认真贯彻落实党中央国务院决策有力有序有效应对雨雪冰冻灾害. 人民日报，2008-2-2，第2版.

（15）温家宝总理在地震灾区的88小时. 法制日报，2008-5-18，第3版.

（16）张海波. 当前应急管理体系改革的关键议题——兼中美两国应急管理经验

比较[J]. 甘肃行政学院学报，2009(01): 55～59.

作者简介

闫章荟，1979 年生人，女，管理学博士，天津财经大学财政与公共管理系，副教授。

社会组织能力赤字及其破解

刘志辉

摘　要：党的十八届三中全会提出"激发社会组织活力"的要求，为社会组织能力建设提出了新的要求。然而，现实中社会对社会组织能力需求与社会组织自身能力存量失衡，即社会组织能力呈现出赤字状况，具体主要表现为内部治理困境、资源汲取能力不足、社会组织公信力不高。社会组织能力赤字的形成既有社会组织自身建设的原因，同时政府对社会组织的管理也难辞其咎。藉此从社会组织和政府两个方面提出了破解社会组织能力赤字的对策，以期提高社会组织能力，激发其活力，更好地为社会提供服务。

关键词：社会组织；能力赤字

1　问题的提出

党的十八届三中全会通过的《中共中央关于全面深化改革若干重大问题的决定》在"激发社会组织活力"的章节中明确提出加强社会组织提供服务，进行能力建设的基本要求："正确处理政府和社会关系，加快实施政社分开，推进社会组织明确权责、依法自治、发挥作用。"《决定》体现了党对培育和发展社会组织能力的重视，对社会组织能力建设提出了更高的要求和期待。然而，社会组织的现实能力与国家期望还存在显著差距，甚至能力匮乏已是社会组织发展的主要障碍。能力不足成为社会组织承接服务的扼喉之痛和持续发展的短板。[①]在这样的背景之下，探索社会组织能力困境及破解的对策就成为当前的重要任务。

2　社会组织能力及赤字

社会组织功能和作用的发挥取决于其一定的社会组织能力。社会组织能力是其

[①] 赵晓明. 能力不足：社会组织承接服务的扼喉之痛. 中国社会报，2013-07-15.

在社会管理和公共服务过程中所实际拥有的能量和力量的总和，它是社会组织发挥作用和实现功能的手段。学界对社会组织能力进行了广泛的探讨，但尚未形成共识。一方面，偏重培育社会组织的管理能力，特别强调目标、手段的理性配置，以战略、筹资、项目、评估等管理课程为主；另一方面，侧重于赋予社会组织的制度规范，特别是以市民社会为主的自治、参与、倡导、行动及可持续发展等使命价值。[①]曾维和提出社会组织承接政府购买服务的能力生态体系内容，"主要包括责任承担、服务提供和信誉维系'三大能力维度'和独立运作、筹集资金、流程规范、设备完善、人力资源、专业技术、自我监督、品牌效应、危机公关等'九大子能力'"。[②]综上，我们可以看出社会组织能力的构成是多方面的。然而，能力构成的多样性并不意味着各种能力重要性的均等。因此，应该对社会组织多样性的能力进行区分，寻求那些"元能力"，即制约社会组织发展和影响社会组织能力体系的关键能力。社会组织责任承担能力应该以其自身管理为基础，离开完善的治理结构，社会组织的责任承担就是空中楼阁。服务提供能力当然需要完善的设备、专业的人才与技术，但是资源汲取能力是服务提供能力的基础，不仅决定着组织的生存，更制约着设备、专业的人才与技术，更为重要的是社会组织资源汲取能力直接影响着社会组织与政府的关系。信誉体系的实质与社会组织公信力是等同的。因此，本文社会组织能力倾向于社会组织自身管理、资源汲取能力和公信力。

沈亚平教授在研究政府能力的过程中，提出了政府能力赤字的概念，"社会对政府能力需求与政府自身能力存量的失衡，即能力需求大于能力存量，或者反过来说，政府能力小于社会对政府能力的需求"。[③]为了更好地探讨社会组织能力问题，借用政府能力赤字的提法，这里提出社会组织能力赤字概念。"赤字"本是经济学的范畴，转换到行政学语境，可以将社会组织能力赤字理解为社会对社会组织能力需求与社会组织自身能力存量的失衡，即社会组织能力小于社会对社会组织能力的需求。

3 我国社会组织能力赤字的现状

3.1 内部治理困境

只有社会组织治理结构的完善，内部各项管理制度的建立健全和民主机制的有效运行才能有助于组织使命和价值的实现，有助于社会组织自身能力的不断提高。

① 杨宝，胡晓芳. 社会组织能力建设的行为分析：资源导向或制度遵从. 云南社会科学，2014（3）：151～156.
② 曾维和，陈岩. 我国社会组织承接政府购买服务能力体系构建. 社会主义研究，2014（3）：113～118.
③ 沈亚平，李洪佳. 人民满意的服务型政府及其建设路径研究. 东岳论丛，2014（3）：127～131.

然而，由于我国社会组织发展的历史不长，发展的整体水平较低，因此其内部治理结构和各项管理制度仍处于有待完善的阶段。在治理结构方面，社会组织尽管在形式上登记注册为法人，但在实际运行中不少社会组织缺少相应的治理结构，具体表现为理事会不健全，或者由于组织规模小而没有理事会，或者即便有理事会，但成员仅限于发起人或出资人，缺乏其他社会人士的参与。此外，在政府行政介入的情形下社会组织内部治理结构成了"名义上的摆设"。有些社会组织虽然已建立起各种规章制度，但往往流于形式，没有真正实施。社会组织日益成为社会管理与社会建设的重要力量，但在社会组织数量不断增多的同时，出现了许多令人担忧的问题，如内部机构设置简单、理事会职责不明甚至是形同虚设、内部人控制等现象，内部治理问题逐渐浮出水面。很多社会组织的内部治理尚处于初始阶段，受到其内部管理和运行模式的限制，缺乏规范的制度和章程，或多或少存在内部监管徒具形式、民主决策制度不健全等问题，内部权力制衡机制没有建立或者虽然建立了但没有得到执行，工作的开展主要依据负责人的意愿、兴趣和理念，而不是基于社会组织管理者的民主参与而达成的共识。这些内部治理问题的存在使得社会组织内部管理出现随意性和不规范的现象。民主机制的缺失为腐败留下了隐患，一些社会组织领导人为了一己之利而背离组织宗旨，挪用、侵吞善款损害公众利益的行为也就不可避免。

3.2　资源汲取能力不足

资金对社会组织的生存和发展的重要性绝不亚于合法身份的获得。没有在民政部门登记注册或是在工商管理部门登记注册的社会组织并没有获得社会组织本源意义上的合法性，但这似乎并没有对社会组织的发展造成太大的阻碍。但是如果社会组织缺乏足够的资金，则难以维持运转，既无法吸引高素质的专业人才，也没有办法成立有效的组织机构，也就不能有效完成组织的社会使命。在这个意义上，资金成为社会组织生存发展的生命线，成为社会组织能否独立自主发展的基础，因此，也就成为影响社会组织与政府共生关系的重要因素。然而，由于社会组织非营利性的特点，资金短缺成为全球社会组织普遍面临的困境，当然这一问题在我国更为严重。在西方发达国家，经过几十年的发展社会组织有效地融入社会经济，在公共服务方面做出了很大的贡献，得到了政府、企业和民众的支持，也形成了相对成熟的资金筹集体系，有效地解决了社会组织筹资问题。尽管我国社会组织资金筹集的渠道也涉及政府、社会的各个层面，但是我国的社会组织还没有形成成熟和多元化的筹资体系，因此，也就未能解决面临的资金困境。社会组织资金不足的情况可以通过相关的数据来了解。由于民间捐赠和社会组织自创收入低下的原因，我国社会组

织主要资金来源于政府财政拨款和补贴。"截至 2011 年底，社会服务事业费支出
3229.1 亿元，全国共有社会服务业机构（其成员组织包括社会组织与自治组织）129.8
万个，平均至每一个社会组织国家拨款与补贴仅为 25 万元左右。国家财政补贴力度
远远不够。然而，较少的财政拨款却构成组织 50%左右的收入"。①当然由于这里包
含着自治组织，同时算出的也只是平均数，事实上，政府对社会组织的财政拨款和
补贴是结构性的，根据政府的政策重点而有所侧重，这就意味着不是国家重点扶持
的领域和项目肯定拿不到 25 万元的平均数，甚至不排除一分钱拿不到的可能。综上
所述，我们基本上可以得出政府对社会组织的支持总量上不足，支持的分布上不均
衡。这种情况的存在使得大部分社会组织在资金短缺严重，以致无法正常工作。再
加上社会组织社会保障制度不完善，管理不规范等问题，其人才流失严重。限于财
力，社会组织聘任的专业人员人员比较少，加之劳动保障待遇低，致使职业化、专
业化人才缺乏，现有的工作人员中缺乏培训，工作手段、方法以及设计公益项目的
思路和视野受到很大限制。由于收入没有吸引力，民办非企业单位人员素质整体不
高。根据民政部 2009 年的统计数据，大学本科及以上学历的民办非企业单位工作人
员比例是 12.8%。②资金短缺和人才匮乏终究会影响到社会组织能力的提升和正常的
运转。更为重要的是，当资金短缺的时候，组织相对于政府的独立性和与政府之间
相互依赖程度的问题根本无法进入社会组织的视线，能否与政府进行平等的对话已
然不那么重要，他们所考虑的更多的是如何与政府保持良好的关系，从而获得稳定
的财政支持。

3.3　社会组织公信力不高

社会组织公信力是社会公众对社会组织的认可及信任程度，是保证社会资源得
到最有效利用的社会约定，是社会组织的生命线。③社会组织能力建设的核心就是
要提升社会公信力。④公信力的高低关系着组织外部对社会组织服务能力和质量以
及其他方面的总体评价。公信力的提高可以赢得组织声誉，扩大社会组织的影响力，
提高其存在的社会合法性，有助于社会组织拓宽筹资渠道，更好地获取志愿者资源，
这为实现组织使命奠定了良好的基础。有学者将公信力高比作软权力。信誉度高的
非营利组织（NPO）拥有在国内外施加影响和权威的相当的软权力——吸引和动员

---

① 危英. 我国非营利组织资金筹集问题探讨. 商业会计，2013（11）：70～73.
② 2009 年民政事业发展统计报告（民办非企业单位部分）.
　http://www.chinanpo.gov.cn/web/showBulltetin.do? id=40007&2204catid
③ 张美娥. 试析延安时期劳动政策. 理论导刊，1999（4）：45～46.
④ 本刊评论员. 公信力：社会组织能力建设的生命线. 社团管理研究，2008（7）：1.

公众和社会资源，使局部环境下的舆论转化成为整体的社会舆论，直接向政府或企业施压使其改变政策或间接地改变公众对政府和企业行为的看法而制定新的规范，从而达成组织宗旨。①然而，由于社会组织外部和自身原因，社会组织公信力不足和缺失的情况还是比较普遍的。社会组织"志愿失灵"的情况时有发生，公益腐败、公益低效、公益异化等违规事件不时见诸报端。典型事件包括 2002 年"丽江妈妈联谊会"事件，2002 年"菏泽慈善妈妈"事件，2009 年中国红十字基金会"马书军"事件以及 2011 年中国红十字会的信任危机等，这些事件在社会上造成了极大的负面影响，事件的发生反映出当前社会组织的公信力状况堪忧。从另外一方面来看，相对于国外社会组织而言，我国社会组织的捐赠收入比例还比较低，这也在一定程度上反映出社会组织公众认可度不高、公信力缺乏的现实。

4　社会组织能力赤字的破解

社会组织能力赤字的成因是多方面的，既有社会组织自身建设的不完善，同时更离不开我国政府对社会组织的管理及由此形成的政社关系。因此，破解当前社会组织能力困境应从社会组织和政府两个方面着手。

4.1　社会组织方面

（1）完善内部治理结构

在国家和政府重视社会组织作用并改善其发展外部环境的情况下，社会组织应主动完善内部治理结构，健全组织内部管理体制和管理制度。社会组织能力的提升不仅取决于良好的外部环境，更为重要的在于内部治理结构的改进。内部治理结构的完善是社会组织公信力和能力建设的制度性保障。国外许多国家的社会组织为了提高服务效率和组织公信力的维护，重视内部治理结构的调整，突出理事会构成的监督作用。多数国家的社会组织实行理事会领导决策下的执行官负责制。理事会是最高的决策机构，代表公众利益对组织进行监督，最重要的是制定战略决策和监督经理人员。②而据清华大学非政府组织（NGO）研究所调查，我国有近一半的社会组织缺乏正式的决策机构。社会组织内部治理的问题主要是组织结构和管理，具体涉及组织章程、组织机构、干部来源和决策方式等。总体来说，大量的社会组织内部治理缺乏民主决策的机制和权力机构、执行机构和监督机构之间的相互制衡。因

---

① 党政军. 监督是提高非营利组织公信力的关键——来自美国的经验与启示. 学习月刊, 2008（5）: 8～10.
② 程昔武. 非营利组织治理机制研究. 中国人民大学出版社, 2008.

此，完善社会组织内部治理结构任重道远。当然，我国社会组织内部治理结构存在的问题不仅在于社会组织自身，也与政府对社会组织管理分不开。改革开放后，国家与社会关系重构，但在政府与社会组织的权力对比中，社会组织力量依然十分弱小。社会组织在发展过程中自主性缺乏体制和制度的保障，易言之，社会组织外部环境是不完善的，在这种情况下，社会组织完善内部治理结构的动力难以形成。所以从一定意义上来讲，社会组织外部环境的状态直接映射了其内部治理结构的状态，因此完善内部治理结构应该从内部与外部两方面共同着眼，而且在推动内部治理结构建设的前期更应该发挥政府等外部力量的拉动和促进作用。

（2）资金分散化

随着社会组织的不断发展和自主意识的增强，它们逐渐认识到过度依赖政府和自主性不足的状况于自身的长期发展并非是有利可图的，反而会影响组织目标的实现。社会组织发展的实践经验也表明只有拥有独立发展所需的物质基础和多元化的资金来源渠道，社会组织才能真正改变过于依赖政府和自身的弱自主性。也就是说，解决资金支持方面的问题是处理政府与社会组织关系的一个关键。因为资金是社会组织的生命线，资金匮乏是社会组织面临的普遍问题，是其健康发展的一大障碍。社会组织应当依托自身的社会公信力和致力于公益性质的优势，扩大社会组织的影响力和公信力，将发展的根基立足于社会，而不仅局限于政府。社会组织应立足于经费自筹，走多元化的筹资渠道，拓宽筹资渠道，一改以往主要从政府获取资金支持的单一渠道，增强和社会力量的沟通与合作，争取社会力量的支持，向企业、个人等筹措发展资金。特别是针对目前多数社会组织采取相对封闭的发展方式，活动范围局限于自己所在的领域，缺乏与业务范围之外的政府部门、社会组织和企业之间的联系沟通。这种封闭式的发展必然会压缩社会组织的信息通道和资源来源，制约其自身能力的提升，努力实现在政府资源支持和其他渠道资源支持的相对平衡。因为"经济地位的独立性是真正摆脱对行政体制依附的根本性前提"。①当然资金筹集的分散化不意味着社会组织与政府的疏离，相反由于政府具有丰富的资源，社会组织应学会如何与政府相处，开发和改善与政府的关系，积极主动争取政府的财政支持和与政府更多地进行合作。但是在争取政府财政支持和和合作的过程中要保持自己的独立性，绝不能仅仅为了生存而过度妥协以致失去自主性，应该不断提升自身能力建设，增强政府对社会组织的依赖。

（3）自律机制

自律是社会组织健康发展的重要保证，从全球社会组织发展的历史，特别是发

---

① 金文哲，涂良川. 新时期中国第三部门组织完善与发展趋势问题研究. 长春大学学报，2006（1）：88～91.

达国家社会组织发展的历程中，可以发现自律是社会组织发展过程中无法回避的问题。我国社会组织发展的历史并不长，政府对社会组织的管理尚不成熟，在这种情况之下，社会组织如何健康发展，更好地发挥在经济和社会发展中的作用，自律扮演着重要的角色，可以提高社会组织的效率和社会公信力。社会组织自律是指通过内部自身的力量来实现对行为主体的监督和约束。对于社会组织来说尽管存在着政府的监管、社会监督等外部的监督，但是由于信息不对称所导致的外部监督成本过高、监督成效不高的情况屡见不鲜。相较于政府监督而言，社会组织的自律效率更高、管理境界更理想；相较于社会监督而言，自律的组织化、制度化程度更高。因此，强化自我约束作用，是促进社会组织能力发展的基本机制之一。社会组织自律建设不仅是来自道德层面的要求，同时也是增强竞争力的有力选择，因为通过自律可以提高效率和提升社会公信力。因此，社会组织的发展不能只强调外部监督而忽视内部的自律，如果外部监督不能和社会组织自律有机结合起来的话，社会组织"志愿失灵"的情况恐怕难以得到有效遏制。在做好社会组织自律的同时，还要着重培育发展行业自律。从社会组织发展的实践来看，政府对其监管有效性不高的原因不仅在于监管任务繁重而导致的不堪重负，另外政府所制定的社会组织的行动规则缺乏针对性也难辞其咎。相对于政府监管而言，行业自律组织监管的优势在于监管更有针对性、灵活性和预防性，从而使得监管更加有效率。行业自律组织之所以具备如此的价值优势源于其汇聚了一批专业人士，他们更加熟悉社会组织的情况，更清楚应当运用什么样的规则去监管社会组织。因此，培育发展行业自律组织是完善我国社会组织监管体制改革的重要举措之一。

4.2　政府方面

（1）进一步改革社会组织管理体制

近年来，党和政府对待社会组织的态度发生了转变，特别是自党的十七大以来，在指导思想和顶层设计上对社会组织予以重视。从党的十七大报告重视"社会组织建设与管理"到《国民经济和社会发展第十二个五年规划纲要》中对社会组织有专章论述，并明确提出了社会组织登记管理体制改革方向，即"统一登记、各司其职、协调配合、分级负责、依法监管"，再到党的十八大报告"加快形成政社分开、权责明确、依法自治的现代社会组织体制"，以及 2013 年《国务院机构改革和职能转变方案》中公布了今后对四大类社会组织，即行业协会商会类、科技类、公益慈善类、城乡社区服务类组织实行民政部门直接登记，依法加强登记审查和监督管理。从地方的渐进式改革探索到国家对地方改革举措的整合，国家层面社会组织管理体制改革也向前迈进了。国家改革体现出了分类管理和分步调整双重管理体制的思路。国家对社会组织的双重管理体制并没有采取一刀切的全面取消政策，而是选取行业协会商会类、科技类、公益慈善类、城乡社区服务类组织作为双重管理体制改革的突破口和切入点，探索直接登记制，即无须业务主管单位的审查，实行民政部门直接登记，民政部门发挥着双重作用——登记管理机关和业务主管单位。应该说这种改革思路与深圳的"一元模式"如出一辙，实际上这与国际上社会组织登记注册普遍采用的"一元模式"还有一定的差距，因为我国的"一元模式"虽然取消了业务主管单位的审查，但是这种审查的权力没有完全取消而是转移到民政部门，因此只能称为"准一元模式"。无论是地方还是国家层面的改革都是值得肯定的，但是我们更应该看到社会组织管理体制改革还有许多有待优化的空间。在双重管理体制时期，登记管理制度成为了社会组织管理体制的全部，因此登记管理制度的改革也容易引起人们理解上的误区，即将登记管理制度改革等同于社会组织管理体制改革，实则前者只是后者的组成部分。仅有登记管理制度的改革，没有机构改革、监管体系的完善等措施的跟进，改革的成效是难以保障的。具体来说，社会组织管理体制改革有待优化的部分包括：一是社会组织登记注册的条件门槛没有调整。尽管取消了业务主管单位的审查，可以使那些符合社会组织登记注册条件但找不到业务主管单位的组织得以顺利注册，但是对于那些达不到这些条件的社会组织，是不是可以进一步放宽注册准入的门槛？二是并没有对非竞争性原则进行调整。社会组织管理的三个条例都强调社会组织成立的非竞争性原则，这种原则是计划经济体制下政府控制思维的产物，不利于社会组织之间通过竞争提升能力和服务质量，所以打破社会组织垄断，在社会组织领域引入竞争机制是今后改革的重点。三是登记管理制度改革未必可以赋予草根社会组织以合法性，也不能将这些社会组织纳入政府管理范畴。因此，不应以登记注册作为社会组织获得合法性的唯一途径，在合法性地位的获取上应考虑到社会组织的层次和类别的差异，应实行包括备案、登记、公益认定的多层次的登记管理制度和分级分类监管制度。

（2）培育社会组织自主性，平衡政府与社会组织之间的权力关系

有学者称"当前，我国民政注册 NGO 最主要的问题之一，就是缺乏自主性"。[①]我国社会组织类型各异，自主性也强弱不均，但总体而言，社会组织自主性弱化是基本事实。社会组织自主性的丧失将会出现组织使命和目标置换、价值倡导功能不足、创新性丧失以及沦为政府工具和过度官僚化等问题。进而言之，这些问题的出现将从根本上动摇社会组织存在的合法性，致使整个社会系统在功能发挥上出现结

---

① 徐菲. 民间组织自主性缺失的原因探讨——从民间组织和政府的互动关系角度. 社会工作，2012（9）：72~75.

构性缺失。[①] 社会组织自主性成长是需要多种条件支持的，其中平衡政府与社会组织之间的权力关系是至关重要的。

　　政府与社会组织之间应有一个合理的界限，政府权力的作用既不是完全替代社会组织，更不是排斥社会组织，而是以合理、合法和有效的手段维护社会组织的正常有序发展。社会组织是政府和市场之外，具有自主性和自治性的社会机构，致力于社会公共事务和公益事业。然而在现实中，政府与社会组织之间的界限模糊，这既有政府的原因，也有社会组织自身的原因。从政府的角度来说，行政权力固有的延伸性已被理论和实践所证明，如果没有制约和限制，行政权力会一直延伸与扩张，直至遇到界限才会停止。更何况，我国政府受计划经济体制下政府包揽公共事务传统的影响，政府习惯于独揽公共事务管理权力，直接提供公共服务或是通过与自己有着隶属关系的社会组织来提供公共服务，因此在一定程度上形成了政府依然垄断公共事务管理权的事实，这种事实的存在导致政府职能转变不能到位。政府职能转变之所以走不出"精简—膨胀—再精简—再膨胀"的怪圈，直接的影响就是社会组织生存空间有限，而且政府行政权力通常介入到社会组织内部，从而削弱其自主性，进而影响社会组织能力的发展。在社会组织兴起和逐步参与社会公共事务之际，政府应发挥社会组织引导者和协调者的角色，可是政府凭借强势的行政权，在与社会组织互动的过程中缺少边界意识，自觉与不自觉扩充权力作用边界，形成了对社会组织自治空间的挤压，从而使其由应有的引导者和协调者蜕变为社会组织的控制者和创办者。这必然造成社会组织自主性受到剥损，能力受限乃至出现赤字。从社会组织的角度出发，政府掌握着社会组织合法性、资金等资源，决定了社会组织对政府有着较高的依赖性。因此，社会组织为了取得政治上的合法性以及政府在政策和财政等方面的支持，通常会偏离组织所代表群体的利益，以服务和满足政府要求为组织运作的重心。因此，政府与社会组织关系的不规范、界限的模糊既有政府的原因，也有社会组织自身的问题，但是究其根源还是在于政府。政府应调整自身的角色定位，从控制者角色向管理者、协调者角色转变，而政府的行政权力应在一定程度上被限定，但是政府在公共事务管理中的主导地位没有变。我们既不能以政府在公共事务管理中的主导地位否认社会组织在公共管理中的重要作用，也不能以社会组织在公共事务管理中的重要作用否认政府在多元治理中的主导作用。特别是针对我国社会组织形成的历史不长，组织的可控资源和能力还相对弱小，市场为社会组织发展提供的资源支持还极为有限的情况下，政府在社会治理中居于主导地位，通过制定各种法律法规保护和推动社会组织的发展是必要的。政府治理主导地位的发

---

① Frumkin Peter. Balancing Public Accountability and Nonprofit Autonomy: Milestone Contracting in Oklahoma[EB/OL]. http://papers.ssrn.com/sol3/papers.cfm？abstract_id=269361

挥是以发挥社会组织功能优势和确保其自主性为界限的。政府与社会组织之间权力关系和职能配置的平衡有赖于一套有效的机制来协调。政府与社会组织权力关系和职能配置的不合理根源于法律地位不明确。因此，政府应用法律来明确两者的权力关系，通过法律来确定社会组织权力行使的范围和其应尽的义务。

（3）规范政府向社会组织购买服务

从中共十八大、十八届二中到十八届三中全会，国家治理理念逐步深化，社会组织在国家治理体系中的重要地位和作用愈发凸显。新一届政府把加快转变职能、简政放权作为开门第一件大事，加大行政审批权取消和下放力度，专门出台文件，力推政府购买服务，在公共服务领域为社会组织让度空间、搭建平台。2013 年 9 月 26 日，《国务院办公厅关于向社会力量购买服务的指导意见》（国办发〔2013〕96 号）正式发布，明确提出推行政府向社会力量购买服务是创新公共服务提供方式。政府购买服务保障公共服务供给效率、水平和克服供给短缺的良药，同时也是构建"小政府，大社会"格局的重要举措，更是新时期落实政府培育发展社会组织和规范政府与社会组织关系行之有效的举措。然而，政府购买服务所具有的对社会组织能力的培育是需要具备一定的条件。

首先，政府购买服务的制度化。一方面，政府制定了规范购买服务的法律法规等规范性文件；另一方面，购买服务的运行稳定、持续。其次，购买过程中的竞争性，即谁能购买是通过市场竞争来确定下来的。对于购买主体方式的竞争性而言，政府购买呈现出"内部化"特征和形式性购买，社会组织成为政府部门的延伸。①购买服务"内部化"和形式性购买都是对竞争性的否定，购买的竞争性不足制约了社会组织之间的合理竞争，不利于社会组织能力的自我建设。再次，购买主体双方处于平等地位。但是，在政府购买服务实践中购买双方完全独立的几乎没有。因此，政府在加大购买社会组织服务的同时对购买行为进行规范化，以规范化建设为切入点和突破口促成政府与社会组织关系转变。一方面，推进购买服务制度化，规范政府向社会组织购买服务行为。政府应建立规章制度对政府购买服务的资金、工作流程、招投标制度，制定政府向社会组织购买服务目录，建立社会组织承接公共服务准入制度，实施合同化管理等。政府坚持有所为、有所不为，把不应由政府承办、政府办不好和适合社会组织提供的公共服务梳理清楚，尽快转移给社会组织。另一方面，努力为各类社会组织创造统一开放、公平竞争的发展环境，真正将竞争机制引入到政府购买服务的过程中，通过公开、公平和竞争的方式依照社会组织的专业性和效率来选择社会组织，而不是基于政府与社会组织之间的某种关系。只有实现

---

① 许小玲. 政府购买服务：现状、问题与前景——基于内地社会组织的实证研究. 思想战线，2012（2）：75～78.

政府购买服务的制度化和竞争性，才能为政府与社会组织之间平等契约关系的形成奠定基础，藉此才能真正为社会组织能力的提升起到促进作用。

参考文献

（1）党政军. 监督是提高非营利组织公信力的关键——来自美国的经验与启示[J]. 学习月刊，2008（5）.

（2）王义. 政府对民间组织管理的控制性倾向及其矫正[J]. 行政论坛，2010（5）.

（3）孙录宝. 社会组织提升社会管理与公共服务能力研究[J]. 中共青岛市委党校青岛行政学院学报，2013（1）.

（4）孙华. 从弱权到增权：社会组织能力建设研究——以南京社会组织发展为例[J]. 今日中国论坛，2013（12）.

（5）宋程成，蔡宁，王诗宗. 跨部门协同中非营利组织自主性的形成机制——来自政治关联的解释[J]. 公共管理学报，2013（4）.

作者简介

刘志辉，1981 年生人，博士，天津财经大学财政与公共管理系，讲师。邮箱：onlydaxiang@163.com

互联网约车服务的角色定位与政策调适
——基于一种准公共产品的角度

宁 超 袁 野 关明星 张传彬

摘 要：作为互联网条件下的新型出租车辆运营方式，凭借灵活性、舒适性被广为接受的网约车同样面临着没有合理"身份"定位、缺少明确的管理规定以及安全性等一系列问题。网约车的身份问题应当怎样界定是网约车管理相关政策制定的前提，在分析美国"新概念模式"和上海"合法化模式"的基础上，从公共管理学研究角度对政府职能进行分析，确定政府部门在监管过程中的合理定位，并根据公共产品的分类标准，将互联网约车服务作为一种准公共产品，由政府的交通部、工信部以及打车软件企业共同监管，是现阶段基于我国国情较为可行的管理方式。

关键词：互联网约车；准公共产品；监管模式；政策

1 引言

互联网约车服务，即打车供需双方直接建立信息通道，按照地理位置与时差距离（包括议价），通过司机"抢单"，送达后用手机完成支付的一种新型出租车供给方式（晏克非、虞同文，2015）。

"打车难"问题是中国出租车市场一直以来普遍存在的一个显著问题，乘客打不到车和出租车空载率高的问题同时存在。为了解决这个问题，我国相继尝试了多次的整改措施，但成效都不是很大。近几年，在全球互联网迅速发展的大背景下，以各种移动终端（App）为依托的互联网打车行业应运而生。应用互联网约车的模式凭借其预约性、灵活性以及舒适性很快攻占了美国、英国、新加坡等许多国家。随着优步（Uber）约车软件被越来越多的国人下载使用，整合了社会闲置或半闲置车辆的资源，在增加出租车数量、使其在有限的公路资源条件下得到了最大化利用的同时，也凭借其预约性、灵活性、舒适性的自身特点，提高了公共交通服务的效率；

同时为司机和乘客双方提供了便利，这使得网络约车像是网上购物一样，成为公众广为接受和认可的出行方式。但是由于网络预约车的运营资质游离于监管体系之外，其身份游走在"合法"与"非法"之间（卜文娟，2015），网络约车的发展并不像表面上看起来那么平顺，其背后同样存在着一系列的问题，其中最大的问题就是：网络预约车的角色定位到底应该是什么？

对于网络预约车的定位问题，美国、英国、新加坡等都做出了最适合本国发展现状的决策。在我国，将网络预约车作为一种准公共产品来进行相关的管理是目前最适合的方式。作为一种准公共产品，其管理必定要引入政府的力量，那么政府的手该伸多长？从哪里伸？接下来我们将以美国成功的管理模式并结合我国目前的现状进行解答。

2　成功的监管模式

2.1　国外管理模式

美国"新概念模式"。

美国是现阶段为数不多的将网络预约车合法化的国家中最典型的一个，之所以称之为"新概念模式"，是因为美国科罗拉多州在将网约车的身份合法化时提出了两个新的概念，给网约车提供了一个全新的、合法的定位。

2014 年 6 月，美国科罗拉多州针对手机软件召车立法，第一次定义了"网络运输公司"和"网络运输驾驶员"的概念，正式将网络约车行为合法化。网络运输公司在依程序申请并获得科罗拉多州公共事业管理委员会颁发的许可后，即可依法从事经营活动，并履行安全主体责任、照章纳税等义务。如此一来，就使得网络运输公司与传统的出租汽车承运人（公司）、公共交通承运人、契约承运人等共同成为该州交通运输市场主体的组成部分（中国交通新闻报，2015）。

为了使网络预约车能够以合法的身份平稳运行，美国科罗拉多州政府采取了相关的措施对其相关方面的管理进行了明确的规定。

（1）对合规的私家车搭乘行为做出了严谨的界定：驾驶员必须通过网络运输公司的数字网络获取乘车人预约信息，网络运输公司负责保险，登记车辆注册信息，审查影响驾驶行为的疾病、犯罪记录等驾驶员背景，采取措施避免酒驾，定期检查驾驶员的运营车辆（至少每年一次），向驾驶员和乘车人公开运价基准费率和计算方法，向乘车人提供电子收据。此外，提供软件召车服务的车辆应显示"出租汽车"（VEHICLE FOR HIRE）标识等（中国交通新闻报，2015）。

（2）新立法在肯定网络运输公司合法身份的同时，也明确其应作为手机软件召车经营行为的责任主体。立法规定运输网络公司从事经营活动的前提条件之一是提交软件召车服务商业保险的证明文件（保险可以由运输网络公司或驾驶员购买，也可以由双方经书面协商共同分担）（中国交通新闻报，2015）。

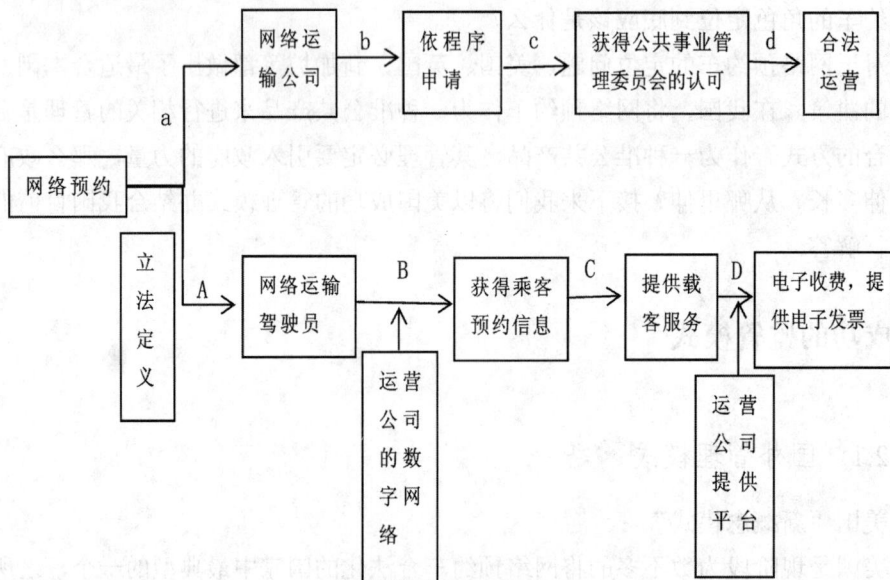

图1　美国科罗拉多州的网约车管理模式图

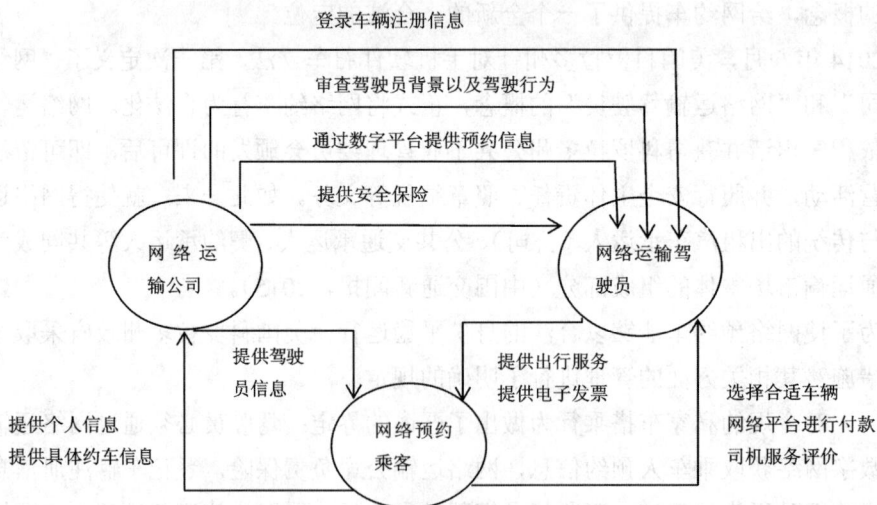

图2　美科罗拉多州网约车具体运营模式图

从图1和图2中可以清晰地看出，美国政府提出的这两个新概念是将网络运营单位即打车软件公司和网络运输驾驶员即网约车驾驶员分开定义，分别进行不同力度的监管，准确地说，政府关注更多的是对网络运输公司的监管，而对网络运输驾驶员的监管责任则更多的是由网络运输公司来承担。从图中可以看出，网络运输公司从运营申请、获得认可到具体的运营过程都受到政府的直接（a、b、c）或间接（d、通过法律来实现约束）监管。相反，政府部门对网络运输驾驶员的管理力度不是很大，只涉及了 A 过程，即准入标准的监管，将网约车注册之后的运营过程管理交给了网络运输公司来执行，如图 2 所示。这种管理模式在对网络运输公司实行严格的准入监管之后，实际上为其留出了很大的发展空间，也避免了网络预约服务的两个主体均由政府管理而可能导致的网约车改革被"管死"（张伟，2015）的情况。

总体而言，美国对网约车管理的"新概念模型"可以理解为在政府总体负责安全准入的监管工作的前提下，采取政府管企业，企业管运营的模式，使得这项社会服务的提供不仅仅由政府来提供，而是由政府和以打车软件为主要代表的社会主体来共同提供，实现了将网约车作为一种准公共产品而非纯公共产品来管理。除此之外，美国对网络预约车的管理方式是基于对网络预约车的运营过程的详细且全面的分析和美国一贯对法律的重视，其管理模式中各个主体方的责任明确，并且充分发挥了各个主体的特点和长处，避免了管理层面上的一些灰色地带的出现，从源头上杜绝了可能会出现的隐患，这对我国现阶段建设法治社会背景下对网约车监管政策的制定而言是有一定借鉴意义的。

2.2　国内管理模式

上海"合法化模式"。

同美国科罗拉多州的网约车监管模式类似，上海"合法化模式"是国内首个对网约车的运营行为进行立法、将其身份合法化的案例。"合法化模式"概括起来就是鼓励创新、依法合规。鼓励创新，是指通过创新实现网络预约出租车与巡游出租车的差异化发展；依法合规，就是要通过制度规范促进网约车行业健康发展。

上海交通委主任曾表示：第一，要承认目前确实对专车有需求这个现实；第二，不管用何种方式，专车一定要处于受控状态；第三，现在必须用一种互联网+的思维方式，去考虑这种新的业态，而不能一直用传统的方式去考虑。从这三个基础点出发，综合多方的发展问题，上海交通部于 2015 年 9 月 16 日向滴滴出行颁发了上海网约车平台运营资格许可证（沈文敏、刘志强，2015）。上海"合法化模式"允许符合相应条件的车辆接入网络约租车平台，除了要求平台方具备企业相关资格和所在地服务能力外，还需要获得互联网业务资质和电信业务经营许可证，平台数据库接入监管平台，注册服务器设置在中国大陆等。而车辆需要通过平台审查后获取营运证，司机也需要通过平台审查后获取从业资格上岗证。基于上海市的相关规定，我们尝试对上海市网约车取得合法运营资格的条件进行整理，可以看到：打车软件企业需要得到政府部门准许的资格证明，运营车辆需要得到政府的合法运营证明，运输驾驶员也需要获得政府颁发的从业资格证，并且强调网约车的发展必须处于可控状态。若将打车软件企业、网约车运营车辆、网约车运营人员看作三根绳子，那么政府就是将三根绳子全部牢牢握在手里的人，对网约车运营活动的各个环节都要进行管理，希望将其作为一种公共产品来进行管理，从这个角度上讲，上海市政府对于网约车的运营干预过强了，使得网约车的市场运行特性变得僵化，这势必会造成一定的消极影响。事实上也确实如此，自上海市网约车合法化之后，其打车的价格也随之提高，这部分提高的价格中有一部分可归结于打车软件的转嫁成本。关于转嫁成本可以类比税负外部效应的内在化来理解（何翔舟，2007）。所谓税收负担的外部效应的内在化，操作方法是：对带有负的外部效应的物品或服务征收相当于其外部边际成本大小的税收，以次将征税物品或服务的私人边际成本提高到同社会边际成本相一致的水平，实现负的外币效应的内在化（高培勇，2012）。类似地，软件公司为了取得一系列的合法许可证明势必会付出一定的代价成本，即可理解为其增加的边际成本，那么为了保证自己的收益，软件公司就需要对它的客体——网约车驾驶员和乘客进行近似于"征税"性质的提价，以此来保证自己的边际效益与边际成本维持在一定的范围内，由此导致了"随意加价""拒载"等事件的发生，使得网约车实际上又回到了私人产品的发展轨迹，进一步造成了我国现阶段网约车的定位"四不像"的现状，因而，如何正确、合理的对网约车进行身份定位，是网约车管理政策制定的首要问题。

3 我国现状分析

从公共管理学的角度上讲，政府应当承担的职责有：（1）为市场交换界定产权，并为其确定交易规则，为市场主体最大限度地降低交易成本创造条件；（2）政府应当具有监督、约束经济主体的职能；（3）政府应当具有维护社会正义的职能；（4）政府应当具有宏观调控的职能。

受益的非排他性是指物品在消费过程中，在技术上没有办法将拒绝为之付款的个人或厂商排除在受益范围之外，或者这种排除在技术上可行，但成本过高；消费的非竞争性，是指某一个人或厂商对公共物品的享用，不排斥、妨碍他人或厂商对其的同时享用，也不会因此而减少其他人或厂商享用这种公共物品的数量或质量。

公共管理学上对准公共产品的定义是指具有有限的受益非排他性和消费的非竞争性的物品（黎民，2011）。

通过对美国科罗拉多州网约车合法化管理的成功经验和我国上海市网约车监管导致其价格上升的对比来看，现阶段，要想对网约车进行合理、有效的监管，首先需要解决的就是网约车的合法性问题以及政府的角色问题，也就是文章最开始提出的关于政府的"手"应该伸多长的问题。具体来说，就是政府部门是否应当适当放权给软件企业来管理？是像美国一样将网约车作为一种准公共产品来进行管理，还是进一步深化上海市改革过程中政府的控制力？

现阶段，我国积极倡导建设服务型政府，服务型政府也就意味着政府将由原来的控制者转变为兴利者和服务者（张成福、党秀云）。这就要求政府部门要充分发挥自己的各项优势，调整以往的职能方式，更好地为社会服务。就市场经济条件下的社会发展来看，政府应当从改进经济调节和市场监管方式入手，重视履行社会管理和公共服务职能，把财力物力等公共资源更多地向社会管理和公共服务倾斜（韩波，2010），把精力更多地放在推进社会发展和解决人民生活问题上；同时，在对一些行业的管理方面，应当实行政企分开，进一步理顺政府与企业、政府与市场以及政府与社会的关系，更大程度地发挥市场在资源配置中的基础性作用，提高各项物品的供给效率。因此，网络约车作为一种准公共产品，服务型政府的职能并非一手遮天式的直接控制，而是通过市场机制进行宏观调控，充分发挥市场优势。

目前，我国的经济发展正在稳步迈进新常态。"经济新常态"虽有很多的理解，没有得到一个统一且被广泛接受的定义，但从应用面较广、较为权威性的层面来看，经济新常态意味着我国将进入中高速发展状态，并且逐步稳定在这种缓慢发展的"常态"下，为了进一步实现经济的发展，就需要继续深化改革，破除体制机制障碍，有效匹配供给和需求的新变化，培育经济增长新动力。在这个过程中，需要在政府宏观调控的基础上构建和维护诚信经营、公平竞争的秩序。围绕补"短板"带动有效投资、通过政府购买公共服务、规范市场化中介组织发展等，让公民享受便捷、公平、可及的服务（伍浩，2015）。作为互联网发展的产物和物联网的一种形式，网络预约车相比较传统的出租车服务而言，有着更高的灵活性、舒适性，使得出租车服务的服务质量显著提高，因而具有较好的发展前景，政府应当积极建立相关的促进措施，充分发挥网约车的网络外部性特征（陈坤、武立，2015），给网约车行业充分的发展空间，逐步将以互联网和物联网为依托的行业作为一个激发经济活力的经济增长点，进一步促进我国经济发展。

事实上，网约车在我国的发展过程中，由于管理责任不清而引发的安全问题一直很突出。从运营安全方面上讲，目前网约车的注册登记是由打车软件公司负责的，采用的是非实名制注册，黑车司机极易混入，这对顾客的人身安全造成了极大的隐患。因此要求网约车的准入需要严格的实名制注册和人员及车辆审核标准，并且由政府部门负责，借助其强制性的特点，严格把控网约车的准入环节，做到预测性安全管理，实现最大程度上的本质安全，这样有望能够提高从业人员平均素质，有利于事件发生后的追责，实现多方面的安全保障体系。从信息安全方面来看，从打车软件问世的那天开始，用户就必须使用实名制手机号码注册登录，在使用账号打车后，乘客的姓名以及联系电话就会外泄到出租车司机手中。同时打车软件公司更是收集了大量的出租车资源和乘客信息，一旦被不法分子利用，散布非法言论，将有可能扰乱社会秩序，影响行业和社会稳定（曹艺凡、吕恬夷，2015）。对于此类将对整个社会发展可能会造成影响和危害的问题，毫无疑问地需要政府对其进行统一的监管和调控。按照我国之前的管理模式，通常对于此类问题的监管都是由政府的"相关部门"进行管理，但是众所周知，"相关部门"到底是指哪个部门？这个问题一直都没有解决，因而造成了网约车的信息管理方面出现了断层，成为监管的灰色地带，带来了极大的信息安全隐患。鉴于我国的人口众多，政府需要管理的是一个很庞大的群体，不像新加坡一样可以进行统筹管理，所以我国应当创新管理方式，对政府的"相关部门"进行明确的安排和管理，将网约车行业的信息安全问题与运营安全问题的监管分别交由政府的两个主体部门负责，深化各部门的管理职责，对网约车实行全面的可视化管理。

4　确定网约车合法身份，创新采用"三方联动式"管理模式

从上文提到的政府职能入手，不难看出在市场经济大背景下，为了避免由于政府的强势介入导致市场僵化现象的出现，这也就意味着将网约车作为一种纯公共产品，完全由政府纳入管理后向社会提供服务是行不通的，政府的职能更应该倾向于宏观调控，即政府应当尽可能地从其微观管理体系中抽身出来，从客观的角度对网约车的监管进行宏观的调控和监管，在保证其符合相关管理标准的前提下，给市场足够的自由发展空间，充分发挥市场经济灵活、高效的特点，保持网约车行业发展的积极性。因此，建议将网约车作为一种准公共产品，在政府的宏观调控下，以市场为主导进行发展，创新采用"三方联动式"管理模式，走适合我国国情的发展道路。

基于互联网条件下，以各类打车软件为载体，网约车作为互联网发展的产物，具有一定的网络外部性（陈坤、武立，2014），同时从公共物品的几个特性来看，效用的非可分割、技术的排他都是已经实现的，唯存在争议的就是可以随意加价而导致的消费的非可竞争性无法完全实现的问题，但是实际上这个问题是可以通过政府出台相应的网约车定价规定来解决，所以网约车是可以也应该被当作一种准公共产

品来看待的。

解决了网约车的合法身份问题和政府的有效角色问题之后，将问题继续深化，我们要探讨政府在对网约车进行宏观调控管理的过程中，到底应该怎么管的问题。考虑到我国的现实情况，建议创新以往的政府管理模式，采用"三方联动式"管理模式，引入政府的多个部门与软件企业共同进行管理。

综合美国"新概念模式"和上海"合法化模式"两者来看，采用"政府把控标准，市场主导实行"的方法，将网约车作为一种准公共产品来进行管理的方式更适合我国现阶段的发展。

网约车与传统的出租车运营模式最大的区别就在于网约车是通过互联网和 App建立乘客与车主之间的临时契约关系，这就意味着对于网约车的监管不能够再像之前管理传统出租车一样只由交通部进行管理，应当对于网络和 App 平台同时加以监管，即建立一种交通部和工信部联合监管的新型监管模式。除此之外还应当注意，网约车之所以能够被公众广泛接受和认可，其中很大一部分原因是它的灵活性，如果将网约车的管理全部交由政府来做，势必会造成网约车市场的僵化，所以要实现合理、有效、灵活的管理，政府还应适当放权，将一部分监管交由企业来负责，并在一定程度上实现三个监管主体之间的信息共享。

在一个监管体系中引入三大主体，很有可能会面临责任划分不合理的问题，为了避免灰色区域的产生，应当由政府出面，将监管责任进行明确而详细的划分，比如：从大的层面来说，政府负责的主要是监督和惩罚，而企业则负责实际的运作；细化来说，两个政府部门主要负责的是对网约车服务运营过程进行监督以及一旦出现事故时的处理问题，交通部负责监督网约车准入审查以及在车辆行驶过程中的各项交通行为是否合法，对登记注册的网约车进行严格的审核，对车辆运营过程中的各种行驶行为进行严格的监督；工信部要对互联网平台上的各种车辆和人员信息进行监管，排查虚假信息，防止信息泄露，作为打车软件企业与交通部之间信息沟通的纽带，保障信息交换的流畅；作为网约车的运行主体，企业应当管理好网约车服务的具体行为，与政府部门协商，制定合理的定价方式，避免随意起价、挑客等行为的发生，健全相关的软件开发，对网约车司机的运营行为进行公示，包括其满意度、拒载次数等相关合理信息，并保证乘客在预约车时可以看到，进一步保障乘客的利益，保持网约车作为一种准公共产品为公众提供服务的本质属性（周光伟，2014）。

5　结语

网约车运营方式，重新整合了车辆资源，使车辆和人力资源的利用率得到显著提高，同时解决了部分公路拥堵问题，在一定程度上缓解了我国公共交通"打车难"的困境。同时，由于网约车的灵活性，也使其监管方面存在着一系列的问题，继而引发了与传统出租车的冲突和法律政策的争议，亟待深入探讨网约车的定位与监管，以推动"互联网+交通"的创新发展。

本文通过对美国科罗拉多州"新概念模式"和上海"合法化模式"的具体管理行为分析，发现对网约车的管理首先要解决的是网约车的身份问题，并通过对我国现阶段的发展特点得出结论：我国应当创新已有的管理模式，引入交通部、工信部和企业三方主体，实现"三方联动式"管理，明确各主体的相关管理内容和力度，以期实现我国网约车全方位、多层次的全面管理。

参考文献

（1）晏克非，虞同文. 打车软件背景下的出租车属性定位及其发展研究[J]. 交通与航港，2015，3（002）：4～9.

（2）陈坤，武立. 物联网网络外部性内生机制研究——以打车软件为例[J]. 财经问题研究，2014（370）：39～44.

（3）黎民. 公共管理学[M]. 北京：高等教育出版社，2011：88～114.

（4）高培勇. 公共经济学[M]. 北京：中国人民大学出版社，2012：26～30.

（5）中国交通新闻网. 国外政府如何对待网约车[Z]. 2015.

（6）张伟. "新政"出台，专车会被"管死"吗？[J]. 中国经济周刊，2015（40）：45～47.

（7）卜文娟. 互联网专车游走在"合法"与"非法"之间[J]. 中国战略新兴产业，2015：26～28.

（8）韩波. 服务型政府：和谐社会整个职能转变的目标[J]. 中共太原市委党校学报，2010，01-0037-03：37～39.

（9）刘厚金. 公共服务型政府在法治与市场中的理论内涵与职能定位[J]. 求实，2009，02-0063-05：63～67.

（10）余斌，吴振宇. 中国经济新常态与宏观调控政策取向[J]. 改革，2014（249）：17～25.

（11）伍浩. 深化政府职能转变 激发创新创业活力[J]. 经济观察，2014（07）：24～26.

（12）何霞. "互联网+交通"新业态亟待改革政策突破[J]. 人民邮电，2015（005）.

（13）曹艺凡，吕恬夷. 打车软件使用现状、问题及完善措施[J]. 中国经贸导刊，2015（01）：9～10.

（14）刘思思，刘宁一，赵钊. 打车软件运营模式的经济学分析[J]. 甘肃金融，2014（06）：68～69.

（15）周光伟. 打车软件的应用对出租车行业的影响及对策分析[J]. 交通财会，2014（325）：68～72.

（16）何翔舟. 公共产品经营中的政府机会成本问题研究[J]. 宁波大学学报，2007，20-3：398～404.

（17）陈凯. 基于混合扫描模式分析打车软件的政策监管[J]. 管理创新，2014（12）：56.

作者简介

张传彬，男，1981 年生人，中国民航大学公共事业管理系，讲师。邮箱：chuanbin_zhang@163.com

公立医院理事会角色表现的双重逻辑探析

范 围

摘 要： 基于委托代理、资源依附与管家理论，对理事会在公立医院法人治理过程中的角色表现进行多维透视。研究发现，公立医院理事会的角色表现涵盖监督、服务、战略与资源依附四种作用。引入规模、所有制结构与发展周期三个背景性因素，增强对理事会角色表现潜在变化的解释力。基于三大理论视角，进行"结构—理事会角色表现"与"过程—理事会角色表现"的双重逻辑探析。

关键词： 政事分开；公立医院；法人治理；理事会

卫生部等部委 2010 年发布的《关于公立医院改革试点的指导意见》指出：改革公立医院管理体制，探索政事分开、管办分开的有效形式，建立协调、统一、高效的公立医院管理体制，科学界定公立医院所有者和管理者的责权，探索建立医院法人治理结构，推进医院院长职业化、专业化建设。2015 年 4 月中央全面深化改革领导小组第十一次会议审议通过《关于城市公立医院综合改革试点的指导意见》。试点城市拟在体制改革、法人治理结构、理事会建设等方面探索经验。

1 公立医院法人治理分级决策

公立医院改革不是改革公立医院，是改革政府对公共部门的治理。改革模式是多元的，但不论采取何种模式，最为重要的是实质性地改变政府与医院的关系。法人治理的目的是让公立医院独立承担社会责任，围绕目标自主运行，但前提是政府放权。如果没有明确的分权，即便号称社会参与，也会形同虚设。现在公立医院的财权已经相当大了，最大的区别就是是否愿意让医院在人事上拥有独立的权限，是公立医院能否法人化的标志分水岭，而这是和体制改革联系在一起的。

公立医院法人治理要三措并举——通过体制、法治和管理的途径。第一，建立现代公立医院"出资人"制度。市医管中心代表市政府统一履行举办公立医院的职责。第二，设立理事会，兼顾代表性和专业性，通过部门的协调整合职权，加强对公立医院的治理机制。由编办、发展改革委、财政委、卫生计生委、人力资源保障局、医管中心等政府相关部门以及社会知名人士为成员组成医管中心理事会，将原本分散的办医职能统一集中到理事会这一议事平台上。理事会割断了行政干预，给管理者管理自主权，给社会参与的空间。第三，依法治理，保障办医职能的法定性、独立性。针对医管中心之类的法定机构制定"办法"，要有章程，关键是明确主体，明确职责，明确谁来问责，说明不同主体的关系。第四，分级决策，抓大放下。医管中心转变对公立医院的管理方式，从过去直接组建医院领导班子管理医院，转为委托名校、名院以及其他医院管理组织牵头组建医院管理团队。

　　学界曾围绕着理事会结构与公立医院的组织绩效展开过不少研究，但相关的实证研究对两者间关系尚未做出确证性的推断和一致性的结论，不少研究将焦点移向了理事会的角色表现。本文考察理事会角色表现的双重逻辑及相应模式：结构与过程。首先，考察理事会角色表现的不同维度。不少研究对理事角色表现的考察较为笼统，或者局限于委托代理视角，仅强调理事会的监督作用。其次，区别于传统研究，本文着重理事会的过程模式。最后，双重逻辑及相应模式对理事会结构、过程与角色表现间关系的探究，为既有研究推断的不一致性提供了一种解释路径。学界对高管团队决策过程的研究兴趣日益浓厚，特别是如何打开决策过程中的黑箱，本文对此进行初步探索。

2　理事会角色表现的界定和维度

　　尽管理事会曾一度被视作消极被动不作为，投资者与媒体的跟进迫使理事会在组织事务中发挥更积极的作用。对理事的要求越来越多，他们要处理的议题宽泛了很多，需要他们更积极地塑造组织，更审慎严格地履行职责（Cadbury, 2004）。[①] 由此，理事会的角色表现成了一个重要的研究领域。然而，对于哪些因素具体地影响了理事角色表现，既有研究尚未取得一致意见。之所以如此，是因为理事们扮演着多重角色。更为重要的是，研究者们所探究的理事角色的相关命题在于其所选择的理论视角。因此，理事角色表现是一个复杂的现象。本文尝试通过双重逻辑去解释理事角色表现的影响因素。第一，结构分析，强调理事会中外部—内部理事构成的重要性，以及理事会规模分析。基于代理理论、管家理论与资源依附论三种不同的理论视角提出相关命题。第二，过程分析，探究理事会过程与理事会角色表现间的

　　① Cadbury A. Corporate Governance and Chairmanship: A Personnel View. Oxford University Press, New York, NY, 2004.

关系。理事会过程涉及三重维度：努力基准、冲突与技能应用。这种模式涉及一连串反应，首先理事会结构影响理事会过程，然后影响理事会的角色表现。这一命题基于投入—过程—产出逻辑。

理事会角色表现即理事会担任角色并发挥作用的能力。调研发现，公立医院理事会有四大作用：监督、服务、战略与资源供给。第一，监督作用包括选择和奖酬院长（CEO）、评估 CEO 和组织绩效等。换言之，风险评估与资产保值增值都属于重要的监督职责。第二，理事会的服务作用涉及理事们给高级管理层提建议。基于财务账簿与财务委员会的财务报告，理事们要付诸相当多的时间精力为 CEO 做顾问。职业经理人市场发展越成熟的地方，理事会在组织中的服务作用越明显，它起到一种间接的柔性的监督作用。第三，战略作用。董事会的战略作用涉及从战略使命表述到战略执行评估的一系列过程。战略作用通过四种方式实现：（1）设定与主动审视组织的清晰度；我们面临的（潜在）问题有哪些；（2）门卫功能：主动评审战略性提议；（3）巩固信心：鼓励管理层们为实现战略目标作出优秀可靠的业绩；（4）选择理事：选择结果释放了一种很强的信号，关于合适人选的类型化与标准化。但战略是个很宽泛的术语，实践中，理事们通常并不确定构成战略的都有什么。第四，资源供给。资源供给作用指理事会为组织聚集资源的能力，包括拓展资金等资源渠道，也包括提升组织合法性与提供经验等无形资源，以及将组织同出资人（代表）以及其他利益相关方联接起来的能力。

不同环境背景下的理事会角色表现有所区别。（1）规模不大的医院，理事会的服务作用更为突出。以调研点深圳市为例，作为区级医院的深圳南山医院，相较于大型航母式的港大深圳医院，前者理事会的服务作用就更为突出，在治理多样化、复杂性与规范化方面不同于港大深圳医院。（2）理事会的角色表现也会因治理对象的所有制差别而有所差异。对于引入社会资本参与的公立医院，对理事会的监督作用就会有更深切的期待。比如英国公立医院治理中，信托联合体（公立医院的组织变革形式之一）获得政府授权，有资格开展私人主动融资计划（PFI）。引入资本的用途集中在建筑建设与运营维护、后勤保障等方面，一般不得触及公立医院的核心服务领域。私人投资方为了投入资本保值增值，就会希冀理事会发挥应有的监督作用。（3）医院的生命发展周期也是理事会角色表现的重要影响因素。处于新建或初级发展阶段的医院，理事必须着重监督作用保证医院合约性，使之不埋祸根的可持续发展。随着医院进阶，理事们环顾环境，探索资源，承担战略管理作用，对管理层发声，主要作用即为资源依附、战略和服务。港大深圳医院设备标准与国际接轨，但就生命周期而言，2012 年 7 月投入运作，它还很年轻，其董事会作用目前侧重于监督与战略。随着技术合作与人才引流，服务与资源功能会日益凸显。

3　多视角下理事会角色的双重逻辑假定

上文探讨了理事会的角色表现，监督、服务、战略与资源依附四种作用，以及规模、所有制结构与发展周期三个背景性因素（增强对角色表现潜在变化的解释力）。接下来基于三大理论视角（委托代理、管家理论、资源依附论），进行"结构—理事会角色表现"与"过程—理事会角色表现"的双重逻辑探析。

3.1　"结构—理事会角色表现"的逻辑假定

关于理事会结构与理事会角色作用间关系的命题，代理理论、管家理论与资源依附论等治理理论的应用，对理事会四大作用的透视——监督、服务、战略与资源供给作用，进一步拓展了这一命题。

（1）监督

理事会结构以及与理事会监督作用相关的命题是基于代理理论的。代理理论采取控制式方法，旨在预防并遏制代理人（经理）伤及出资人利益的自利行为。控制方法着重规诚（Sundaramurthy and Lewis, 2005）。[①] 理事会是内部终极监控者，其最重要的作用就是审查组织内的最高决策层。在代理理论应用者们看来，理事会若能独立于执行管理层，能对以 CEO 为首的高管们作出更为充分的且尽可能不偏不倚的评估。内部理事因与 CEO 有依附性，不愿而且也很难发挥监督作用。另一方面，外部理事不在管理团队中，他们不容易受到那些潜在的利益冲突的影响。由此，基于代理理论，可以提出假设 1，如表 1 所示。

假设 1：外部理事比例同理事会的监督作用正相关。

表 1　"结构—理事会角色表现"的逻辑假定

理事会结构	理事会角色			
	监督作用	服务作用	战略	资源供给
1. 外部理事比例	+（P1）	+/-（P3a/P3b）	+（P5）	+（P7）
2. 理事会规模	-（P2）	+/-（P4b/P4a）	+/-（P6b/P6a）	+（P8）

但是，独立性不只是结构性属性，也是能引起相应行为的心理特性。理事会结构与独立程度具有相关性，但并非充分条件。理事会中独立的理事成员的存在并不就意味着他们的正直水准高于执行层面的同事，只是他们更容易持有客观立场，为

[①] Sundaramurthy C. and Lewis, M. Control and collaboration: paradox of governance. Academy of Management Review, Vol.28 No.3. 2005, pp.397-415.

相关议题由外而内地引入标准，与医院并不那么利益攸关，即所谓旁观者清。但是，内部理事和外部理事在大多数事项上所担负的法定职责是一样的，包括对出资者的忠信与勤奋敬业。有些代理学派认为小规模的理事会更有助于监督作用的发挥。当理事会规模变大时，难以灵活高效地运转，容易为 CEO 所控制。因此，在代理理论视域下，提出假设 2。

假设 2：理事会规模同理事会的监督作用负相关。

（2）服务

外部理事可以提供有价值的建议，增强对管理方案的评估能力。小规模的理事会讨论议题更集中，有望实现真正的互动、高度的参与。有些研究建议：就效能而言，理事总人数不超过 8 位。假设 3、假设 4 如下：

假设 3a：外部理事的比例与理事会的服务作用正相关。

假设 4a：理事会规模与理事会的服务作用负相关。

尽管代理学派假定 CEO 等代理人自利，与之形成竞争的管家理论学派认为可以在代理人利益与出资者利益之间寻找结合点，取得某种程度上的一致性，建议理事们同代理人协作，为 CEO 出谋划策。内部理事的价值在于他们的运作技能；外部理事或许无法投入足够的时间，对他们要进行决策的议题实现深度的理解。就规模而言，规模更大的理事会，理事们的技能和背景更为多样全面，能够提供给 CEO 及其他部门主管的经验也会更丰富。基于管家理论，提出假设：

假设 3b：外部理事的比例与理事会的服务作用负相关。

假设 4b：理事会规模与理事会的服务作用正相关。

（3）战略

代理与资源依附理论都将战略视为理事会的一大作用，且都支持外部理事主导的理事会结构。代理理论认为外部理事们，由于他们的外观位置，更有可能提出建设性战略。而内部理事持有更多的医院信息，提出革新性战略对他们而言勉为其难，因为这也许会与 CEO 的规划相冲突。就资源依赖而言，理事会中的外部理事可以发挥同外部环境相联系的优势而获得战略性信息。在这两种理论视域下，提出假设 5。

假设 5：外部理事的比例同理事会的战略作用正相关。

至于理事会规模对理事会战略作用的影响，代理理论视域下，规模大的理事会也许会抑制首创精神，束缚战略创新力，影响决策效率。提出假设：

假设 6a：理事会规模同理事会战略作用负相关。

从资源依附视角来看，更大的理事会规模有助于向外拓展通道，增强外部联系，从环境中提取战略性信息。提出假设：

假设 6b：理事会规模同理事会战略作用正相关。

（4）资源供给

外部理事主导的理事会有望吸引到一些稀缺资源。提出假设：

假设 7：外部理事比例同理事会资源供给作用正相关。

假设 8：理事会规模同理事会资源供给作用正相关。

3.2　"过程—理事会角色表现"的逻辑假定

早在 1992 年，佩蒂格鲁（Pettigrew，1992）指出有必要超越结构—绩效的研究范式，更充分理解理事会相关特征对于绩效的影响作用。[①] 针对结构—角色表现/绩效之关系，在结构模式下的探讨中，有许多命题是相互冲突的。有些实证研究开始质疑结构—绩效的相关性。

1994 年，社会心理学中对于群体成员间互动的分析就蕴含着过程模式研究的萌芽（Smith et al., 1994）。[②] 理事会是位居组织决策控制架构顶层的团体。鉴于集体决策制，理事会成员的个体努力与产出所能发挥出的功效，基于理事会群体层面，因此有必要悉心研究集体协作过程中的互动、整合与互补的程度。理事会的有效性可能在很大程度上取决于社会-心理过程，特别是那些有关群体参与、互动、信息交换与批判性探讨的过程。理事会过程涉及三大维度：努力基准、冲突与技能应用。

（1）努力基准

努力基准是一种团体层面的建构，是一个团体中所共享的一种工作信念，即在一个团体的整体印象与判断中，每个个体成员被期待着朝团体目标去贡献力量的程度。因为理事们开会是周期性的，总会存在过程性的损失。这种缺乏互动的情况使理事会的潜能没有得到充分发挥，有些成员对任务不尽心尽力，投机取巧地指望团体其他成员来完成团体工作。有研究发现一些在时间投入上几乎等同的理事会呈现出了不同的绩效水平。有效利用会议时间与探索巧妙的协作方法是事半功倍效果的关键。[③] 提出假设：

假设 9：努力基准同理事会的角色表现正相关。

（2）认知性冲突

团体成员不同观点的公开讨论与沟通，有助于高效地完成任务与使用资源。团体内的认知冲突对人们开发新理念与拓展新路径有鼓舞作用，可以增强团体内的学

---

① Pettigrew, A. On studying managerial elites. Strategic Management Journal, Vol.13, 1992, Winter, pp.163-182.

② Smith, K.G, Smith, K.A., Olian, J., Sims, H., O'Bannon, D. and Scully, J. Top management teamdemography and process: the role of social integration and communication. Administrative Science Quarterly, Vol. 39 No. 3, 1994, pp. 412-438.

③ Monks, R. and Minow, N. Corporate Governance. Blackwell Publishers, Malden, MA.

习氛围，构建学习型组织，还能形成对现状的反思评价。

当理事会中出现异议，无法协商一致，或出现批判性声音，需要 CEO 来阐明、解释，修正其针对某些议题提出的建议，并做出合理性证明。其意义在于，提醒管理层注意理事会的权力与作用，提示他们保护出资人利益的重要性。这有助于增强理事会的监督作用。此外，理事们各抒己见，各种观点汇集起来，对 CEO 高管层起到指导意义与问询功能。认知性冲突可以提供多种选择的可能性，有助于克服惯性思维，增强察微知著的敏锐度、感受力与现实性，让更多的问题浮出水面，提升理事会的战略决策水平。这也有助于减少后续执行过程中，应对环境不确定性的交易成本。提出假设：

假设 10：认知性冲突与理事会角色表现正相关。

（3）技能与技巧

理事们至少要具有两个层面的技能：第一，功能性与模块式的，在其所从事的领域内，具有精深的基本功与专长，比如熟悉相关法律法规，或者具有丰富的战略管理经验，或是数字化达人；第二，对医院基本面（含基线数据）通晓与谙熟，包括年度工作报告、改革发展计划、公立医院资金年度预算、资源优化配置方案、基本管理制度、运营管理目标、绩效评估结果等事项，能够准确把握医疗行业动态，找准医院坐标，为医院量体裁衣，培育核心竞争力，实现差异化与可持续性发展。提出假设，如表 2 所示。

假设 11：专业技能与理事会角色表现正相关。

表 2　"过程—理事会角色表现"逻辑假定表

理事会过程	理事会角色			
	监督作用	服务作用	战略	资源供给
1. 努力基准	+（P9）	+（P9）	+（P9）	+（P9）
2. 认知性冲突	+（P10）	+（P10）	+（P10）	+（P10）
3. 专长与技巧	+（P11）	+（P11）	+（P11）	+（P11）

4　不足及后续研究

鉴于董事会/理事会型法人治理所需的前提条件和保障机制较为苛刻，将这两类治院模式引入公立医院，我国尚不具备大范围推广的基础，多数城市公立医院从自身治理环境出发，对之采取较审慎的态度。实践进展尚不具备检验研究假定的样本量。

随着中国医改深入推进，政策体系日益完善，公立医院治理环境会日趋成熟，试行法人治理变革的城市会增多，有望搜集到更多个案，满足统计检验的门槛数。

参考文献

（1）Cadbury A. Corporate Governance and Chairmanship:A personnel View. Oxford University Press, New York, NY, 2004.

（2）Sundaramurthy C. and Lewis, M. Control and collaboration: paradox of governance. Academy of Management Review, Vol.28 No.3. 2005, pp.397-415.

（3）Pettigrew, A. On studying managerial elites. Strategic Management Journal, Vol.13, 1992, Winter, pp.163-182.

（4）Smith, K.G., Smith, K.A., Olian, J., Sims, H., O'Bannon, D. and Scully, J. Top management teamdemography and process: the role of social integration and communication. Administrative Science Quarterly, Vol. 39 No. 3, 1994, pp. 412-438.

（5）Monks, R. and Minow, N. Corporate Governance. Blackwell Publishers, Malden, MA.

作者简介

范围，女，1984 年生人，管理学博士，天津财经大学财政与公共管理系，讲师。邮箱：fanweiwell@163.com

关于公共政策创新困境分析与路径选择

黄慧霞

摘　要： 在激烈的国际竞争中，国家竞争结果的高低很大部分取决于公共政策创新能力的高低。在以政府为主导的公共政策创新中，一方面，采取积极的手段进行公共政策创新，提高国家的竞争力；另一方面，又不采取行动积极响应。面对国家公共政策创新的困境，在以人为本的基础上提出了公共政策创新的几点建议。

关键词： 公共政策；创新；动力系统；路径选择

1　引言

世界银行在《1997 年世界发展报告》中指出，人们对各国在发展上的差异的决定性因素的认识有一个变化过程。一开始人们把获得自然资源、土地和矿藏看作发展的前提条件，接着认为物质资本、机器与设备是发展的关键，后来人们又陆续把技术、人力资本等看作是发展的基础。

在西方学术界，公共政策学家沃克（Jack L. Walker）较早关注公共政策创新。他于 1969 年就在《美国政治科学评论》上发表了题为《创新在美国各州的推广》的论文。在该文中，作者通过对美国各州公共政策创新以及推广的实证研究，发现在公共政策领域，决策并不都是"渐进的"（incremental），而是存在创新。[①]

自 20 世纪 80 年代始，实践的需要促使更多的学者关注于公共政策创新，西方的公共政策创新研究主要表现为五个方面：一是政策理论不断创新。近几十年来，西方国家除了比较熟悉的公共政策理论外，还有阶段启发理论、制度理性选择理论、多流框架、中断—均衡框架、倡导联盟框架、政策扩散框架，以及较大数量的比较研究框架。二是信息技术应用于公共政策创新。现代信息技术的迅速发展不仅给政府带来极大技术便利，同时也在不断促使政府改变工作模式，改进工作方法，降低工作成本。三是政府分权与政策创新。科尔曼·斯托鲁莫夫在《政府分权促进了政策创新吗?》一文中通过翔实的论证得出：倘若地方政府相对同质或者数量较大，集权将比分权导致更多的政策创新；而如果有多种实验政策可供利用的话，分权也许会比集权能引发更多的政策创新。② 西方学者多认为随着权力的下放，极大刺激了地方政府间竞争，竞争产生压力，压力推动创新。四是市场化的公共政策创新。市场化取向给政府改革和发展带来了全新的设计理念，从而引发了政府大量的政策创新实践。五是政府激励与公共政策创新。克里斯托斯·科斯基尼斯特和罗伯特·史瓦格认为在政治体系中存在一把"双刃剑"，一方面可以提高政治体系的产出，另一方面又会降低对政策创新的激励。

国内关于政策创新方面的研究主要表现在：经济发展与公共政策创新、社会转型与公共政策创新、③ 宏观理论分析的公共政策创新，以及其他案例上的公共政策创新。④⑤ 公共政策越来越成为影响国家竞争力的重要因素，中国的改革开放实践就证明了这一点，而且中国特色的社会主义建设所面临的问题大多数是找不到现成答案的，中国的发展能否成功，主要取决于能否制定出适合中国国情的高质量的政策，这是一个艰辛的政策创新过程。

2　公共政策创新的内涵

在创新理论研究中，公共政策创新内涵被许多学者所定义。陈振明认为公共政策是"国家（政府）、执政党及其他政治团体在特定时期为实现一定的社会政治、经济和文化目标所采取的政治行动或所规定的行为准则，它是一系列谋略、法令、措施、办法、条例等的总称"；⑤ 卞苏徽把公共政策创新看作"打破观念、制度和程序上的陈规，规定、执行与完善有创意、有价值的公共政策，有效地促进公共问题的解决的过程"；⑥ 严荣把公共政策创新看作"政府以新的理念为指导，选择突破传统的政策方案，及时有效地解决社会公共问题以及对稀缺的社会资源进行最优化的配置"。⑦ 总的来说，公共政策创新是政治主体实施的一项利国利民的活动，也是一项对政策制定、执行、评估等各个环节的要素进行设计的过程，更是一项为了追求公共利益最大化的具有风险性的活动。

根据不同的标准可以将公共政策创新进行不同的划分，主要包括以下几类：

首先，从政策创新的主题来看，主要分为政府强制推动型、政府回应型和社会自治型三种类型。政府强制推动型政策创新是指社会组织和公民只能被动接受政府利用其公共权力强力推行公共政策；政府回应型政策创新是指在社会群体和公民个人广泛参与的基础上，政府通过政策创新来回应社会公众的政策诉求；社会自治型政策创新是指社会群体成为政策创新的主体，政府的作用变得很小，公众通过自发组织起来，制定出意见一致的政策方案，并通过公民自觉的方式来实施。

其次，从政策创新活动的运行方向来看，可以分为自上而下的政策创新和自下而上的政策创新。自上而下的政策创新通常是政府和政治精英们制定之后依靠政府强制力实施的；自下而上的政策创新是公民在较小的范围内自发进行的政策创新，由于取得了良好的政策效果而被政府所接受和采纳并决定在较大的范围内进行推广的政策创新活动。

另外，还有从创新效果来看，公共政策创新可以分为加强型创新和破坏型创新。加强型创新是指使政府服务赢得民众更高评价的创新；破坏型创新则相反，政府服务受到民众更低评价的创新。

由于群众容易受经济、社会、环境的影响，公共政策创新的结果不一定能满足每一个人的需求，甚至有可能带来负面的影响，这就要求政府在进行公共政策创新时以民众需求的满足为导向，时刻进行阶段性评估以制定群众满意的创新政策。

3　公共政策创新的动力系统

公共政策创新不是一个简单的一蹴而就的一次性过程，而是一个复杂的由多个周期、持续不断的发展和完善的过程，前一阶段的创新完成了，后一阶段的创新又紧接着开始。而政策创新的动力系统就是支持全部创新活动过程的源泉。因此，政府能否进行科学、合理、有效的政策创新，对一个地区经济社会发展目标的实现有着至关重要的作用。

3.1　内部动力

首先，公共政策的内在要求。特殊时期的目标是处于不断变化过程之中的，围绕这个目标制定的方案自然也需要不断更新、调整，于是创新成为公共政策的常态。而且，围绕同一目标会有若干方案选择，只要不是处于帕累托最优状态，就会要求进行政策创新。如果不及时对公共政策进行创新，那么就会出现公共政策的滞后、失效，进而影响公共管理的有效性，甚至会削弱公共管理机构的公信力。

其次，决策者的政治追求。作为公共政策的主体，决策者承担着维护和实现公共利益的角色责任。在目前的形势下，行政官员能否进行政策创新、是否具有卓越的政策创新能力，往往是其能否有政绩、自身能否得到晋升的重要条件。不论是促进公共利益还是谋求自身发展，公共政策创新都理应成为决策者的政治追求。

3.2　外部动力

首先，经济推动。经济发展是政策创新的直接动力。经济发展程度高的地区更易产生政策创新，进行政策创新的需求相对强大。公共政策承担着为经济发展创设良好环境的责任。同时也可以在一定程度上确保应对创新所必须面临的成本问题。经济发展带来的社会发展会对政策创新产生更强大的需求。

其次，民众需求的牵引力。政府在进行公共政策创新时，首先要对民众的需求进行评估。之后，政府需要将公共政策的规划制定与民众需求产生的政策诉求相互结合起来，实现政策创新，实现公共利益、组织利益、个人利益三者的协调关系。民众的诉求表达可以通过正式渠道和非正式渠道，也可以采用个体或者群体的形式。不同的渠道和形式会对政策创新产生不同的影响，公共政策必须对民众的需求给予及时、适当的回应，推动了公共政策创新的制定。

4　公共政策创新的阻力

在政府主导型的政策创新中，政府一方面会采取各种手段促进政策创新行动，另一方面又不采取行动实现政策均衡状态，这种持久的冲突恰恰反映了政策创新的困境，也成为公共政策创新的阻力。

4.1　政策创新的成本

公共政策创新本身是一项有成本的活动，如果政策创新的成本高于创新收益，则会阻碍创新活动的开展。一般的政策活动中都需要花费一定的人力、物力资源，况且政策创新活动面临的难度和复杂程度都远远大于一般情况下的设计，因此，在政策创新活动中需要大量的人力和物力成本。这主要体现在两个方面，一是政策设计本身对于政策执行的成本要求，例如，在信息化时代，政府建立信息化政府、推行电子政务的新的政策要求就需要各级政府投入大量的资金购买电脑设备、构建信息网络等；二是由于政策设计不周全所带来的政策执行的成本，也就是前面讲的通过学习和模仿的方式进行的简单化的政策创新设计所增加的政策执行成本。

4.2　信息资源渠道的限制

拥有畅通的信息渠道，丰富的信息资源是进行公共政策创新的基本前提。然而，高度集中的传统政府体制下，我国形成了"单渠道信息传输体制"。所谓单渠道信息传输体制，是指影响政府决策的绝大部分有效信息、政府输出的决策信息，以及这些决策在执行中的反馈信息，都是由一个附着政府本身或为政府所信任的正规通道传输的。但是它也带来了一系列的弊端，如信息的"不当简约""信息超载""主观滤波""小道信息"泛滥等。

4.3 既得利益者阻碍

公共政策本身就是对社会利益的一种权威性分配，最终会导致一部分群体利益受益，一部分群体利益受损。既得利益者对于公共政策创新的阻碍体现在两个方面，一是在公共政策创新规划制定的环节中，利益集团通过直接参与或者"院外活动"的方式，阻碍创新性公共政策的出台；二是在公共政策实施的过程中，利益集团通过各种方式阻碍创新性政策的有效实施。

5 我国公共政策创新路径选择

公共政策创新是一项十分复杂的系统工程，它既要在工具理性层面实现政策系统内部的利益均衡以及政策系统与政策环境系统的生态平衡，又要在价值理性层面体现公共性、公平性和科学性等基本价值规范要求。此外，面对一个多民族、贫富差距悬殊的中国，需要根据不同地区所特有的情况因地制宜，制定符合当地情况的公共政策。

5.1 建立以人为本的价值取向和理念

以人为本，是科学发展观的核心。新发展观明确把以人为本作为发展的最高价值取向，就是要尊重人、理解人、关心人，就是要把不断满足人的全面需求、促进人的全面发展，作为发展的根本出发点。

以人为本的决策理念的内涵应包括：在经济基础上，以不断提高人民群众物质文化生活水平和健康水平为理念；在文化水平上，以提高人的思想道德素质、科学文化素质为理念；在保障人权上，以创造平等的社会环境，尊重人权，注重人格、尊严、情感的平等为理念；在自然环境上，以保护人类赖以生存的自然生态环境为理论，用以人为本的科学发展观指导公共政策创新，是全面落实科学发展观的关键。

5.2 保持政策生态平衡

公共政策的生态环境要求政策创新要与政治生态保持平衡，这种平衡性主要表现在政策创新的力度和限度上，即政策创新需要保持一定的力度，但同时也不能力度过大而突破政治底线，力度过小则效果不佳，力度过大则风险太大，甚至会导致混乱。因此，在政策创新中，我们应该坚持以渐进式的创新来保持政策生态的平衡，一蹴而就的政策创新肯定难以实现，需要以一种循序渐进的模式来逐步实现。

5.3 转变观念，提升公共政策创新能力

多年来的实践告诉我们，只要做法得当，政策创新科学合理，是可以有效规避风险，降低创新政策成本，创造效益的。在提升政策主体的创新能力方面，首先，不断优化政策主体的知识结构；其次，培养政策主体的创新思维。由于公共政策问题具有结构复杂的特性，采取常规思维模式认识和处理遇到的问题，已经难以获得满意的效果，这就必须突破常规思维的束缚，运用创新思维如逆向思维、组合思维、收敛性思维和发散性思维等解决政策问题。

参考文献

（1）Walker，Jackl. The Diffusion of Innovations Among the American States. American Political Sciences Review，1969，Vo163：880-899.

（2）科尔曼·S. 斯托鲁莫夫，刘承礼. 政府分权促进了政策创新吗?[J]. 经济社会体制比较，2006（2）：3～11.

（3）胡宁生. 社会转型时期公共政策创新模式研究[J]. 江海学刊，2010（1）：116～122.

（4）梁岩，贾秀飞. "雾霾"现象的公共政策分析[J]. 环境保护科学，2015，41（4）：112～116.

（5）陈振明. 公共政策学——政策分析的理论、方法和技术[M]. 北京：中国人民大学出版社，2004.

（6）卞苏徽. 入世背景下的公共政策创新[J]. 中国行政管理，2002（11）：32～33.

（7）严荣. 公共政策创新与政策生态[J]. 上海行政学院学报，2005（4）：36～46.

作者简介

黄慧霞，女，1989 年生人，博士在读。邮箱：huanghuixia5@163.com

孙钰，女，1965 年生人，教授，天津商业大学公共管理学院院长。邮箱：sunyuyao@163.com

京津冀基础设施建设、城镇层级体系与高技术产业集聚

杨　峥

摘　要：一体化是区域行政边界不断削减、彼此融合的过程，空间集聚活动越来越依赖当地产业的组织方式。地区的持续增长必然依靠产业的创新优势来维持，高技术产业的知识关联效应则是经济集聚力的主要来源。本文首先基于新经济地理框架在理论上分析了要素流动内在机制，并利用两阶段数据包络分析方法测算了京津冀交通基础设施的有效性，以城市分形理论为基础证实了京津冀城镇层级体系存在的问题。

本文发现交通基础设施对于驱动京津冀高技术产业空间集聚的作用并不明显，亟需对京津冀城镇体系的产业空间布局进行优化，加强三地间政府合作，使其交通区域一体化，在创新驱动的自组织演化过程中协同发展。

关键词：京津冀；交通基础设施；城镇体系；要素集聚；产业创新

1　引言

要素流动的渐趋自由以及贸易壁垒的逐渐削减推动了区域一体化，也激发起学界对一系列空间问题的研究热情。交通基础设施对经济增长的拉动作用功不可没（Aschauer，1993；Bonaglia et al.，2000；Démurger，2001），交通改善对企业选址与产业布局的空间集聚平衡作用不可忽视（Fujita et al.，1999；Baldwin et al.，2003；Adelheid Holl，2004）。国内学界同样也注意到交通基础设施的网络外溢特征与区域发展的紧密联系（张学良、孙海鸣，2008；刘生龙、胡鞍钢，2010；张学良，2012），但是对其经济效益的定量分析并不多见。

珠三角、长三角具有繁荣的市场活跃度，在领头羊的带领下区域共同发展，城镇体系中的网络节点城市在整个都市经济圈中都发挥着重要功能。过去 40 年，从中

央到地方政府都为推动京津冀合作、协同发展，最终实现区域一体化付出了许多努力（张可云、蔡之兵，2014），而有些计划和项目却偏离了整体的区域概念，各种实施路径常常莫衷一是（吴良镛，2013）。

地区的持续增长必然依靠产业的创新优势来维持，各地区的竞争归根到底是对人才、资本和先进技术的竞争。新经济地理为空间研究赋予了全新生命力，将地方政府的公共资源配置与产业集聚优势纳入新经济地理研究框架适得其所。本文在已有研究基础上尝试解决的问题：第一，基于新经济地理理论揭示科技要素集聚的内生机理与深层次动因；第二，运用两阶段 DEA 方法对京津冀交通基础设施的空间布局与受益情况匹配度进行系统考量；第三，采用城市分形理论对京津冀城镇层级体系的帕累托效率进行事实观察，为进一步优化空间布局提供定量判据；第四，较好地衔接了理论模型与实证分析，从区域创新和产业升级的视角，探讨加快提升京津冀科技创新集聚优势的空间实施路径。

2　城镇体系要素流动的理论模型

假设一个行政辖区中，农村和城市的代表性家庭人口规模分别为 N_1 和 N_2。假设农村家庭在特定时节（播种和收获）的劳动供给为 L_1，剩余劳动供给为 L_2，那么可以得到：$N_1 = L_1 + L_2$。

2.1　居民行为

设城市代表性家庭效用函数为 CES 形式，效用最优化问题：

$$U = (a)^{\alpha 1} (m)^{\alpha 2} (h_r)^{\alpha 3} \left(\frac{G_r^n}{L} \right)^{\alpha 4}$$

a 是农产品消费量，m 是多样性商品需求量，h_r 是在距离城市中心 r 处的住房需求面积。$0 < \alpha 1$，$\alpha 2$，$\alpha 3 < 1$，分别代表三种商品的需求弹性。为了突出交通基础设施这种地方性公共服务拥挤性特点，在效用函数中，以 G_r^n/L 的形式加入到效用函数当中，用以表示区位 r 处交通公共服务的需求。M 是辖区 i 的多样性商品总需求量[①]，其他辖区也可以类似的表示。

[①] 毛艳华、李敬子（2015）认为多样性商品不仅包括货物产品形式，服务业在贸易过程中同样存在类似的冰山成本（iceberg cost），这是构成新经济地理本地市场效应的基石之一。

$$M_i = \left[\int_{m \in i} m_{ii}(q)^{\frac{\sigma-1}{\sigma}} dq + \int_{m \in j} m_{ji}(q)^{\frac{\sigma-1}{\sigma}} dq \right]^{\frac{\sigma}{\sigma-1}}$$

σ 是多样性商品需求的替代弹性, $\sigma > 1$。

地区 i 的多样性商品需求由本地产品和其他地区 j 的产品构成。

多样性商品价格指数: $P_M = \left\{ \int_{m \in i} p_{ii}(q)^{1-\sigma} dq + \int_{m \in j} \left[\gamma |i-j| p_{ji}(q) \right]^{1-\sigma} dq \right\}^{\frac{1}{1-\sigma}}$

$\gamma > 0$ 是单位运输成本, $|i-j|$ 是地区 i、j 之间的空间距离。

令 $\varphi_i = \left(\gamma |i-j| \right)^{1-\sigma}$, 其中: $0 > 1-\sigma$。$\gamma \to 0$ 时, $\phi \to 1$, $\gamma \to \infty$ 时, $\phi \to 0$。

$$P_M = \left\{ \int_{m \in i} p_{ii}(q)^{1-\sigma} dq + \int_{m \in j} \varphi \left[p_{ji}(q) \right]^{1-\sigma} dq \right\}^{\frac{1}{1-\sigma}}$$

ϕ_i 表示地区 i 的市场开放度, 不仅是运输成本, 还包括各种条块分割形成的其他交易壁垒。空间距离贴现因子决定着"块状经济"的分异或趋同。地区 i 效用最大化问题解:

$$a = \frac{\alpha_1 w(1-\tau_w)}{P_A}, M = \frac{\alpha_2 w(1-\tau_w)}{P_M}, h = \frac{\alpha_3 w(1-\tau_w)}{p_h}$$

P_A 是农产品价格, P_h 是区位 r 处的住房价格, τ_w 是工资税率。

间接效用函数: $V_2 = \left(\frac{\alpha_1 w(1-\tau_w)}{P_A} \right)^{\alpha 1} \left(\frac{\alpha_2 w(1-\tau_w)}{P_M} \right)^{\alpha 2} \left(\frac{\alpha_3 w(1-\tau_w)}{p_h} \right)^{\alpha 3} \left(\frac{G_r^n}{L} \right)^{\alpha 4}$

某一种多样性商品的需求量:

$$m_i = \frac{\alpha_2 w(1-\tau_w)}{p_{m_i}^{\sigma} P_{M_i}}, \quad m_j = \frac{\alpha_2 w_j (1-\tau_w)}{p_{m_j}^{\sigma} P_{M_j}} = \frac{\alpha_2 w_j (1-\tau_w)}{\gamma p_{m_i}^{\sigma} P_{M_j}}$$

m_i、m_j 分别是地区 i、j 对该产品的需求量。一个城市能否成为克鲁格曼(Krugman, 1991)提出的要素集聚的重力中心, 并不完全取决于区位、资源这些不可移动的外生天然优势(First Nature)。为重点探讨要素流动形成的区域内生自我强化正反馈机制(Second Nature), 假设两地区的初始状态为对称结构, 即 $w_i = w_j$, $P_{Mi} = P_{Mj}$。

$$m = m_i + m_j = \eta_i + \eta_j / \gamma \left(其中: \eta_i = \frac{\alpha_2 w_i (1-\tau_w)}{p_{m_i}^{\sigma} P_{M_i}}, \eta_j = \frac{\alpha_2 w_j (1-\tau_w)}{p_{m_i}^{\sigma} P_{M_j}} \right)$$

令：$\dfrac{m_i}{m} = \varepsilon, \dfrac{m_j}{m} = (1 - \varepsilon)$

ε 为厂商在区域 i 的销售量占总产出比重，$(1 - \varepsilon)$ 是在其他区域的销售比重。

2.2　生产者行为

在斯蒂格里茨（Dixit-Stiglitz，1977）垄断竞争条件下的现代生产部门，每种商品都存在细微的差别，那么每一种商品的生产商都可视为一个独立的行业。消费者需求多样性是生产实现规模报酬递增的源泉（安虎森，2009）。厂商生产函数：

$$m = \left(\psi_m S_m^r \right)^{\beta 1} K_m^{\beta 2} L_m^{r \beta 3} \left(-m_i \right)^{\beta 4} \left(\frac{G_r^n}{L} \right)^{\beta 5}$$

其中，S_m 是在距离城市中心 r 处的用地面积，ψ_m 代表容积率，二者相乘也就是厂商实际可使用的建筑空间面积；K_m 是行业资本；L_m 是聚集到 r 处的行业劳动者。每个厂商产出既可以是最终消费品也可以是其他厂商的中间投入品。由于每个行业之间存在细微的差异，以其他相关厂商产出 $-m_i$ 作为中间投入，产业链是否完整是影响厂商区位决策的重要因素。与效用函数相同，随着劳动力的增加产出随之提升，但也使得在 r 处交通公共服务的受益能力下降，从而也会影响产出水平。其他地区的生产也可以进行相同的描述。

厂商的利润最大化问题表示为：

$$\pi_i = p_{m_i} m_i + p_{m_j} m_j - (F + vm)$$

根据总产出等于总需求出清条件构造拉式函数：

$$\wp = p_{m_i} \varepsilon m + \gamma p_{m_i} (1 - \varepsilon) m - (F + vm) - \lambda \left[m - \left(\psi_m S_m^r \right)^{\beta 1} K_m^{\beta 2} L_m^{r \beta 3} \left(-m_i \right)^{\beta 4} \left(\frac{G_r^n}{L} \right)^{\beta 5} \right]$$

$$\frac{d\pi}{dp} = \varepsilon m + \gamma (1 - \varepsilon) m - \lambda = 0 \ , \quad \frac{d\pi}{dm} = p_{m_i} \varepsilon + \gamma p_{m_i} (1 - \varepsilon) - v - \lambda = 0$$

综合以上两式可以得到：$\dfrac{p_{m_i} \varepsilon + \gamma p_{m_i} (1 - \varepsilon) - v}{\varepsilon m + \gamma (1 - \varepsilon) m} = 1$

将多样性商品的需求量：$m = \eta_i + \eta_j / \gamma$，代入上式可以化简得到厂商定价原则：

$$p_{m_i} = \frac{v + \left(\eta_i + \eta_j / \gamma \right) \left[\varepsilon + \gamma (1 - \varepsilon) \right]}{\varepsilon + \gamma (1 - \varepsilon)}$$

代入厂商利润函数公式：$\pi_i = \dfrac{v + \left(\eta_i + \eta_j/\gamma\right)\left[\varepsilon + \gamma\left(1-\varepsilon\right)\right]}{\varepsilon + \gamma\left(1-\varepsilon\right)}m_i - \left(F + vm_i\right)$

每个厂商只生产一种与其他商品具有差异性的商品，但同时面对的又是完全竞争市场，不能按照垄断厂商制定价格，对价格指数的影响几乎可以忽略，厂商之间没有策略性串通共谋定价的可能，只能依据加成定价策略实现利润最大化，均衡利润必然为零，厂商规模为：

$$m_i = \frac{F\left[\varepsilon + \gamma\left(1-\varepsilon\right)\right]}{v + \left[\left(\eta_i + \eta_j/\gamma\right) - v\right]\left[\varepsilon + \gamma\left(1-\varepsilon\right)\right]}$$

与安虎森（2009）每个厂商产量和企业规模的假设不同，考察一个地区的行业产出水平应从生产函数的要素成本一一分析。土地级差地租和资本投入构成固定成本，劳动要素价格和产业链上的中间投入价格是厂商的产品变动成本。

$$\left.\begin{array}{l} F = p_{S_m}^r \psi_m S_m^r + K_m\left(1+\delta\right) \\ v = w_i + p_{-m_i} \end{array}\right\} \Rightarrow m_i = \frac{\left[p_{S_m}^r \psi_m S_m^r + K_m\left(1+\delta\right)\right]\left[\varepsilon + \gamma\left(1-\varepsilon\right)\right]}{\left(w_i + p_{-m_i}\right) + \left[\left(\eta_i + \eta_j/\gamma\right) - \left(w_i + p_{-m_i}\right)\right]\left[\varepsilon + \gamma\left(1-\varepsilon\right)\right]}$$

将上式同除以建设用地使用面积整理成：

$$m_i = \frac{\left[p_{S_m}^r \psi_m + K_m/S_m^r\left(1+\delta\right)\right]\left[\varepsilon + \gamma\left(1-\varepsilon\right)\right]}{\left\{\left(w_i + p_{-m_i}\right) + \left[\left(\eta_i + \eta_j/\gamma\right) - \left(w_i + p_{-m_i}\right)\right]\left[\varepsilon + \gamma\left(1-\varepsilon\right)\right]\right\}\Big/S_m^r}$$

其中：K_m/S_m^r 是单位建设用地的资本投入，也就是容积率 ψ_m，由此：

$$m_i = \frac{\psi_m\left[p_{S_m}^r + \left(1+\delta\right)\right]\left[\varepsilon + \gamma\left(1-\varepsilon\right)\right]}{\left\{\left(w_i + p_{-m_i}\right) + \left[\left(\eta_i + \eta_j/\gamma\right) - \left(w_i + p_{-m_i}\right)\right]\left[\varepsilon + \gamma\left(1-\varepsilon\right)\right]\right\}\Big/S_m^r}$$

按照我国土地使用制度，土地价格由基准地价和竞租溢价两部分构成。地方政府规定每宗土地的单位底价，也就是马克思地租理论的绝对地租 $B>0$。然后由竞买者在 B 基础上根据竞争原则加价。本文以该区位的人口密度 $b\left(L/S\right)$ 形式反映土地的竞争程度，b 是土地价格溢价系数。

$$m_i = \frac{\psi_m\left[B + b\left(L_i^r/S_m^r\right) + \left(1+\delta\right)\right]\left[\varepsilon + \gamma\left(1-\varepsilon\right)\right]}{\left\{\left(w_i + p_{-m_i}\right) + \left[\left(\eta_i + \eta_j/\gamma\right) - \left(w_i + p_{-m_i}\right)\right]\left[\varepsilon + \gamma\left(1-\varepsilon\right)\right]\right\}\Big/S_m^r}$$

从上式可以看出，地区行业产出由市场需求份额 ε、不同地区的实际支付能力 η、产业链成本 γ 和 p_{-m} 以及拥堵程度 L/S_m^r 共同决定，并且呈现典型的非线性特征。

2.3　人口流动

现实中，某一细分市场中劳动异质性的特征越来越明显，外来流动人口在一个城市寻找工作机会时并不确定厂商资本能否与其技能相匹配。在卖方垄断市场中，行业劳动要素的工资 w_i 由其创造的边际收益产品决定（杨峥，2012a）。假设一个地区的人力资本分为高技能人才和一般技能劳动力。高技能人才占城市人口规模的比重为 μ，μN_2 是高技能人才总量。高技能人才可从事研发等高附加值产业工作，可获得工资 w_Y。剩余城市人口和农村流动人口构成一般技能劳动力 $(1-\mu)N_2+L_2$，只能从事传统产业工作，工资水平为 w_Z。短期内，人力资本总量 L 是固定的，而且低技能人才向高技能人才转变需要培训教育成本（Brueckner，et al.，2002）。

$$\begin{cases} \dfrac{d\pi}{d(\mu N_2+\mu N_2)}=2w_{YY} \\[2mm] \dfrac{d\pi}{d(\mu N_2+(1-\mu)N_2+L_2)}=2w_{YZ} \\[2mm] \dfrac{d\pi}{d((1-\mu)N_2+L_2+(1-\mu)N_2+L_2)}=2w_{ZZ} \end{cases} \Rightarrow w_{YY}\succ w_{YZ}\succ w_{ZZ}$$

城市 i 的平均工资：

$$\overline{w}_i=\frac{w_Y\mu N_2+w_Z\big[(1-\mu)N_2+L_2\big]}{L}$$

根据生活成本指数：$P_A^{\alpha_1}P_M^{\alpha_2}p_h^{\alpha_3}$，实际工资水平：

$$\varpi_i=\frac{\big\{w_H\mu N_2+w_L\big[(1-\mu)N_2+L_2\big]\big\}(1-\tau_w)}{LP_A^{\alpha_1}\Big\{\int_{m\in i}p_{ii}(q)^{1-\sigma}\,dq+\int_{m\in j}\varphi_i p_{ji}(q)^{1-\sigma}\,dq\Big\}^{\frac{\alpha_2}{1-\sigma}}\big[B+b\big(L_i^r/S_h^r\big)\big]^{\alpha_3}}$$

城市中的交通公共服务设施可达性（accessibility）只出现在某些特定区域，而且其区位固定性将持续较长时间（Thisse、Wildasin，1992）。正是由于交通基础设施以土地为载体，既可以被多数居民无差异共享，也是局部有限的拥挤性"会员俱乐部单位"。居民流动的源动力并非追求单纯的工资水平，而是效用最大化。人口流动条件：$\dot{L}_i=L_i(V_i-V_j)$。

对于厂商而言，当地劳动力市场与行业资本的匹配度也决定着工资水平，进而劳动者的消费行为、居住区位选择都会存在较大差异。受收入预算的约束，外来劳动者只能选择距离较远、距工作地点通勤时间较长的地区甚至城市边缘居住。这正是我国多数农村流动人口在城市工作、生活的真实写照。当劳动者工作技能较低、与企业需求匹配度较差时，只能获得较低的工资水平。劳动力按照技能差异集聚于不同生产率和生活成本的城市（Venalbes，2011）。

3 京津冀交通基础设施建设有效性

与传统经济理论不同，受新经济地理集聚效应的吸引，交通基础设施为要素和商品低成本流动提供了便利。为了更加接近市场需求，降低交易成本，厂商会选择那些产业链完整、市场规模较大的区位投资，由于劳动要素进一步带来更大规模的市场需求，众多产业因需求规模优势不断于此聚集。交通基础设施建设力度不断增强极大改善了民生福祉，对于促进经济发展的贡献功不可没。城市的人力资本市场与当地的地理空间分布紧密相连，这有助于理解城市经济的形成与各要素之间的内在联系。因而，完善交通公共服务供给的科学性，提高财政资金使用效率显得十分必要，可达性是公共服务空间效应的核心内容。

3.1 交通基础设施资金投入规模

财力是有效提供公共服务的资金保障。尽管在地方财政一般预算中安排了交通运输支出，但土地财政收入才是现有财政体制下地方基础设施这一"硬件"建设的主要资金来源（杨峥，2012b）。按照现行土地使用制度，土地出让支出中除了征地拆迁补偿，还包括"七通一平"成本性支出，道路位列其中。地方政府向市政公司、城投集团注入土地等资产，向银行申请土地抵押贷款是地方投融资平台最主要的融资方式（李永刚，2011），交通运输、市政建设等公益性项目是资金的基本投向（审计署，2013）。

一般预算财政支出、土地出让收入数据可以从历年《中国财政年鉴》《中国国土资源年鉴》直接获得。而地方性债务不等同于地方政府的显性债务，正因为囿于数据的缺乏，学界只能粗略估计。与其他学者不同，本文并没有依据财政预算约束恒等式选取一般预算财政收支和中央转移支付作为估计变量，这与我国基础设施融资模式不无关系。基于此，设定地方性债务估计模型为：

$$landload_{it} = \alpha_0 + \alpha_1 \triangle road_{it} + \alpha_2 slandp_{it} + \alpha_3 slandarea_{it-1} + \alpha_4 slandarea_{it} + \mu$$

其中：$landload_{it}$ 是核心因变量，代表地区 i 在 t 期的土地抵押贷款。用 t 期各地区公路里程新增长度（万公里）$\triangle road_{it} = road_{it} - road_{it-1}$ 来衡量 t 期公益性项目增加的资金需求，这也是投融资平台公司土地融资非线性、非匀速增长的显著特征。t 期的土地贷款规模当然还与土地单位价值以及土地抵押面积有关，但《中国国土资源年鉴》只给出了少量年份的全国分地区土地抵押信息，且部分地区存在数据残缺的情况。为此，先以 t 期和 $t-1$ 期的土地出让面积 slandarea、同期土地出让单价 $slandp_{it}$ 和土地成交价款 $slandr_{it}$ 作为解释变量，并结合已有年度时间序列进行指数平滑 Holt 线性趋势方法将数据补充齐全。国家统计局暂时只公布了 2014 年公路里程数的全国合计数，比 2013 年增加 10.77 万公里，变动幅度不大，因而将 2013 年的 $\triangle$road 按实际里程数进行分摊。

短期内，基础设施投资在地方经济增长中的地位依然不可撼动。估计结果 $\triangle road_{it}$ 没有通过显著性检验以及整体拟合优度较低也可以印证。公益性项目新增供给并不是影响地方性债务的根本原因，土地价格才是决定地方性债务的直接因素。

$$landload_{it} = 40611 \times slandp_{it} - 2146600 \times \triangle road_{it}$$
$$(4.243104)^{***} \quad (-1.305914)$$
$$+433 \times slandarea_{it-1} + 1106 \times slandarea_{it}$$
$$(0.317491) \quad (0.775341)$$
$$R^2 = 0.141 \quad DW = 2.385$$

虽然《中国交通运输统计年鉴》统计了当年的公路建设投资完成额，但时间并不连续。财政部编制的《政府收支分类科目》公共财政预算支出科目中的交通运输支出不仅反映与公路相关的支出，还包括水路运输、港口建设等其他交通形式。《中国国土资源统计年鉴》土地出让支出无法清晰划分投向道路的资金规模。地方政府负有间接偿还责任的隐性债务确实可以从弥补地方预算缺口的角度解释（徐家杰，2014），但公益性项目投资具有规模大、建设期、回收期长的特点，新增债务并非仅仅满足当期（甚至不是短期跨期）的预算平衡。

综合以上原因，将"三项"支出资金简单加总估算得到的交通基础设施投入与当年达到可使用状态的交通基础设施并非一一对应关系，这样一来势必会高估投入规模。为解决这一问题，本文以 2008～2013 年 31 个省公路里程作为被解释变量的面板数据固定效应模型，得到因变量资金规模的弹性系数（约为 1.2，p 值=0.0000），用其倒数（83.36%）折算为当年交通基础设施的单位资金投入。

3.2 变量定义和研究模型

本文以公路里程作为交通基础设施的主要产出指标，是一定时期内达到相关技术标准，并经主管部门验收交付使用的等级公路里程数，包括公路里程和桥梁，可以避免长度重复计算问题。现实中，交通公共服务的满意程度不仅要关注政府性资本对于区域经济增长的拉动，更要研究公共服务设施资本存量的空间效应（张学良，2012）。为了客观反映交通基础设施的运输成果，用旅客周转量、货物周转量作为综合性的产量指标，能够更加全面地显示物流、人流对资金流的带动作用。

在研究模型选择上，为更加凸显我国地方政府在财权事权不匹配的条件下，交通基础设施投资多种资金交叉融合的典型特征，通过建立资源投入共享型关联两阶段 DEA 的效率评估模型，测算地方交通基础设施资金使用的有效性和变化轨迹。将资金的使用过程分为前后相继两个阶段，也即资金投入—交通基础设施产出为第一阶段，交通基础设施产出—受益为第二阶段，如图 1 所示。

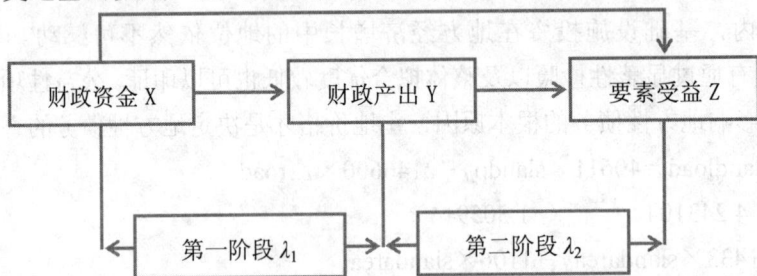

图 1   地方政府财政资金运用过程的两阶段分解

与黄薇（2009）以主观性赋权各为 50% 的做法不同，本文根据不同地区、不同时期评价对象自身提供有效信息的离散程度，以熵值法科学客观地计算综合得分的方式体现财政资金在产出和受益两个阶段的重要程度。

在一个经济系统中，有 n 个地区 m 项指标，第 j 项指标的熵值为：

$$e_j = -\frac{\sum_{i=1}^{n}\left[p_{ij} \ln\left(p_{ij} \right) \right]}{\ln(n)}$$

$$p_{ij} = \frac{x'_{ij}}{\sum_{i=1}^{n} x'_{ij}}, \quad x'_{ij} \text{ 是采用不同算法对正向、逆向指标进行标准化处理后的数据。}$$

第 i 个地区公共服务产出或受益的综合得分为：$s_i = \sum_{j=1}^{m}\left[\dfrac{p_{ij}\left(1 - e_j\right)}{\sum_{j=1}^{m}\left(1 - e_j\right)} \right]$

据此即可分别计算出第一、第二阶段的效率权重：

$$\lambda_1 = \frac{s_{产出}}{s_{产出} + s_{受益}}, \quad \lambda_2 = \frac{s_{受益}}{s_{产出} + s_{受益}}$$

3.3   京津冀交通基础设施建设有效性实证结果

无论是地方财政投入，还是公共服务设施和人力资源这些物质产出，仅是实现均等化的手段，最终目标是如何转化为居民的惠及程度。基于 CCR 产出导向模型分别计算出 2008～2013 年京津冀在交通基础设施产出、受益阶段的子效率和财政资金运用综合效率的全过程时空演变。

表 1　交通基础设施两阶段综合效率

年份	2008	2009	2010	2011	2012	2013
北京	0.86	0.88	0.87	0.88	0.87	0.62
天津	0.99	0.92	0.84	0.78	0.82	0.84
河北	0.52	0.67	0.75	0.83	0.79	0.85
京津冀	0.79	0.82	0.82	0.83	0.83	0.77
全国	0.63	0.60	0.59	0.56	0.54	0.60

虽然整个京津冀交通基础设施平均效率高于全国平均水平，但河北省交通基础设施效率长期落后于北京和天津，而天津的交通基础设施效率甚至超过了北京，使得近年来天津产业得以快速发展，迎头赶上。

4　京津冀城镇体系的帕累托效率

4.1　城镇体系分布幂率

城市群是由多个不同等级、不同职能分工、相互依存的多中心城镇构成的空间结构体系，对这一体系资源配置的合理性判断当然离不开对人口规模的空间分布问题研究。齐普夫（Zipf，1949）提出了城市体系的位序—规模（rank-size rule）经验公式，用城市人口规模分布幂率描述空间资源配置的合理性。曼德尔布罗特（Mandelbrot，1967）开创分形理论（fractal theory），从"混沌"不规则形态中提取出"内在秩序"。之后分形几何广泛用于解释城市空间结构问题，以分形维数（fractal dimension）描述区间相互作用和空间联系是否优化的特征参数。

根据 Mandelbrot 分形理论，城镇体系分布形式可表述为：

$$N(r) = \theta r^{f(D)}$$

要素在空间流动并不是无序进行的，呈现出自相似性（self-similar），用 Hausdorff 维数法确定一个空间分维，给定一个标度码尺（yardstick）r，大于 r 的地区个数 N(r) 与 r 满足：

$$N(r) \propto r^{f(D)}$$

现实中的城镇体系可能比线性形态更加复杂。根据巴蒂和朗利（Batty & Longley，1988）的做法，令 $f(D)=\frac{1}{2}(c+dr^{\frac{1}{2}})$，估计方程变为非线性形式：$\ln N(r)=\ln\theta+(\frac{1}{2}c)\ln r+(\frac{1}{2}dr^{\frac{1}{2}})\ln r$。

其中：$d\to0$，$c\to f(D)$。$\frac{1}{2}dr^{\frac{1}{2}}$ 是分散因子，用于测量空间位序—规模的非线性特征。

4.2 京津冀城镇体系空间效率事实观察

在考察京津冀城市层级体系时，若仅关注"两市一省"如此宏观的视角，可能造成实证结果有偏。为了获得京津冀城镇层级体系更加精确的现实证据，出于估计稳健性考虑，分别给出 2005 年与 2013 年北京、天津与河北省地级市常住人口的检验结果，以及将北京、天津扩展至区县级口径的全域对应情况（参见表2）。由于部分行政区划发生了变化，比如北京东城区和崇文区组成新东城区，北京西城区和宣武区合并成新西城区。为了保持口径一致做了合并计算，这并不影响在整个城镇体系中的位序。为消除小样本情形下 OLS 线性估计的偏误，参照加拜克斯等（Gabaix & Ibragimov，2011）、梁琦等（2013）的处理方法，对模型改进为 $\ln(r-0.5)$ 做进一步估计。[①]

表 2　京津冀城镇体系人口规模位序—规模分形维数

| 人口规模 | 传统模型 $\ln(r)$ | | | | | | |
| | 线性 | | | 非线性 | | | |
	常数项	$f(D)$	R^2	常数项	$c\to f(D)$	$d\to0$	R^2
2013 年全域	8.17	1.126	0.91	7.013	0.376	1.171	0.98
	(49.84) ***	(−20.317) ***		(65.927) ***	(1.960) *	(−14.113) ***	
2013 年省市	7.842	0.731	0.92	7.587	0.317	0.8313	0.96
	(66.363) ***	(−11.655) ***		(72.973) ***	(−1.013)	(−3.793) ***	
2005 年全域	8.147	1.213	0.92	7.093	0.029	1.067	0.98
	(50.177) ***	(−22.093) ***		(50.721) ***	(−0.118)	(−9.788) ***	
2005 年省市	7.531	0.618	0.86	7.23	0.112	0.978	0.94
	(54.776) ***	(−8.464) ***		(60.853) ***	−0.314	(−3.909) ***	

---

① 加拜克斯（Gabaix、Ibragimov）和梁琦等人采用的是 Zipf 维数法。理论上，Zipf 维数与分形维数互为近似倒数关系，两者的乘积等于判定系数。谈明洪、范存会（2004）对此做了详细论证。

人口规模	修正有偏模型 ln $(r-0.5)$						
	线性			非线性			
	常数项	$f(D)$	R^2	常数项	$c \rightarrow f(D)$	$d \rightarrow 0$	R^2
2013 年全域	7.752	0.998	0.87	7.103	0.087	1.042	0.98
	(44.399) ***	(−16.764) ***		(96.854) ***	−0.669	(−16.790) ***	
2013 年省市	7.514	0.59	0.88	7.519	0.467	0.688	0.96
	(66.11) ***	(−9.478) ***		(112.884) ***	(−2.773) **	(−4.694) ***	
2005 年全域	7.701	1.077	0.89	7.076	0.143	1.005	0.98
	(43.877) ***	(−17.987) ***		(76.730) ***	(−0.872)	(−12.875) ***	
2005 年省市	7.248	0.496	0.81	7.254	0.233	0.732	0.93
	(57.911) ***	(−7.234) ***		(92.481) ***	(−1.173)	(−4.245) ***	

注：括号中的数字为系数的 t 统计量，***$p < 0.001$，**$p < 0.01$，*$p < 0.05$。

全域=北京 17 个区+天津 16 个区+河北省 11 个地级市共 44 个样本。

省市=北京+天津+河北省 11 个地级市共 13 个样本。

一个有效率的人口分布是城镇体系良性发展的首要条件，但城镇层级不应仅停留于人口规模，更应从经济、产业多方面考虑（梁琦等，2013）。为了从多角度判断京津冀城镇层级体系的优劣，本文沿用人口规模的分形方法，对京津冀的 GDP 位序—规模进一步检验（参见表3）。

表 3　京津冀城镇体系 GDP 位序—规模分形维数

生产总值	传统模型 ln (r)						
	线性			非线性			
	常数项	$f(D)$	R^2	常数项	$c \rightarrow f(D)$	$d \rightarrow 0$	R^2
2013 年全域	9.909	1.115	0.9	8.213	1.338	1.546	0.96
	(57.326) ***	(−19.072) ***		(29.245) ***	(2.859) ***	(−8.379) ***	
2013 年省市	10	1.15	0.85	10.1	2.749	0.326	0.83
	(37.812) ***	(−8.196) ***		(28.047) ***	(−2.534779) **	−0.429	
2005 年全域	9.208	1.318	0.87	7.408	1.413	1.789	0.99
	(39.158) ***	(39.158) ***		(85.556) ***	(9.126) ***	(−26.930) ***	
2005 年省市	8.962	1.164	0.98	8.858	1.862	0.339	0.99
	(114.513) ***	(−28.033) ***		(93.475) ***	(−6.523) ***	(−1.697)	

生产总值	修正有偏模型 ln（r-0.5）						
	线性			非线性			
	常数项	$f(D)$	R^2	常数项	$c \rightarrow f(D)$	$d \rightarrow 0$	R^2
2013 年全域	9.909	1.115	0.90	8.321	1.061	1.432	0.96
	(57.326) ***	(-19.072) ***		(36.817) ***	(2.707) ***	(-8.919) ***	
2013 年省市	9.503	0.941	0.84	9.505	1.629	0.244	0.82
	(43.678) ***	(-16.696) ***		(42.149) ***	(-2.857) **	(-0.491)	
2005 年全域	8.706	1.165	0.82	7.743	0.706	1.503	0.99
	(35.771) ***	(-14.134) ***		(105.769) ***	(5.431) ***	(-24.663) ***	
2005 年省市	8.455	0.95	0.97	8.458	1.349	0.532	0.99
	(92.713) ***	(-19.022) ***		(147.128) ***	(-9.278) ***	(-4.205) ***	

注：括号中的数字为系数的 t 统计量，***$p<0.001$，**$p<0.01$，*$p<0.05$。

全域=北京 17 个区+天津 16 个区+河北省 11 个地级市共 44 个样本。

省市=北京+天津+河北省 11 个地级市共 13 个样本。

　　GDP 价格为当年价格。由于区县的数据中扣除了划归市一级核算部分，北京、天津区县 GDP 合计数略小于全市 GDP。

　　实证结果表明，非线性模型的 R^2 较线性模型有了显著改善，只是 GDP 分形维数 $c \rightarrow f(D)$ 普遍通过 0.001 显著性检验的同时，人口规模的分维却没有给出比较有意义的结果，问题出于 $d \rightarrow 0$ 的假设条件并未成立。尽管采用了 ln（r-0.5）的方法对模型修正以克服有偏问题，但究其原因还是样本量过小导致的人口规模在城镇体系中的非线性分布特征没有完全显现。

　　所有线性模型的分维都通过了显著性检验，但是不同统计口径得到的结论却截然不同，这一点在人口规模的位序—规模检验中尤为突出。全域的人口分形维数 $f(D)>1$，在省市一级 $f(D)<1$。在行政级别上，北京、天津虽名曰为"市"，但本身与河北省管辖的"市"并不属于同一层级，无论是从人口规模还是经济总量排序，京津两地将无疑长期包揽"冠亚军"。

　　从时间上比较，传统模型或是修正有偏模型 2013 年的城镇体系分形维数都较 2005 年有所降低。人口规模与产出的位序出现错配，这从二者系数的显著性可窥一斑。专业分工是区域有效合作的基础。而京津冀城镇体系趋于扁平化，资源愈发向首位区靠近，中间城镇发展速度趋缓，如此中心—外围（core-periphery）式的单极发展必然导致区间差距不断扩大，与多中心城镇网络的全面发展相距甚远，难以称之为"协同"。

5　京津冀产业集聚创新

城镇化的集聚现象赋予了都市全新的竞争活力,不仅与区域经济增长相伴而生,更是产业分工、资源配置效率提高的过程。劳动力按照技能差异集聚于不同生产率和生活成本的城市（Venalbes,2011）。人力资本市场与当地的空间地理分布紧密相连,本部分将通过分析京津冀高技术产业的地理格局,为寻找地区间的差异找到答案,这有助于理解集聚经济的形成与各要素之间的内在联系。

5.1　高技术产业集聚经济的度量

借鉴武晓霞和梁琦（2014）地方化经济的思路,某一地区高技术产业集聚经济公式为: $loc_{ik}=s_{ik}/s_i$。s_{ik} 代表地区 i 第 k 个行业（本文考察的是高技术行业）主营业务收入占该地区所有产业收入的比重（用规模以上工业企业主营业务收入代替）; s_i 表示该产业占全国总收入的比重。数值越大说明高技术产业在该地区产业集中度高,优势越明显,也就是某一地区高技术产业的区位熵。用公式表示为:

$$loc_{ik} = \frac{s_{ik}}{s_i}$$

$$= \frac{\text{地区}i\text{高技术产业主营业务收入} / \text{地区}i\text{规模以上工业企业主营业务收入}}{\text{全国高技术产业主营业务收入} / \text{全国规模以上工业企业主营业务收入}}$$

5.2　模型设定与估计方法

除了传统的 OLS 方法,本文还列示了静态面板、动态 GMM 模型的估计结果。为测定京津冀交通基础设施对高技术产业集聚的影响程度,设定计量模型为:

$loc_{itk}= \beta_0+ \beta_1 vote_{it}+ \beta_2 divs_{it}+ \beta_3 instrument_{it}+ \varepsilon_{it}$

（1）交通基础设施有效性（*vote*）

地方公共服务设施的便利性与可达性是私人部门进行经济区位决策时的重要依据,对于地租的影响也毋庸置疑。在逐利原则下,产业在地理上的区位集聚、扩散、转移,很自然的是要素对于当地公共服务空间分布是否合理的"用脚投票"选择。为此,本文并没有选取地方政府财政支出流量数据,而是选用前文测算的京津冀三地交通基础设施存量综合效率作为地方性替代性指标。

（2）消费多样性（*divs*）

消费者福利取决于商品多样性,与产地无关,也就是产业内贸易（Intra-Industry Trade）。一个辖区的价格指数随着产品多样性增加而降低,实际工资水平升高,可视为对消费者的补偿。为测算商品多样性偏好与支出份额的变化特征，采用城镇居民衣着、家庭设备用品及服务、医疗保健、教育文化娱乐服务、杂项商品服务消费合计占家庭人均消费支出比重衡量。不仅反映偏好多样性程度，还代表该地区交通基础设施的实际使用效果，用以刻画贸易自由度。

（3）工具变量（*instrument*）

为尽力解决重要解释变量遗漏可能造成的回归偏误问题，加入工具变量予以控制。在 GMM（I）模型中的工具变量包括两个：①由中央补助、财政部代理发行地方政府债券、上年结余等构成的地方财政收入总计；②土地出让成交价款，GMM（II）模型中的工具变量又添加了高产业集聚度的滞后项 *loc* $_{(-1)}$ 以考察动态因素。

消费数据来自国家统计局，地方财政收入总计来源于《中国财政年鉴》，土地出让收入来源于《中国国土资源年鉴》。

5.3 实证结果

普通面板回归方面，由于样本总量较小，权数选择按截面加权（cross-section weights）方式允许不同的截面存在异方差，在估计方法上选择面板校正标准误差（Panel Corrected Standard Errors）方法，以便有效处理面板数据的误差结构（参见表4）。

表4 京津冀高技术产业集聚度 OLS 模型估计结果

		系数	t	*Prob*	R^2	*Prob*（*LM* 检验）
混合效应	*vote*	0.781	1.648	0.119	0.072	1.180
	divs	1.629	1.556	0.139		
		系数	t	*Prob*	R^2	*Prob*（*LM* 检验）
LSDV 法混合效应	*vote*	0.523	1.470	0.165	0.973	16.873***
	divs	−2.719	−0.575	0.575		
	北京	2.880	1.363	0.196		
	天津	1.931	1.028	0.323		
	河北	0.985	0.500	0.626		
		系数	t	*Prob*	R^2	个体效应 F 检验
固定效应	C	2.660	3.353	0.005***	0.991	400.288***
	vote	0.293	2.026	0.064		
	divs	−4.022	−2.172	0.049*		
		系数	t	*Prob*	R^2	*Hausman* 检验
随机效应	C	−9.930	−3.540	0.003**	0.478	0.000
	vote	3.783	2.547	0.022*		
	divs	19.461	3.547	0.003**		

注：上标***、**、*分别表示 1%、5% 和 10% 的显著性水平。

　　LM 检验结果表明随机效应模型优于混合回归。个体固定效应 *F* 检验和 x^2 检验显示固定效应优于混合回归。但 Hausman 检验 *p* 值大于 0.01，不能拒绝存在随机效应的原假设。进一步通过 *LSDV* 法考察，三个省的个体虚拟变量显著程度 *p* 值大于 0.05，认为个体效应较弱，表明京津冀之间基本无差异或差异较小的假设不能成立，也就是高技术产业空间集聚的方向与效应大小并不一致。

　　从回归结果来看，OLS 模型中京津冀交通基础设施效率（*vote*）对当地高技术产业的集中作用不明显，只有在随机效应模型中呈弱相关。而且两种 GMM 模型中有四个模型的 *J-statistic*＞0.05。在不同的模型中，用于测量产业集聚创新的估计结果并不稳定，从京津冀三地的交通基础设施"满意度投票"（*vote*）均未通过显著性检验，对于高技术产业空间集聚作用并不明显（参见表 5）。

表 5　京津冀高技术产业集聚度 GMM 模型估计结果

			系数	*t*	*Prob*	*J-statistic*
混合效应	GMM（I）	*vote*	2.309	1.213	0.243	0.064
		divs	−1.753	−0.427	0.675	
			系数	*t*	*Prob*	*J-statistic*
	GMM（II）	*vote*	3.399	1.475	0.164	7.683
		divs	−3.937	−0.802	0.437	
固定效应			系数	*t*	*Prob*	*J-statistic*
	GMM（I）	*C*	3.771	0.057	0.956	0.000
		vote	9.232	0.406	0.692	
		divs	−24.097	−0.135	0.895	
			系数	*t*	*Prob*	*J-statistic*
	GMM（II）	*C*	−6.415	−0.813	0.435	0.033
		vote	2.610	1.331	0.213	
		divs	13.214	0.851	0.415	
随机效应			系数	*t*	*Prob*	*J-statistic*
	GMM（I）	*C*	−8.951	−0.371	0.716	0.000
		vote	8.371	0.698	0.496	
		divs	8.173	0.217	0.831	
			系数	*t*	*Prob*	*J-statistic*
	GMM（II）	*C*	−23.500	−1.783	0.100	0.221
		vote	17.401	1.637	0.128	
		divs	25.374	1.056	0.312	

　　从京津冀高技术产业集聚经济的演变来看，虽然北京长期保持着京津冀地区较高的产业集中度，但已由 1999 年的 3.2 降至 2013 年 1.82（参见图 2）。由于整个区域协同发展程度较低，长三角、珠三角高技术产业集中优势与京津冀的差距不断拉大。这也正是京津冀三地政府加强协调合作，提升产业竞争优势的工作切入点。

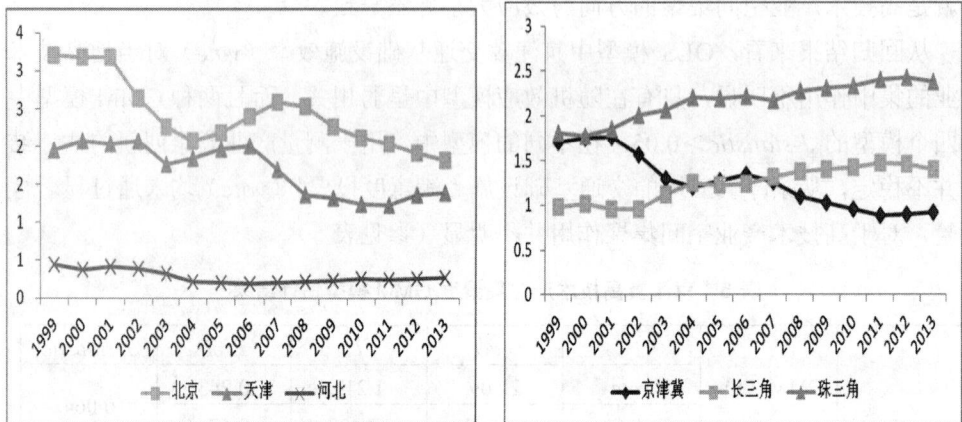

图 2　京津冀高技术产业集中度对比

数据来源：作者根据《中国高技术产业统计年鉴》和《中国统计年鉴》绘制。

注：由于缺乏详细的地县级资料，长三角和珠三角的都市圈辐射范围无法明确。这里采用的是狭义口径，也即长三角包括上海、江苏、浙江，珠三角以广东省数据计算。

　　在分析地方政府交通基础设施成效时，必须考虑由此产生的空间溢出效应（张学良，2012）。但本文并没有使用空间面板模型来考虑京津冀交通基础设施空间溢出效应，原因在于空间权重矩阵的构建方法一般采用邻接标准、距离标准或 GDP 空间权重矩阵等，经济或人口密度都是地理区位的行为结果，采用不同年份的数据权重也大不相同。而区间的相对位置是固定不变的，仅考虑三地间二进制的邻接空间权值矩阵元素，显然容易忽略交通基础设施所具有的全域网络属性特征，也希望今后能从技术上解决这一问题。

6　结论与政策建议

　　发达国家经验表明，首都经济圈的形成是要素驱动向创新驱动转型的过程，研发等高附加值服务业占据产业发展主导。而目前京津冀服务业产值比重甚至低于伦敦、首尔、东京这些国际都市圈 20 世纪 90 年代的水平（刘瑞、伍琴，2015）。交通基础设施作为一种地方性公共服务，其有效性或者财政资金效率的评价并不是单纯强调财政支出规模的横向比较，而核心是能否让辖区内的居民、产业都可以公平可及地享受公共服务到带来的福利。

区域一体化绝不是以往受行政边界束缚的"一亩三分地"思维定式，更不是"舍我为人"的奉献精神，而是在地方政府竞争与合作耦合中为流动要素集聚提供良好的微观环境。通过有效的政策"轻推"，遵循市场配置要素的客观规律，引导创新要素在产业经济自然分蘖过程中与城市功能定位相适应。三地政府应将加强财政资金统筹，实现交通一体化，这将使京津冀之间的差距得到有效缓解。与珠三角、长三角相比，京津冀地区有其固有的特殊性。但只要认识到"以人为本"的区域一体化这一复杂问题背后隐藏的空间秩序，京津冀都市圈必将成为世界级的高技术产业城市集群。

参考文献

（1）安虎森. 新经济地理学原理（第二版）[M]. 经济科学出版社，2009.

（2）黄薇. 中国保险机构资金运用效率研究：基于资源型两阶段 DEA 模型[J]. 经济研究，2009（8）：37～49.

（3）梁琦，陈强远，王如玉. 户籍改革、劳动力流动与城市层级体系优化[J]. 中国社会科学，2013（12）：36～59.

（4）刘瑞，伍琴. 首都经济圈八大经济形态的比较与启示[J]. 经济理论与经济管理，2015（1）：79～94.

（5）刘生龙，胡鞍钢. 基础设施的外部性在中国的检验：1988～2007[J]. 经济研究，2010（3）：4～15.

（6）毛艳华，李敬子. 中国服务业出口的本地市场效应研究[J]. 经济研究，2015（8）：98～113.

（7）谈明洪，范存会. Zipf 维数和城市规模分布的分维值的关系探讨[J]. 地理研究，2004（2）：243～248.

（8）吴良镛. 京津冀地区城乡发展规划研究三期报告[M]. 清华大学出版社，2013.

（9）武晓霞，梁琦. 集聚经济的空间演变及产业结构升级效应——基于长三角服务业的分析[J]. 南京审计学院学报，2014（5）：14～22.

（10）徐家杰. 对分税制改革以来我国地方政府债务规模的估计[J]. 经济理论与经济管理，2014（9）：15～25.

（11）杨峥. 论土地财政的逻辑——基于城市扩张对全要素生产率的溢出效应[J]. 山西财经大学学报，2012b（5）：17～25.

（12）杨峥. 土地财政与最优城市规模[J]. 经济与管理研究，2012a（3）：29～38.

（13）张军，高远，傅勇，张弘. 中国为什么拥有了良好的基础设施[J]. 经济研究，2007（3）：4～19.

（14）张可云，蔡之兵. 京津冀协同发展历程、制约因素及未来方向[J]. 河北学刊，2014（6）：101～105.

（15）张学良，孙海鸣. 交通基础设施、空间聚集与中国经济增长[J]. 经济经纬，2008（2）：20～23.

（16）张学良. 中国交通基础设施促进了区域经济增长吗[J]. 中国社会科学，2012（3）：60～77.

（17）Adelheid Holl. Transport Infrastructure，Agglomeration Economies，and Firm Birth：Empirical Evidence from Portugal[J]. Journal of Regional Science，2004（144）：693-712.

（18）Aschauer. Infrastructure and Macroeconomic Performance：Direct and Indirect Effects，In The OECD Jobs Study：Investment，Productivity and Employment[R]. OECD，Paris, 1993：85-101.

（19）Baldwin，R.E.，Forslid，R.，Martin，Ph.，Ottaviano，G.I.P.，Robert-Nicoud，F. Economic Geography and Public Policy[M]. Princeton University Press，Princeton，NJ, 2003.

（20）Batty, Longley. The morphology of urban land use[J]. Environment and Planning B：Planning and Design，1988（15）：461-488.

（21）Bonaglia，Ferrara，Marcellino. Public capital and economic performance：evidence form Italy[R]. IGIER working paper，2000：163.

（22）Brueckner，Thisse，Zenou. Local Labor Markets，Job Matching，and Urban Location[J]. International Economic Review，2002（1）：155-171.

（23）Démurger. Infrastructure Development and Economic Growth：An Explanation for Regional Disparities in China?[J]. Journal of Comparative Economics；2001（1）：95-117.

（24）Dixit，Stiglitz. Monopolistic Competition and Optimum Product Diversity[J]. American Economic Review，1977（67）：297-308.

（25）Fujita，Krugman，Venables. The Spatial Economy. Cities，Regions and

International Trade[M]. Cambridge，MA：MIT Press, 1999.

（26）Gabaix，Ibragimov. Rank-1/2：A Simple Way to Improve the OLS Estimation of Tail Exponents[J]. Journal of Business & Economic Statistics，2011（1）：24-29.

（27）Krugman. First Nature，Second Nature，and Metropolitan Location [R]. NBER working paper，1991：37-40.

（28）Mandelbrot. How Long is the Coast of Britain? Statistical Self Similarity and Fractional Dimension [J]. Science，1967（155）：636-638.

（29）Thisse，Wildasin. Public facility location and urban spatial structure [J]. Journal of Public Economics，1992（48）：83-118.

（30）Venalbes. Productivity in Cities：Self-Selection and Sorting[J]. Journal of Economic Geography，2011（2）：241-251.

作者简介

杨峥，天津财经大学财政与公共管理系，讲师，财政学专业，研究领域：空间经济与公共财政。邮箱：iamfortunate@163.com

加快天津市楼宇经济快速发展的对策研究

东 方

摘 要：本文首先对楼宇经济概念进行简单的界定，进而对天津市楼宇经济的发展现状进行分析，阐述其优势和不足，在此基础上提出加快天津市楼宇经济快速发展的建议。

关键词：楼宇经济；现代服务业；发展现状

楼宇经济是伴随着城市化进程和社会经济发展过程中涌现的一种新型经济形态。简言之，就是多种类型、多种业态的市场主体集中在商务楼宇中，直接产生经济效益。对楼宇经济有种形象的比喻，叫"垂直印钞机"。楼宇经济的空间集聚效应、联动效应和辐射效应，会带动会展经济、旅游经济、餐饮经济等的发展，它们共同发挥作用产生了巨大的经济效益。所以，在城市发展过程中，楼宇经济是一个不可回避的经济形态，而且已经成为衡量一个城市发展程度的重要指标之一。楼宇经济作为现代服务业的代表性形态，既是城市集约经济的体现，又是城市其他产业发展的载体。发展楼宇经济，可以使城市经济发展由平面发展变为立体发展，由实体经济变为虚拟经济，实现向空间求发展、向楼宇要效益的转变。楼宇经济依托写字楼、办公楼大量的人才流、资金流和信息流的汇聚，实现了高价位上的空间再开发和再利用，政府税收和企业财富增长效应显著增强。

1 研究背景

楼宇经济是近年来在我国城市经济发展中逐步出现的一种新型经济形态，楼宇经济一词始于 20 世纪 90 年代，是经济学界提出的一种复合概念。在我国首先出现在深圳和上海，开始实践，随后慢慢发展到其他一些沿海经济发达城市，如宁波、福州、大连、天津等地，并逐渐被一些城市所接受。总的来说，楼宇经济是以城市经济为基础，以商务办公及生产服务等性质的商务楼、功能性板块和区域设施为主要载体，以出租出售或开发经营为目标，通过楼宇内高度集聚的高密度、高附加值企业的生产经营活动而形成的现代经济形态。可以分为两类：一类是指城市内占地面积较小、容积率较高、建筑面积较大并用于经营性的商务楼；另一类是指城市功能区的都市产业（如都市工业、文化创意产业、生态产业等）楼宇，占地面积较大，建筑面积较大，但容积率较低。楼宇经济具有占地面积小，单位面积产生的增加值、税收、就业等指标高，产出贡献大的特点。通过发展楼宇经济可以提高中心城区经济的资源集约，有利于城市经济总量的增长和经济效益的提高。首先，现代服务业企业在楼宇内集聚，最大限度地利用了中心城区的优势资源，使城区战略资源进一步集聚，成为城区经济发展的新的增长极。其次，楼宇经济本身的发展能够带动所在区域的劳动就业总量的提升和就业结构的改善。一方面，各类现代服务业企业集聚在商务楼宇中，形成产业集聚区，促使高端人才向该区域流动，为所在区域提供了大量高智力就业岗位，成为所在城区吸纳高素质人才的重要渠道。另一方面，楼宇经济通过产业乘数效应，带动周边企业相关服务业的就业，从而增加了更多服务业劳动力就业，在一定程度上优化了城区的就业结构。

在全球化的背景下，信息网络体系建设及交通基础设施日渐发达，产业空间转移进程不断加快，产业结构继续优化升级，第三产业已成为产业发展的主导产业，其中现代服务业的迅速增长，使之成为现代经济发展的核心。由于城市土地资源不断减少，日显短缺，如何使土地集约化利用已成为城市发展的重要战略与理念。在各种背景、因素的综合作用下，楼宇经济已成为城市新的经济增长点，城市发展的新理念与新模式。在我国，一些大中型城市已将发展楼宇经济摆在发展的重要战略位置，通过经济类型的整合，楼宇经济空间的合理布局，使楼宇经济得到发展。楼宇经济的特征和优点使得其发展范围向大都市外围地区和中小城市扩展，但在中小城市，尤其是一些县区级或欠发达地区在发展楼宇经济时，往往在选择发展空间上限制因素颇多，发展存在先天条件不足。

2　有关"楼宇经济"研究现状

目前，国内学者对楼宇经济的研究较多，范围较广，成果也较多，对楼宇经济的发展进行了深入的研究和探讨。陈宏（2010）认为楼宇经济是具有极大发展潜力的一种全新的经济发展型态，应遵循解放思想，实事求是，科学规划的原则，避免"盲目上马"，以此来做大做强楼宇经济，一方面要完善原有的低档次写字楼配套，另一方面出台措施着力发展总部经济，从而增强区域经济辐射力。毕波、吴晓留（2006）认为楼宇经济是现代服务业的核心，是具有一定空间集聚规模、较强竞争力、能够产生较高经济效益的产业,它可以吸引其他相关产业形成产业聚集。陈铭(2008)认为城市经济的重要组成之一是楼宇经济,它是现代服务业的载体,能通过有限的土地空间产生凝聚,获取无限的经济能量。城市经济的发展要充分利用中心城区的有利条件,积极引进金融业、大企业、企业总部、各类研发机构和新型产业在商务楼宇内落户,使信息、销售、决策快速形成一定的集聚效应,使中心城区的服务功能和带动作用得到提升和拓展。杨丽、胡德斌、孔艳华(2004)解释了楼宇经济和楼宇经济的发展原则、构成要素、发展水平测评指标等含义,并对楼宇经济发展中的问题进行了深入探讨和研究,为研究楼宇经济发展提供了较好的理论研究基础。杨全社(2010)认为在发展楼宇经济时应注意均衡发展和模式选择,在产业规划上要与城市总体规划相互协调,并要积极、正确处理好政府和市场的关系。丁元(2009)对楼宇经济发展的理论基础和发展楼宇经济集聚区的重要性进行了简述,他认为发展楼宇经济聚集区是一个城区经济发展的重要增长极,体现了较为明显的劳动就业效应和消费带动效应,是提升一个城区发展水平和成为区域品牌最重要的载体之一。

3　天津楼宇经济发展的基本状况

改革开放以前,天津市以拥有配套完整的工业体系为自豪。改革开放以后,随着天津市经济的不断发展,城市中心地价不断飙升,市民的环保意识的增强,中心城市开始意识到自己的功能不仅仅是加工制造基地,而应该承担管理与控制、资本与金融、研发与营销等职能。

从 1991 年天津市第一座甲级写字楼——天津市国际大厦开始招商,标志着天津的高档办公楼开始起步。如今"天津环球金融中心——津塔"等一系列商务楼宇的出现,标志天津楼宇经济得到了较大的发展。

截至 2014 年底,天津市楼宇经济发展实现新突破,全市商务楼宇达到 600 座,实现税收超过 400 亿元,120 座楼宇税收超亿元。楼宇经济的加速发展,为区县经济发展提供了有力的载体支撑,成为中心城区的重要经济增长点。

4　天津市楼宇经济发展过程中存在的问题

虽然天津楼宇经济发展有众多优势支撑,但天津楼宇经济发展还比较迟滞,在全国处于中游水平,与直辖市及北方经济中心的地位稍有不符。

4.1　开发商只顾眼前利益，楼宇间同质竞争严重

近年来市内六区为了加快各区的经济发展，出台了相应的楼宇经济优惠政策，以至于各区内楼宇经济"遍地开花"，为争夺商业、商务资源而展开了无序竞争，为进一步全面提升中心城区服务功能，天津市 2011 年已明确提出六个中心区的功能及产业定位，分别为"金融和平""商务河西""科技南开""金贸河东""创意河北""商贸红桥"，但商务写字楼随地而起，相应的服务、交通、生活等配套设施跟不上，导致招商困难、楼宇空置的现象。开发商在招商过程中为了眼前租金利益，放弃了原有的区域定位，对入驻企业没有进行梳理和归类，造成了入驻企业"鱼龙混杂""良莠不齐"的局面。

4.2　天津市现代服务业产业能级不高

宏观经济数据显示，2014 年天津市生产总值 15722.47 亿元，比上年增长 10%；第三产业增加值 7755.03 亿元，增长 10.2%，占全市生产总值的比重达到 49.3%，比上年提高 1.2 个百分点。从就业结构分析来看，服务业就业人数占总就业人数的47.3%，其中传统服务业就业人数占服务业总就业人数的 63%，现代服务业仅为 37%。通过以上分析可以看出，天津的服务业特别是现代服务业发展还很不足。

4.3　入驻总部企业少，高端需求不够旺盛，楼宇经济的载体发展水平还不够高

天津市商务楼宇整体发展环境未能吸引足够的高端客户，导致一些高端写字楼以及"新城"招商不甚理想，部分楼宇空置较多，主要表现在大型企业总部较少，总部经济拉动效应不强，世界 500 强、国内 500 强多是在天津设立办事处，对高端写字楼的需求不够旺盛，没有形成足够强大的影响力。开发商为了迅速回笼资金，对楼宇的产权、业态不负责任，导致多产权、多业态的混乱局面，楼宇的运营服务水平较低，许多楼宇存在着车位紧张、电梯运行问题频发等弊病，楼宇的运营管理水平不高，缺乏具有顶级资质的楼宇物业管理公司。

5　天津市楼宇经济发展过程中发展对策

5.1　完善楼宇经济产业规划

楼宇经济发展离不开规划的指导，要尽快制定和完善天津市楼宇经济产业规划，

规划近期及远期发展目标，明确发展思路、发展方向、功能定位、重点发展领域以及实施步骤。同时，要进一步完善其他与之相关的产业规划，形成整体发展格局。统筹楼宇规划，整合楼宇资源，优化楼宇布局，改变过去散布各主干道上的"零星"局面，引导楼宇抱团发展、规模发展、聚集发展，进一步增强楼宇经济的辐射力和影响力，全面提升楼宇经济发展水平。

5.2   充分发挥政府主导作用

要树立政府为楼宇服务、楼宇为企业服务、企业创造效益的观念，充分发挥政府的主导作用。从一些城市发展楼宇经济的成功经验来看，政府应有效地发挥好主导者、规划者、扶持者、规范者、提升者和服务者的作用。在楼宇经济发展的不同阶段，政府应扮演不同角色。在起步阶段，服务模式应是"行政主导型"，发挥干预者、主导者的作用；在发展阶段，服务模式应是"合作共治型"，发挥参与者、扶持者的作用；在成熟阶段，服务模式应是"社区自治型"，发挥提升者、服务者的作用。提倡什么，主抓什么，怎样去抓，政府的思路要非常清晰，要形成工作合力，才能取得好的效果，无论是在楼宇经济的探索发展阶段，还是全面提升过程，楼宇经济的健康发展都离不开政府的规范和引导。

5.3   制定楼宇发展优惠政策

科学制定楼宇经济发展优惠政策，出台导向性、倾向性、区别性的政策措施，重点扶持楼宇及楼宇中符合天津市产业导向的企业，政策和措施要有力度，要有比较优势。奖励那些楼宇发展较好的楼宇业主和经营管理单位，对入驻企业要在装修、资金奖励、购房补贴、房租补助、税收返还、员工落户、子女教育、职称评定等方面进行扶持。对实力强、规模大、效益好的企业和总部更要舍得放弃眼前收益，以长远发展的目光加大鼓励力度。同时在企业工商、税务审批方面开通绿色通道，减少审批程序，缩短审批时间。

5.4   建立楼宇信息共享平台

积极做好天津市楼宇资源调查和统计工作，及时掌握发展动态，将各楼宇业主和经营管理单位融合起来，建立全区楼宇信息共享和服务平台，动态反映各楼宇的软硬件情况和出租状况，一方面能为需入驻企业提供快捷的信息平台，另一方面能为政府及时了解楼宇经济发展状况提供决策平台。

5.5　规范楼宇项目招商条件

为促进天津市楼宇经济健康发展，防止大面积出现"有楼无企"的现象，要加大现有楼宇的引导和鼓励，尽可能整合已出售的小面积业主，以便更好地开展二次招商工作。同时，要从项目招商、土地出让方面下手，凡新建楼宇项目，开发单位必须全持或持有一定比例的自经营产权，将这作为一个条件确定在招商合同中，这样有利于特色楼宇的打造，也有利于楼宇的经营管理。

5.6　加快金融商务区的建设

金融是现代经济的核心，金融业是楼宇经济的重要组成部分。加快推进金融商务区建设，对于天津市发展楼宇经济，调整优化经济结构，提高经济发展质量，具有十分重大而深远的意义。借助在打造金融商务区的大好时机，按照高起点、高定位、高水平的要求，做好金融商务区整体规划，明确区域范围、发展目标、功能定位、业态布局及政策支持等，努力发展传统金融、新金融、类金融等金融产业。在金融服务区中，要做到传统金融、新金融、类金融、商业配套等的黄金配比，营造居住、生活、工作相结合的环境。同时，积极盘活"地、楼、层"资源，围绕金融商务区的建设，为后续发展留有余地，做到分步实施，分期建设。

5.7　引导楼宇形成产业聚集

一个地区楼宇经济的发展和繁荣主要取决于聚集程度的高低。聚集一旦形成，将汇聚更多的商品流、信息流和资金流，使楼宇经济形成可持续发展。根据现在实际情况，对一些具备产业聚集雏形的楼宇、楼群进行试点，有重点地进行策划和整合，引导关联企业向一栋楼宇或一定区域聚集，打造特色楼宇，引导发展一批"金融楼""律师楼""会计楼""设计楼""IT 楼""总部楼"等楼宇。注重楼宇聚集服务能力的提升，通过服务吸引高端企业入驻楼宇，提高入驻率、注册率和贡献率，从而直接创造经济效益，而且要通过提升楼宇企业和员工的集体认同和情感归属，吸引更多信息、资本、人才、技术等关键生产要素的聚集，推动进一步实现效益的聚集。

作者简介

东方，女，1985 年生人，天津财经大学经济学院，天津财经大学管理学硕士学位毕业，经济学博士在读，助理研究员。邮箱：dongfangdeer@163.com

第三编

教学改革研究

大学生学位论文摘要写作的规范化研究[*]

焦培欣　杨亚荣　李　颖

摘　要：论文摘要是对论文内容的高度凝练和概括，其主要使命在于向读者传达论文的简要信息，为文献检索、数据库建设提供便利。目前大学生学位论文摘要的写作普遍存在着篇幅冗长、要素缺失、逻辑混乱、表述缺乏客观性、忽略研究结论等不规范问题。为了实现论文摘要写作规范化的目的，应使学生认识到论文摘要的重要性，熟悉国家标准和本校要求，培养其语言表达能力和逻辑思维能力，强化教师的指导和检查。

关键词：学位论文；摘要写作；语言表达；逻辑思维；教师指导

1　引言

学位论文是学术论文的一种形式，是作者用于获得学位而向高校提交的文献。根据《中华人民共和国学位条例》的规定，学位论文分为学士论文、硕士论文和博士论文。国家对学位论文的写作非常重视，并制定了国家标准 GBT-7713.1-2006《学位论文编写规则》。本文的研究对象为大学生学位论文摘要写作的规范化问题。

摘要又称文摘（本文除引用专业国家标准条文的 GB66447-86 部分内容采用"文摘"，其他部分均使用"摘要"），关于摘要在论文中的分布位置及重要性，国家标准 GBT-7713.1-2006《学位论文编写规则》（以下简称《学位论文编写规则》）的规定如下："学位论文由前置部分（封面、题名页、致谢、摘要页、目次页等）、主体部分（引言、章节、图表、公式、引文标注、注释、结论等）、参考文献、附录、结尾部分（索引、作者简介、学位论文数据集、封底等）五部分组成。其中，摘要位于学位论文的前置部分，是学位论文的重要组成部分。"

为了实现摘要写作的规范化，1986 年出台的国家标准 GB66447-86《文摘编写规则》（以下简称《文摘编写规则》）对文摘的界定为："文摘是以提供论文内容梗概

---
* 本研究获得天津财经大学 2016 年重点建设课程学术训练类教改项目"科研能力指导讲座"的支持。

为目的，不加评论和补充解释，简明、确切地概述论文重要内容的短文。"该定义简要说明了摘要的特点及写作注意事项。

摘要的主要使命在于向读者传达论文的简要信息，便于二次文献的编写，乃至为高校、研究机构文献检索数据库的建设提供方便。由此看来，摘要应该具有替代、检索、导引的功能，能以较小的篇幅使读者在短时间内快速获得一些相关信息。

鉴于摘要的重要性，论文作者应在完成论文的写作之后，再来写摘要，不仅要遵守摘要的写作规范，还要明确研究的目的，找到研究问题的突破口和研究方法，论点明确，简明扼要地归纳出研究结论与创新之处，语言要高度凝炼，前后句之间要有严密的逻辑性，客观完整地加以阐述。然而，目前一些大学生在尚未深刻理解论文摘要写作规范及要求的情况下，盲目地撰写论文摘要。

2　大学生学位论文摘要写作不规范的表现

2.1　摘要篇幅过长

《学位论文编写规则》规定，中文摘要应在 300～600 字之间为宜，外文摘要实词在 300 个左右为宜（如遇特殊需要字数可以略多）。摘要的字数应将刚好能够说明问题作为原则，以不失其主要观点为最低限度。而在实际写作中，部分学位论文摘要的字数远远超出要求的范围，内容繁冗、详略失当，读之使人不知所云。反面案例如《我国机关及事业单位职业年金构建研究》的摘要中出现了较多冗余的字词和句子，有失精炼，应适当整合删改。以该摘要第三段第一句和最后一句为例，分析如下：第一句的句意为"国务院最新发布的相关文件中提到职业年金制度是我国的一项养老保险制度"，最后一句的句意为"职业年金投资运行的使用'一部三会'的监督管理模式"，但它们与上下文、与摘要的必写要素都不存在任何直接联系，有画蛇添足之嫌，应该直接删去。其论文摘要的第三段全文摘录如下：

国务院最新发布的《机关事业单位工作人员养老保险制度改革的决定》中提到，职业年金制度是我国的一项补充养老保障制度。本文以中国正在实行的制度作为基础进行剖析，重点研究年金创建的意义、作用，并找出了现阶段推行职业年金存在的职业年金成本支付问题、职业年金改革不彻底、分配不平等等问题，参考外国先进国家的经验，探讨如何完善中国的职业年金制度。中国的职业年金制度正在走上一条发展中的道路，完善的体系和有效的防护措施，可以对我国的养老保险体系起到帮助作用。为此，我们应该出台符合实际情况的年金法律，对年金的特点、包含的内容等方面进行明确限定，让年金的内容在法律当中得到体现。对于职业年金投资运行的监督管理与企业年金是相同的，都是使用"一部三会"的模式。

2.2　摘要内容简单重复

摘要本应能客观反映论文中最重要、最核心的内容，但是很多大学生在写作学位论文摘要时，往往持消极态度，避重就轻，只简单重复已有信息，主要表现为以下两种情况：一是与题名重复，即简单地将论文的标题进行扩展写成摘要。这种情况将导致摘要理论价值不高，不便于他人阅读和检索，无法突出论文的创新及核心价值。二是与目录重复，这部分学生在写摘要时只是简单地再次将论文的目录摘抄一遍，分章节告诉读者第一部分、第二部分、第三部分各写了什么，等等。

这样写出来的论文摘要，显然浪费了摘要本应发挥的功能，既没做到高度概括，也没突出论文自身的独有观点。如《我国不同行业的风险投资现状及回报分析》摘要的后半部分就是对其论文目录的列示和摘抄，这一做法将摘要的功能限制在介绍论文目录或论文框架上，显然不符合摘要写作的基本要素要求。读者通过该摘要虽能了解论文的大体内容，但无法了解论文自身的研究意义和研究价值。正确的摘要写法应是：作者在写完论文全文后，重新回顾学位论文的主线，整理出自己论文的研究方法、研究目的、研究结果和结论的内容，并将以上内容以符合摘要规范的语言表达出来。该摘要后半部分如下：

"本文的第一部分主要介绍了风险投资的相关概念、特征。第二部分介绍了风险投资项目的概念以及评价方法。第三部分介绍并分析了我国风险投资在 IT 行业、文化传媒行业、生物技术的发展及回报现状并简要分析了原因。第四部分提出了优化我国风险投资市场的对策。最后，结语部分对全文进行了概括和总结，并指出本论文的初衷是为我国风险投资的发展和完善提供建议，以期为我国的风险投资事业贡献一点个人力量。"

2.3　要素残缺

《学位论文编写规则》规定了摘要的基本要素，即摘要一般应说明研究工作的目的、方法、结果和结论等，结果和结论是最不可或缺的部分。其中，目的是指研究、研制、调查等的前提、目的和任务，所涉及的主题范围。方法是指所用的原理、理论、对象、条件、材料、结构、程序、工艺、手段、装备等。结果是指实验、研究的结果，被确定的关系，观察结果，所得效果、数据、性能等。结论是指基于结果的分析、研究、评价、应用比较、提出的问题、今后的课题、假设、预测、建议等。

然而，基本要素残缺，也是大学生学位论文摘要写作中的一个通病。如有些摘要或缺少方法，或缺少结论，或只给出研究结果和结论而缺少研究目的和方法，或只给出研究方法和结果而缺少研究目的和结论；即使在摘要中包含了所有要素，但研究结果和结论一笔带过，使读者无法清楚了解论文的结果及价值。具体案例有《我国城乡居民养老保险缴费额低影响因素研究——以诸城市农村养老保险缴费为例》的摘要，作者虽提及其调查问卷研究的目的在于"分析导致农村居民养老保险缴费额度低的主要影响因素"，但他并未将该研究所形成的结果和结论在摘要中列示出来，读者因而无法从该摘要中把握作者的研究贡献，也无法获取摘要中最有价值的信息——结果或结论。要修改该摘要的正确做法是：将作者所做的调查问卷得出的"导致农村居民养老保险缴费额度低的主要因素"列示在摘要中，以供读者迅速、大概掌握。其摘要提及调查问卷的写作部分如下：

"本文将结合新农保的实施，分析近些年的养老保险参保缴费和领取情况，并且以调查问卷收集数据的方式，基于对较发达的东部城市诸城市某镇的问卷调查，分析导致农村居民养老保险缴费额度低的主要影响因素，并针对这些因素，提出了相应的建议与方案，如继续加强农村地区经济发展，加大农村地区养老保险的宣传力度，进一步完善养老保险立法，建立基本养老保险的长期有效的投资机制等。目的在于使城乡居民养老保险尤其是农村地区的居民养老保险工作推行得更加顺利，提升被保险人的缴费额度，更好地发挥城乡居民养老保险的作用，实现我国老有所养的社会政策目标。"

2.4　语言表达不规范

学位论文摘要应该用最简洁、最精练的文字，表达文章的研究内容。具体语言要求如下：第一，书写要合乎语法，保持上下文的逻辑关系，尽量同整篇文章的文体保持一致；第二，结构严谨，表达简明，语义明确；第三，一般不分段落。

在一些学位论文摘要的语句中，常见到以下错误：省略主语、谓语、宾语等主要成分；使用的语句、语序不符合中文的书面表达习惯，关键词未采用正确的专业术语；存在断句问题，有些句子过短而难以单独成句，有些句子偏长且杂糅多个句意；在有逻辑承接或转折的地方缺失"所以""但是""并且"等关联词，等等。典型案例如《我国城市空巢老人的养老问题研究——以南通市（区）为例》，其摘要的第二段出现了明显的语言使用问题，具体分析如下：第一，该摘要第二段的两句话分别以"本文以南通市（区）为例"和"本文结合南通市（区）出台的相关政策措施"为开头短句来引起下文，两句之间却无任何逻辑关系词，给读者以重复、主观之感。第二，该摘要的第二段第二句过长，本应分为多句陈述的意思都累加在同一句，全句在逻辑和顺畅上都有欠缺，令人阅读困难。正确做法是：作者在写完摘要后，应当反思摘要各句之间、句子内部的语义层次和逻辑关系，并重新整理、合理断句，力求用词精准、语句通顺、整体条理明晰。该篇摘要的第二段原文如下：

"本文以南通市（区）为例，从城市空巢老人在经济收入、日常生活照料、医疗保健、精神慰藉、文体娱乐、养老服务等方面的养老需求，剖析了城市空巢老人养老的现状及存在的问题。本文结合南通市（区）出台的相关政策措施，提出解决城市空巢老人的养老问题，需要政府与社会各界共同努力，通过将居家养老与社区服务相结合的方式，为老人提供社区家政服务或利用社区日间照料中心给予老人照顾；完善社区医疗保健体系，为空巢老人提供便捷有效的医疗保健服务；充分利用社区资源，为空巢老人提供更多的、有意义的文体娱乐活动，保障其老有所养、老有所医、老有所为、老有所乐。"

2.5　表述缺乏客观性

国家标准 GB6447-86《文摘编写规则》要求："论文摘要的写作应以第三人称方式客观、如实地反映一次文献，切不可加进文摘编写者的主观见解、解释或评论。"从以上引文，我们可以看出，论文摘要还要求叙述的客观性。一方面，叙述的客观性要求摘要采用第三人称写法，使用"对……进行了研究""报告了……现状""进行了……调查"等记述方法标明一次文献的性质和文献主题，避免使用"本文""作者"等作为主语。

然而，大部分大学生在学位论文摘要的写作中并未注意到这些要点，仍以"本文""笔者""本试验""本研究""我们"等第一人称及主语进行写作，显然违背了摘要写作规则。另一方面，叙述的客观性还要求摘要写作应忠于正文，准确完整表达其关键信息，不可盲目夸大论文研究意义，正文中未陈述的信息不可在摘要中随意添加和评价。但实际上，许多大学生在摘要中喜欢采用第一人称对论文进行引述和自我评价。如用"本文介绍了……，分析了……，通过……，给出了……结论""本文认真地分析了存在的问题，并提出了切实可行的措施""本文具有……重要意义""笔者根据自己的自身实践，总结出……""文章第一次提出了……的结论（或观点）"等典型主观的句式，缺乏客观性。具体实例有《安徽省农村养老服务供给体系构建研究》的摘要：该摘要中先后出现两次"本文"，除了第一句和最后一句，两个"本文"作为主语几乎引述了整个摘要涵盖的内容，着重于自我评价，忽视了摘要对表述客观性的要求，因而导致该摘要整体显得可读性低、过于主观、不符摘要写作规范。对于此案例反映的情况，正确的改写摘要做法应是：改变现有陈述方式，采用客观语言来描述论文的研究目的、研究意义、研究结果和结论，并突出本论文的创新之处或对学科研究的贡献之处。该论文摘要如下：

"面对中国老龄化日益加重的趋势，养老服务需求不断增长，且呈现需求多样化的趋势。本文以安徽省为例，研究农村老人养老服务供给体系构建的相关问题。农村老人养老服务体系的构建需要家庭、社区、民营机构、政府共同努力，与时俱进，找出问题，解决问题，携手共建。

本文先介绍了安徽省的人口老龄化状况和农村养老服务相关政策，之后根据安徽省的情况分析出安徽省农村养老服务供给存在家庭养老服务弱化、社区养老服务未普及、政府早期忽视农村养老服务供给体系构建、养老机构服务不足、缺乏资金支持等问题，并针对这些问题提出弘扬中华孝文化、建立多功能型社区养老服务站、政府加大支持力度、成立养老服务协会、改善机构服务水平、培养高效护理团队、形成城乡互助体制等相关建议，以图建立更加完善的农村的养老服务供给体系。打破我国城乡二元制，实现城乡和谐发展，构建完善的农村养老服务供给体系是重要一环。"

3 学位论文摘要写作不规范的成因

3.1 态度不端正

有的大学生认为只要论文写的好就行，摘要并不重要，将主要精力放在正文写作上，忽略了摘要的写作，最后往往随便将正文中某些句子摘录下来形成摘要敷衍了事。这部分大学生并没有认识到，摘要是整篇论文的重要组成部分，在网络信息大爆炸的今天，摘要的好坏，反映了论文的质量和作者的学术功底，也决定了其能否被快速地检索及引用。

3.2 语言表达能力差

摘要写作要求介绍的论文内容客观全面，言简意赅，逻辑性强，对大学生的语言表达能力和逻辑思维能力提出了挑战。而在高等学校教育体系中，虽然设置了大学语文课程，但其内容一般偏重于文学性、欣赏性，较少与学术论文的规范写作联系到一起，并且不被作为研究生推荐的考查科目，因而被忽视。加之学生从小学就开始接触语文，对自身的语言表达能力存在盲目自信，除了少数有志于做学术研究的学生外，大多数学生均陷入了"对提升语言能力不感兴趣—缺乏语言能力培养途径—语言表达能力差"的恶性循环，表现在学位论文摘要的写作上，不能把论文的研究目的、方法及结论等要点言简意赅地表达出来，语句冗长，不得要领。

3.3　缺乏写作训练

大部分学生将主要精力放在相关专业知识的学习、实习以及考取便于就业的各种资格证方面，忽略了论文写作能力的平时训练。学位论文固然重要，但要到大学四年级时才开始接触。对于一些学生而言，学位论文甚至是在大学学习过程中的唯一一次正式写作，由于对论文整体内容都难以把握，写好要求相对较高的摘要则更困难。

4　学位论文摘要规范化写作的建议

如前所述，造成大学生学位论文摘要写作不规范的原因，除了有学生自身的内在原因，学校安排的论文写作训练少、指导教师引导作用不充分也是不容忽视的外在原因。因此，要解决学位论文摘要写作规范化问题，除了提升大学生对摘要写作重要性的认识外，学校教务部门和论文指导教师也应参与其中，共同担负起规范大学生学位论文摘要写作的重任。

4.1　提高大学生对摘要写作规范化的认识

摘要特有的导引、信息替代、文献检索、激发读者兴趣等功能需要依赖摘要的规范写作才能体现出来。不符合规范的摘要，不但会降低学位论文答辩的评分，还会影响学位论文研究成果的对外传播。因此，使大学生认识到摘要写作规范化的必要性，势必能促使大学生以端正的学术态度撰写摘要，不仅可以提升摘要的写作水平，还可以减少指导教师修改的工作量。提高大学生论文摘要写作规范化的方法如下：第一，通过大学生毕业论文写作辅导课的授课，使学生认识到摘要在论文中的地位和作用，掌握摘要的构成、写作方法和技巧，使大学生关注摘要写作的相关基础知识。第二，学校教务工作部门应合理地利用学校图书馆、学校网站等平台，通过设置宣传栏或独立网页，介绍包括摘要在内的学位论文写作的重要性及相关知识。

4.2　熟悉国家标准和本校要求

使大学生意识到摘要写作规范化的必要性，只是解决摘要写作不规范问题的开端，为了写出符合国家及本校要求的论文摘要，避免走弯路，大学生应在学位论文摘要写作之前，先了解并熟悉《文摘编写规则》《学位论文编写规则》及本校对论文摘要写作的具体要求，并在平时的结课论文写作中刻苦训练，与授课教师积极沟通、反复修改，保证摘要在篇幅、语法、内容、逻辑、表达等方面合乎规范。学校应根据国家制定的摘要写作规则，结合本校专业设置情况，制定适合于本校各学科学生摘要写作的具体标准，并通过学校图书馆和校园网页资讯、论文写作指导讲座课等方式告知并引导学生学习，使学生掌握正确的摘要写作方法。

4.3　加强语言表达和逻辑思维能力的培养

一篇优质的摘要要求把论文的研究目的、研究方法、学术观点及研究结论等用简短的语言客观全面地加以介绍，需要良好的语言功底和缜密的逻辑思维。要提升大学生自身的语言表达水平和逻辑思维能力，需要平时加强训练，可尝试的办法如下：其一，强化结课论文的写作训练。通过结课论文的写作，找出自己在摘要写作中存在的问题，征求授课教师的指导意见，字斟句酌，反复推敲，提高自己的语言表达和逻辑思维能力。其二，利用案例讨论课，认真查阅各种资料、积极发言，尝试与不同观点的人理性地辩论。其三，多读有影响力的专业书籍或论文，养成言简意赅地总结研究视角、主要观点、研究思路、研究方法、研究结论的好习惯，有助于拓展自己的研究思路，提升自己的语言表达能力和逻辑思维能力。

4.4　强化教师的指导和检查

实现大学生毕业论文摘要写作的规范化，教师指导是非常重要的外在力量，专业课授课教师和论文指导老师应共同努力。就授课老师而言，首先，应做到将学科最前沿的理论及研究成果引入到教学中，并敦促学生研读有影响力的专业论文、思考学科领域内的重大现实问题，为学生学位论文写作打好基础。其次，授课老师还应通过结课论文的指导和点评，增加学生论文写作的机会，把学生论文摘要写作的常见问题进行分析、总结，使学生了解论文摘要的写作方法和技巧，通过结课论文的写作训练，提升语言表述和逻辑思维能力。对于论文指导教师而言，首先，要在学位论文写作之前，以《文摘编写规则》《学位论文编写规则》为基础，给学生讲解学位论文摘要写作的基楚知识及注意事项，使学生熟悉毕业论文摘要写作的规则。其次，在学位论文写作过程中，与学生保持沟通，及时逐一指出学生摘要写作存在的问题，进行相应的指导检查。

总之，大学生只有从思想上认识到论文摘要写作的重要性，发挥自身的主观能动性，认真学习《文摘编写规则》和《学位论文编写规则》，熟悉摘要写作的规范要求，并且通过平时结课论文的写作训练，提升自己的语言表达能力和逻辑思维能力，为写好学位论文摘要积累经验。在学位论文摘要写作过程中，与指导教师及时沟通交流，倾听教师的意见，反复通篇研读论文，明确研究目的，找到研究问题的切入点，阐明使用的研究方法，阐述核心论点，归纳研究结论与创新之处，这样才能写出一篇优质的学位论文摘要。

参考文献

（1）国家标准化管理委员会. 学位论文编写规则（标准号：GBT-7713.1-2006）[S]. 2006.

（2）国家标准化管理委员. 文摘编写规则（标准号：GBT-6447-1986）[S]. 1986.

（3）周卫红. 大学生毕业论文摘要写作常见问题辨析[J]. 时代教育，2011（8）.

（4）韦吉锋. 学术论文摘要编写存在的主要问题与对策[J]. 广西大学学报（哲学社会科学版），2008（6）.

（5）陈金仙，汪化云. 论文摘要的类型与写作中的主要问题[J]. 中国科技期刊研究，2012（23）.

（6）张春芳，刘志新. 近15年国内科研论文摘要研究透视[J]. 中国科技期刊研究，2010（21）.

（7）于丽. 三类学术期刊摘要微观特征对比分析[J]. 外语学刊，2010（6）.

（8）郜林涛. 大学生论文写作中的逻辑语言问题[J]. 山西煤炭管理干部学院学报，2010（3）.

（9）张海燕. 大学生学术论文的写作现状及培养策略[J]. 黑龙江科学，2014（10）.

（10）刘辉. 学术论文摘要的目的连贯模式研究[J]. 外语学刊，2013（1）.

作者简介

焦培欣，女，1964年生人，经济学博士，教授，天津财经大学财政系。邮箱：guojiao_03@aliyun.com

杨亚荣，女，1990年生人，硕士在读。邮箱：371289770@qq.com

李颖，女，1990年生人，硕士在读。邮箱：2211248188@qq.com

浅析加强教师反思性教学的途径

郑意长

摘　要: 反思性教学受到了国内外学者的广泛关注。如何提高教师的反思能力,如何改进教师的教学行为,使教师的反思能真正成为促进教学的推动力,同时促进教师职业向专业化方向发展,是亟待研究的课题。本文试从教育观念、知识结构、评价体系三个方面的提出建议,期望能够对改进教师教学行为、提高教师的反思性教学能力有所借鉴。

关键词: 教师;反思性教学;途径

1　教师反思性教学问题的提出

课堂教学随着班级授课制的产生而产生,在教学过程中,教师的教学行为影响、甚至决定着教学的成败。行为主义产生后,世界各国的教育家和心理学家开始关注教师的教学行为。随着认知心理学和人本主义心理学的发展,人们开始关注教师的内隐行为和教师专业化发展,一种普遍的观点认为,教师思维在很大程度上决定着其行为。为了达到更理想的教学效果,选择最佳教学行为,人们在教学领域里进行了大量研究,对教师教学行为的研究也就成了教育研究领域的重要研究课题。通过对教学领域进行大量研究,研究者们逐步认识到,教学研究的本质在于追求更合理的教学实践,教师对其教学行为反思被认为是现阶段人们所能达到的合理的教学之一。教师越能反思,在某种意义上越是好教师。所谓反思性教学就是教师对自己的实践活动主动进行反思,发现问题、研究问题、解决问题,最终改善实践获得效果,提高教学质量,促进教师专业发展。教师的教学行为是教学成败的关键,那么,到底什么样的教学行为才是最好的教学行为,教师在选择教学行为时应根据什么标准,不同教师由于教学行为差异,而导致的教学效果不同,其原因到底何在,教师的反思到底是什么,在实践中又是如何影响教师行为的呢?就我国目前教师队伍现状来看,如何提高教师的反思能力,如何改进教师的教学行为,使教师的反思能真正成为促进教学的推动力，同时也成为促进自身职业向着专业化方向发展等一系列问题的研究迫在眉睫。

2　教师反思性教学的意义

2.1　改进教师教学行为

有助于教师改进教学行为，尤其是为年轻教师转变为专家型教师提供帮助，而且也使教师的反思性思维渗透到课堂中，影响学生，使学生学会这种思维方式，对自身的成长不断反思、改进、提高、成长，挖掘自身的潜力，以适应不断变化发展的社会，学会学习，学会思考，学会生存。

2.2　促进教育理论与实践相结合

有助于解决长期存在的教育理论与教育实践相脱节的问题。理论与实践的真正结合主要靠实践中的广大教师，教师所接受的理论并不能马上指导其实践，相反，在某种情况下还并不为教师所信赖。反思是以理性批判和实践行动为核心，致力于解决现实教育教学中教师面临的许多具体问题，教师在自己的实践教学中不断反思，不仅驱动着教师朝着理论方向进行理性的思考，更重要的是在实践中改进其教学行为，有助于问题解决，使所学的理论知识更快、更具体地成为指导教师实践的工具。

2.3　提高教师反思教学能力

有助于教师教育的发展，丰富教师教育的内容，加强对教师反思能力的培养，教会接受培训的教师学会反思。传统的教师培训模式虽然也希望改变教师的教学行为，但过多集中在对教师的知识传授上，认为只要教师获得了新知识，就会自然运用到教学活动中去，从而导致教学行为的改变。而教师的反思首先是其认识到教学中不是觉察到自己行为的某些消极后果，从而自觉改进教学的行为；在教师教育中，更重要的是把教师当作学生学习的促进者、组织者和指导者，要注重对教师的观念和意识进行转变，培养教师的意识—反思—意识、主动精神和创造精神。因此，除了要继承传统模式中对教师知识的传授，还应加强对教师反思意识的培养，促使教师对教学不断地探索和改进。

3 提高教师反思性教学的途径

要使教师的教学更倾向于反思性教学，提高教师整体的水平，改进教师教学行为，加强反思的动力性作用，提高教师的反思性教学能力，主要可从教育观念、知识结构、评价体系三个方面加以完善和改进。

3.1 转变教育观念，变被动教学为主动教学

教育改革的成败关键在教师，教师有什么样的教育观念，直接影响到教师的教学行为，进而影响到未来教育的性质和特点。在科学技术迅猛发展，知识不断更新的时代，"师不必贤于弟子，弟子不必不如师"的情形比以往任何时候都更突出地表现出来。因此，在教学过程中，教师要转变观念，教师在传授给学生知识的同时，更重要的是要培养学生探究知识的精神和能力；不仅要促进学生的发展，同时其自身也要不断发展，在终身化学习时代，教师和学生一样都是学习者；教学绝不仅是传承之事，更重要的是为了创新、为了超越、为了发展，在教学过程中不断地发现问题、解决问题；教师不只是理论的学习者和实践者，同样可以成为理论的提出者；教师要在其工作中树立研究意识，开展行动研究，不断反思，才能有突破和创新。

转变观念意味着要改变教师已经习以为常的东西，尤其对有多年教龄的老教师来说更难，因此，树立起现代化的教育观念决非一朝一夕之事。因此，高校教师要从专业化的角度要求自己，可从以下两方面做起：

（1）加大宣传力度，扩大宣传范围。教育问题历来就与社会发展的方方面面有着联系，教育观念的转变绝不只是教育工作者观念的转变，而应是整个社会人们观念的转变，社会各界共同关注教育，因此需要全社会共同来转变教育观念。

（2）把国内外最新观念、最新发展动态和发展方向渗透到教师教育和培训体系中，使教师深入领会其中的精神和实质。教师作为社会中的知识分子，他们的教育观念转变了，可以通过教学影响学生，而这些影响又会辐射到社会，逐渐使人们的思想朝向现代化，与国际接轨。

3.2 优化教师的知识结构，加强教师职前职后培养与培训

从专业的角度来讲，作为一名教育工作者，教师队伍整体上在教育学、心理学、教学论、教学管理等教育类知识方面相对薄弱，甚至有些教师根本没有接受过正规化师范教育，其知识结构单一，仅有相关学科专业知识，因此教师在教学过程中出现重知识、轻能力，重结果、轻过程的现象，在教学中他们注重"教什么"，却不知

"如何教"；同时在高速发展的现代社会，教师对现代化教育技术和教学手段的掌握跟不上时代的发展。而我们追求的反思性教学要求教师首先在知识结构上要科学、合理，其次是在教学实践中善于思考、勇于改革、不断创新，因此，教师的培训教育一定要跟上。

1. 优化课程设置。首先，增加交叉学科的教育教学课程，将传统的基础心理学、教育学、教学论等课程与学科课程相结合；引进国外先进的教学理论和教学成果，开阔视野。其次，开设应用技术性课程，如计算机应用技术课程、与学科相关的教育技术课程、教育统计、测量与评价课程等，以适应现代化教学的需求。最后，增加实践类课程，增加教育实践机会，适当安排见习、观摩、实习，使教师的学习空间和学习体会不仅仅局限在教师课本，给他们提供更多实践体会，巩固其所学知识，并进一步推动深入学习，在这一过程中培养教师的自我反思习惯，养成他们的研究意识，使他们明确个人在自己专业发展中的主体地位及作用，始终保持一种动态、开放的、发展的心态。

2. 加强职后继续教育。信息化社会、知识经济时代要求教师要不断学习最新理念，把握前沿动态。因此，一定要为在职教师提供"充电"和"回炉"的机会，使职前培养、职后教育一体化，同时提供多种形式的短期集训班、夜大学、假期班等学习机会，方便教师学习。

3.3　建立健全教学评价体系，完善教育体制

评价的导向功能从考试制度上可见一斑，评价教师用分数，评价学生也用分数，考试分数成了教师、家长、学生的唯一追求。因此评价制度的改革关系教师教学的方向，以及学生的身心成长。

1. 改革教师评价体系，建立教师自评体系。从教师评价制度看，以往的教师评价过分注重"他评"，即领导评价、同行评价、学生评价和社会评价，这些主要是利用外部的压力和要求来刺激与规范教师的行为，却忽视教师的"自评"，即教师的自我评价，这种评价是教师通过认识自己、分析自我，促进教师提高的内在机制。作为一种自我发展的动力机制，教师的自我评价对教师的发展来说是专业提高的根本动力，只有教师本人对自己的教学实践具有最广泛、最深刻的了解，并且通过内省和实际的教学经验，教师能够对自己的表现形式和行为作一个有效的评价。

2. 开展教育会诊，建立研究共同体，走向合作的教育行动研究。教师不只是被研究者，他们同时也是自身教育实践的研究者，只有教师有研究的机会，而且抓住这种机会，不仅能有力而迅速地发展教学技术，而且将赋予教师的个人工作以生命力和尊严。建立产学研合作关系，实务部门、科研人员与教师共同合作，理论与实

践紧密结合，既可以帮助教师增强科研意识、提高科研能力，也可以使教师更好地与业界合作，很好地解决理论与实践脱节现象。

参考文献

（1）饶从满，王春光. 反思型教师与教师教育初探. 东北师范大学学报（哲学社会科学版），2000（5）.

（2）张立昌. 试论教师的反思及其策略. 教育研究，2001（12）.

（3）卢真金. 试论学者型教师的成长规律及其培养策略. 高等师范教育研究，2001（1）.

（4）周耀威. 教育行动研究与教师专业发展. 全球教育展望，2002（4）.

（5）武继红. 英语教师反思型教学实践初探. 外语界，2003（1）.

（6）孟国春. 高校外语教师反思教学观念与行为研究. 外语界，2011（8）.

（7）范雅茹. 反思性教学对教师专业发展影响的个案研究. 学术研究，2015（12）.

作者简介

郑意长，副教授，天津财经大学。邮箱：yichangzheng@163.com

关于教师营造课堂气氛的探讨

曹莉艳

摘　要: 作为心理环境表现形式之一的课堂气氛对学生的影响是巨大而潜在的，它对于保证教学顺利进行、促进教学互动、取得良好的教学效果，以及促进学生发展等方面具有不可替代的作用。面对现实课堂气氛中存在的问题，笔者从理论层面和实践层面提出营造课堂教学气氛的途径，期冀对课堂教学有所裨益。

关键词: 教师；营造；课堂气氛

教学环境作为学生学习活动的主环境，是促使教学活动顺利进行并能促进学生身心发展的诸客观条件和力量的综合。从系统的角度看，教学环境主要由物质环境和心理环境构成，心理环境是一种无形的环境，它对于师生的心理活动和行为，甚至整个学校的教学活动都有着不可忽视的、巨大而潜在的影响力。作为心理环境表现形式之一的课堂气氛是师生在教学和交往过程中通过相互作用而产生和发展起来的，是由大多数学生的共同态度和情感的优势状态形成的，它会对学生产生潜移默化的影响。健康、积极、和谐的课堂气氛有助于提高学生学习的积极性，提高教学质量，反之则会打消学生学习的积极性，降低教学效果。可见，课堂气氛与教学质量息息相关。

1　现实课堂气氛中存在的问题

1.1　教师控制课堂

长期以来，教师要对课堂进行一定的控制，保障课堂秩序，才能使课堂教学顺畅进行。因此，有效地保持课堂教学秩序是营造课堂气氛的重要前提。但目前的基本状况是，教师是控制者、主宰者，而学生是服从者、接受者。大多数教师都对课堂采取集权式领导，学生要按照教师的要求，配合教师课堂教学，以保持课堂的所谓"稳定"，从表面上看，对课堂的控制是井然有序的，但是在这种"安静"的课堂里，学生真正做到了配合教师教学吗？在这种"专制"的情境下，很难调动学生学习的积极性和主动性，同时，在某种程度上还扼杀了学生的探究精神和创造潜能，忽视了学生的个性和灵性，学生的学习效果也就可想而知了。

1.2　师生互动不足

由于受长期以来课堂教学中沉闷、乏味的单向知识授受的影响，目前相当一部分大学课堂还存在"满堂灌"的现象，学生处于被动学习的状态，互动的方向基本是由教师发出的单向度的，互动的形式大多是比较单一的教师问、学生答。在某些课堂上学生表现出上课注意力不集中，走神，不爱发言，学习的主动性和思维的活跃性还比较欠缺，学生常表现出比较沉闷、压抑、被动。

就高校而言，目前课堂教学仍是培养人才的主渠道，从教师的角度出发，营造课堂气氛，提高课堂教学质量，是每位教师义不容辞的责任。

2　教师营造课堂气氛的途径

如何营造积极的课堂气氛，提高课堂教学质量，是摆在高校教育工作者面前现实、迫切而又不容忽视的问题。教师作为教学的组织者、领导者、管理者对课堂气氛的形成在一定程度上具有决定性作用。教师可从理论和实践层面出发，营造课堂气氛，进而提高教学质量。

2.1　理论层面

加强对有关教学环境理论的学习，进一步加深对课堂气氛问题的认识。

（1）定期组织教师进行理论学习。定期组织教师进行有关教学环境问题的理论学习，让教师对教学环境问题有宏观上的把握，使他们认识到教学环境的必要性，并能深入微观层面认识到课堂气氛的重要价值。

（2）要求教师自觉结组学习。要求教师自由结组进行有关教学环境问题方面的学习，要求小组要进行讨论、要有心得体会，以培养教师自觉学习和认识这一问题的能力，从而能真正使教师对这一问题的认识达到自觉内化。

（3）运用教师评价制度强化对理论问题的学习。运用教师考核和评价制度深化教师对教学环境问题的认识。

2.2　实践层面

教学实施是一个比较复杂的过程，其中涉及的因素很多。教师要在教学实践中自觉营造课堂气氛。对教师而言，课堂气氛是教师能够自由驾驭的领域之一，它距离教师最近，从某种程度上说，教师也是形成这一气氛的一员，教师可从课程、教学方式、引入学习竞争机制入手，营造课堂气氛。

（1）调整所教授课程的难易程度，使学生所感知的困难达到一定的限度

第一，教师要从学生的实际情况出发，在不脱离教学大纲的情况下，调整课程的难度。由于学生各自的学习实际水平不同，他们对课程难易程度的感知就会存在一定的差别，因而教师在备课时，就要针对学生的实际情况安排课程的进度和讲解的深浅程度。这就对教师驾驭课程的能力提出了很高的要求。因此教师一定要在熟知教学大纲的基础上，从学生的实际出发，调整好课程的难度，既使教学顺利进行，又使学生的需要得到满足，使学生感到难中有趣，难中有进，才能达到预想的目的。

第二，教师要结合自身和学校的特点，开发难易适中而又吸引学生的课程。此类课程开发得好可以极大地调动学生学习的积极性，增强学生学习的自我效能感。因此教师作为校本课程的开发者，对其难易程度的确定和把握就显得至关重要。教师应结合自身特点，在调查了解学生兴趣和需要的基础上开发课程，使所开发课程的难易程度控制在一定范围内，让学生在乐学中最大限度地开发自己的潜能。

（2）改变教学方式，运用创造性教学

第一，教师要保护好学生的好奇心，鼓励学生大胆设想。好奇是进行创造的原动力，它能促使学生对未知的事物产生主动而强烈的探索欲，是学生对某一领域产生真正兴趣，并乐于持之以恒进行探索的"导火线"。比如教师可在教学中设计问题，把学生引入进行创造性学习的轨道。有益的幻想是工作的推动力，多数高创造力的个人记述表明，在某一时期对各种可能发生的奥妙事情进行轻松的虚构以后，再加以精密的评价是高度有效的。因此，鼓励学生大胆设想，既能锻炼学生思维的灵活性，还能充分体现出多样性，是开发其创造潜能的有效途径。

第二，教师要为学生进行创造性的学习创造交流条件。课堂教学是以一定意义的语言为中介，以交流为基础的人与人之间相互影响的过程。只有不断进行师生和生生之间的交流，才能使师生双方反馈信息的内容和形式得到关注，及时发现创造性教学中存在的问题，以保证创造性教学的针对性和有效性。利用多种教学组织方式，促进信息的交流与反馈。教师可根据不同情况，采用课堂教学、小组教学和个别化教学形式，达到预期的教学目的。在进行小组教学时，可根据学生的友谊、能力或兴趣等维度进行分组，先让学生之间进行讨论，教师首先倾听，然后跟学生讨

论，再进行适当指导。教师在引导的过程中一定要注意引导学生，使他们之间彼此互相尊重、注重创建，鼓励理智和互相切磋的学习气氛，这样既实现了生生间的交流，又能让学生感到教师始终和自己一起学习，共同活动，调动了学生的积极性和参与性，使学生的创造性在交流中和融洽的关系中得到发挥，更好地进行创造性学习。

第三，教师要不断反思自己的教学，以提高创造性教学水平。一般说来，反思型教师经常通过观察学生的行为进行自我教学评价。创造性教学是一种比较新的教学方式，也是广大教育工作者不断探索、不断完善的教学方式之一，因此特别需要教师在教学过程中通过对学生的观察和取得的教学成果对其教学不断进行反思，从中发现自己教学的不足，找出差距并确立新的教学目标，表现出一种持之以恒、坚持不懈的大胆创新精神，才能不断调整创造性教学向适应环境变化和学生成长的方向发展，使创造性教学的作用得以淋漓尽致地发挥。

（3）运用竞争机制发挥学生的学习积极性

第一，适度增加竞争压力，以促使学生有紧迫感。一般说来，有一定的压力就会有一定的动力，学生在竞争的情境中，能激起自尊心，使其精力充沛、注意力集中、思维敏锐、学习效率高。教师要在学生所应完成的目标中引入竞争，让其感受到一定的竞争性，学生就会自觉为实现目标而努力。比如在学生之间、学习小组之间开展一些竞赛性的学习活动，促进学生在有序竞争中取得更大的进步。

第二，采取多种形式的合作，增强学生间的相互交流。学生在合作的情境中，一般表现得比较有信心，认为成功的可能性大，有一种安全感，能积极投入工作和学习。因此采取合作的学习方式可以使学生为共同的目标而努力，在这种共同目标的吸引下采取积极的学习行为。比如，有意在学生的学习任务上设置相互依赖的环节，因为一个学习任务被分割开来后必须通过相互的协调与合作才能完成。再如，在奖励方面设置相互依赖的环节，这样小组成员之间必须付出一定的努力后才能获得奖励，这会在一定程度上加强学生的团队合作精神。

参考文献

（1）田慧生. 教学环境论. 江西教育出版社，1996.

（2）王锭成. 教育社会心理学. 广东高等教育出版社，1996.

（3）[美] 詹姆斯·H. 麦克米伦. 何立婴译. 学生学习的社会心理学. 人民教育出版社，1989.

（4）中央教育科学研究所比较教育研究室. 简明国际教育百科全书. 教育科学

出版社，1990.

（5）田汉族. 让学生真正成为教学的主体. 湖南师范大学社会科学学报，1997（9）.

（6）宋广文. 课堂教学心理气氛及其教育作用. 教育科学，1999（2）.

（7）邬志辉. 关于教学环境的几个理论问题的思考. 东北师范大学学报（哲学社科科学版），1995（3）.

（8）田慧生. 论教学环境对学生学习活动的潜在影响. 课程·教材·教法，1993（10）.

（9）Dale Scott Ridley & Bill Walther. 沈湘秦译. 张厚粲审校. 自主课堂——积极的课堂环境的作用，中国轻工业出版社，2001.

（10）唐海川. 试论课堂教学气氛的有效营造. 当代教育论坛，2008（9）.

（11）翟艳. 有效课堂教学气氛营造中存在的问题及对策. 当代教育论坛，2009（8）.

（12）杜萍，张毅. 强化课堂师生互动的依据与教学策略探析. 当代教育与文化，2013（5）.

作者简介

曹莉艳，天津财经大学教务处。

高校教学与科研协调发展的对策研究

齐 文

摘 要：教学与科研是高校教育中两个最重要的环节，在当前高等教育飞速发展的背景下，两者并不能很好地协调，存在着比较严重的失衡，不利于高校的发展和人才培养。本文分析了当前高校教学与科研关系的现状，从社会、高校、教师三个方面分析了失衡的原因，并提出了高校教学与科研协调发展的对策。

关键词：教学；科研；失衡；协调发展

随着我国高等教育事业的迅猛发展，高等教育已经从精英教育向大众化教育转变，高校教师和在校学生的数量都有了明显的增加，教师的工作量逐渐加大，教学与科研产生了矛盾。教学与科研作为高校的两个主要职能，本应该相辅相成、共同发展。但是目前在我国，由于种种原因，在实际工作中这两者并不能很好地协调，教学与科研作为高校的两大基本职能，存在着比较严重的失衡。所以，针对教学与科研这高校的两大基本职能，急需通过协调使两者之间建立良性互动的关系，共同促进高校的发展。

1 当前高校教学与科研的关系现状

1.1 教学与科研比重失衡

当前由于时代进步、竞争激烈等原因，我国高校都把精力集中在抓学科建设、增加立项数目、提高科研经费、争排名等方面，普遍存在重科研、轻教学的现象。很多高校都提出了学科立校的办学理念，即学科建设水平要显著上升，科研创新能力要显著增强，已经明显地将科研放在了更重要的位置上。目前教育主管部门对高校的考核指标大多与科研挂钩，如学校排名、重点学科评定与考核、硕博学位点申请与考核、重点实验室申报等，这些项目在考核鉴定时无一不是看重科研情况，如科研经费有多少，国家级、省部级、横向项目有多少，核心期刊论文多少篇，出版专著多少，成果获奖多少项等。这样的评价标准导致学校必须要重视科研，只有过硬的科研成果才能在一系列的考核评比中获得较好的结果，从而获得更多的经费支持，提高知名度。同样，为了完成考核指标，学校内部的考核评价标准也效仿上级部门，制定一系列科研考核标准，导致教学与科研比重失衡。

1.2 教师对待教学与科研的态度

教学与科研是高校教师的两个主要任务，二者应是互相影响、密不可分的。但目前绝大多数教师普遍认为科研比教学更重要，尤其体现在青年教师身上，主要表现在两个方面：

（1）在科研工作中投入较多

目前高校教师职称晋升的主要评判标准就是科研成果，在多数高校职称评聘条件中，关于教学的只有"完成学校规定的教学任务，系统讲授过两门以上课程，历年教学质量考核良好"这样的描述，而对于科研的要求则包括论文、项目、专著、获奖等若干，正是这种重科研的政策导致教师把时间都放在了写论文、申项目、出专著上，留给教学的时间少之又少。此外，在激励机制上也多是针对科研，一是教学不好量化，二是考核标准较低，在奖励力度上科研要远远超过教学，无论是出于对职业生涯的考虑还是丰厚物质奖励的诱惑，教师都会把工作重心向科研倾斜。

（2）缺乏教学积极性

近年来，高校教师的教学积极性每况愈下，给学生上课已经变成了完成任务，甚至是消磨时间。教师对于教学的热情是在繁重的科研任务中慢慢被消磨掉的，他们把大量的时间用于做项目、发论文，单纯为了科研而科研，这些成果与教学并无关联，也不可转化为教学内容，过度的疲劳已使教师没有时间进行教学方法改革与创新，只能是按部就班有多少讲多少。而学生对于平淡无奇的授课内容也不会有兴趣，课堂的互动很难出现，取而代之的是灌输式的课堂，教师面对毫无反应的学生更加缺乏积极性，长此以往的恶性循环，更加剧了教学与科研的失衡。

2 造成教学与科研关系失衡的原因

2.1 社会因素

高等院校是为社会输送专业化人才的地方，在社会进步和经济发展中起到了重要的推动作用，如何提高高校知名度就变得尤为重要。自从我国实施"科教兴国"

战略以来，为了提高国际竞争力，无处不在效仿国外的做法，在国际上许多著名的大学都是研究型大学，一个被认可的发明创造或者学术观点，不仅可以推进相关领域的发展，还可以使其所在学校扬名国际。因此，我国目前针对高校的政策或者评价指标均突出科研，使得大众普遍认为科研成果突出的高校才是名校，科研能力强的老师才是名师。社会上这种认知导致学校不得不把重心向科研倾斜。

随着高等教育大众化，社会上出现了各种各样的高校排名，其来源就是相关主管部门对学校的考核评价，这些指标多与科研挂钩，科研成果以及科研内容成为了评价高校的主要评分标准，而学校为了提高声誉、赢得高质量的生源，不得不顺应当前社会趋势，高度重视科研工作，为此制定了相应的保障措施，鼓励教师投入更多的时间和精力进行科研。

2.2   高校因素

（1）高校定位不明确

高校的定位是其发展的基础，是由其在社会以及高等教育中所处的位置决定的，只有准确定位，才能明确高校发展目标，合理制定战略目标和发展规划，引领高校健康发展。目前有的高校迫于压力或自身生存发展，一味地扩大办学规模，拔高学校的办学层次，扩张学科领域，试图成为综合性、多学科的高校，力求在社会中赢得较好的排名和声誉。正是这种盲目的跟从心态，使高校丢掉了原有的优势，无论是以教学为主的高校还是以科研为主的高校，在国家政策向科研倾斜时，都同时将重心转向了科研，忽略了人才培养质量。

（2）高校评价机制重科研

目前高校的考核评价机制主要分为科研和教学两类，学校在制定考核指标与奖励机制时往往更偏重科研成果，例如教师的论文发表数量、课题承担数量等都与职称晋升、绩效考核、表彰奖励等挂钩，相反教学考核只有简单的学生评教，不仅如此，在职称晋升、绩效奖励时也只与授课时数和评教结果相关，而这些并不需要花费精力即可达标，导致教师并不会把大量精力花费在教学上。从学校相关职能部门来看，科研的评价更容易量化，可以通过论文、项目以及获奖的数量来评价，赋予其相应的分值进行考核，也可以通过级别来设置考核等级。而教学水平的考核则很难去量化，如教学方法的改革、教学内容的创新，这些反映在教学效果、学生接受程度上则需要很长的时间来体现，具体操作评价难度大，成本高。此外，科研和教学是属于两个独立的部门，主管校长往往也不同，导致在协调双方关系时并不能从对方的立场出发，加重了两者关系的失衡。

（3）教师因素

①教师个人的学术价值理念不同

教师作为高校的主体，教学与科研是两个最重要的任务，如何做到二者之间的平衡，达到教学与科研互相扶持的理想状态是教师们一直在努力实现的。教学与科研是两个完全不同的领域，一个是传授知识而另一个则是发现知识，需要不同的能力和天赋。而每个人的能力和兴趣也是有差异的，有的教师表达沟通能力强，讲课富有激情，这样的老师比较适合教学；有的教师不善于表达，但刻苦钻研，思维创新，这样的老师比较适合搞科研，而这两者都较出色的则比较少。如果同时要求教师兼顾两者，那么必然要花费较多时间去准备不擅长的领域，很难维持两者的平衡，甚至会影响正常的教学任务。

②教师自身的职业发展

高校教师出于自身职业发展考虑，搞科研更有利于晋升职称和提升职务。在高校里职称的高低直接决定了教师的声誉和社会地位，如果高校教师到了一定的年龄还不具有高级职称，那他的社会地位和学术声誉必定不会太高。此外，中级职称与高级职称之间的收入也是有较大差距的，包括工资、绩效奖金、福利待遇，以及社会平台与资源等。教师们只有通过晋升职称才能提高待遇和实现自身价值。在职称考评的相关文件中，对于科研的要求有具体的指标，其中论文、项目、专著、获奖等都有明确的数量和等级要求，而教学只有简单的授课时数要求，相比科研要容易完成，再加上科研工作本身就需要耗费大量的时间精力，否则无法达到预期效果。由于这些因素，教师大多把工作重心放在了科研上，忽视了教学，加剧了二者的失衡。

③教师的自我满足感

在当今社会"重科研、轻教学"的环境下，教师搞科研更容易得到学校的认可。教学效果具有长期性的特点，教师在教学上的改革创新效果如何、质量怎样都需要时间才能显现，而且教师的授课行为、教学影响力并不被校方所了解，导致即使有创新的教学方法也不能马上被学校和社会认可。除此以外，影响教学效果的因素有很多，除了教师自身的专业素养、讲课水平外，还有生源质量、学风水平等，并不是教师认真授课就能受到领导和学生的好评，这点导致了教师对于授课的积极性不高。与此相反，科研工作是可控的，可按照兴趣自主选择研究内容和方向，成果一旦被发表，就会被同行和社会认可，随之社会地位、学术声誉也逐步提高，使教师获得成功的满足感和自豪感。因此与教学工作相比，教师更愿意将时间精力投入到科学研究中来，这种通过努力和智慧换来的社会成就更能让其从中实现自我价值，获得成就感。

3 协调教学与科研和谐发展的措施

3.1 正确定位、转变观念

随着社会的进步，高等院校职能从单一教学演变为教学、科研、社会服务等综合职能，虽然在数量上发生变化，但其本质任务仍然是教学，也就是人才培养，教学质量是高校的核心，科研是基础工作，是为高校增添活力的。因此，应当将两者视为统一的整体，树立教学与科研协调发展的办学理念。

当今，高校一般分为三类，即研究型大学、教学研究型大学和教学型大学。不同类型的大学对于教学和科研的定位也应不同，但无论是哪种类型的高校，人才培养始终是其核心任务和首要任务。只是不同类型的高校在人才培养目标、教学内容和教学方法上有所不同，所以在处理教学与科研的关系时也不能雷同，必须紧密结合各高校自身发展的实力进行合理规划。从学校发展实力方面看，那些办学基础还不牢固的高校，当前的重心应是教学工作，首要任务是提高教学质量，同时也要进行适当的科研活动用于服务教学和人才培养；那些发展相对成熟、科研能力较强的高校，应将重心放在深层次的科学研究上，并努力创造成果发展成为有实力的研究型大学。

3.2 健全教学与科研管理机制

教学与科研是高校两个不可分割的主体，学校在相关制度和政策上也要转变思维模式，不能再用单一的、分割的思维方式来看待教学与科研，而是要用系统的、整体的思维制定政策和制度，避免两者出现冲突与矛盾。

（1）管理制度与政策

目前，高校的教学部门和科研部门是单独设立的，无论是主管校长、主管院系主任，还是具体负责的秘书都是分属两条管理体系，两条线分工明确、各自施政，这种管理机构的设置是造成教学与科研出现矛盾的主要原因。要改变这种现状，就要建立科学的教学与科研管理体制和运行机制，从根本上融合管理，要考虑到教学与科研的差异性和统一性，做到科学规划、协调统筹，为教学与科研提供良好的环境氛围，以及在人员安排上也要两者兼顾，加强教学与科研工作的沟通。

此外，要协调教学与科研的失衡，还要制定有利于两者共同发展的政策。例如，学校可以设立一个相对宽松的制度，教师可以根据自己的安排自由选择在某一时间段内集中完成教学任务，或者停止教学只专心进行科学研究。但这还需要相应的保障制度，如教学任务较好地完成，应该可以替代相应的科研任务，或得到相同的奖励。这样的政策可以激励教师合理安排自己的教学科研任务，既不会影响学生的教学质量，也不会耽误教师的科研工作。

（2）评价与考核机制

在现行的高等教育体制下，各种各样的评估排行层出不穷，很多高校在制定校内考核指标时为了迎合各种评估指标，都出现了重科研指标、轻教学指标的现象，而没有一套严谨、完整的评价指标和评价体系，长此以往，无论是学校还是教师也会随之重科研、轻教学，带来长久的负面效应。因此，在对高校进行办学水平评估时，要制定能合理反映学校教学、科研整体水平的科学、公正、合理、可行的评价指标体系，不能过分重视科学研究而轻视教学质量，也不能过分强调教学工作而忽视科学研究工作，而是应该做到以提高人才培养质量为核心，以实现人才培养目标为重心，全面合理地对学校的工作进行评价。这些考核评价的最终目的是引导高校把教学管理和科研管理纳入到一个整体系统中，使其形成高质量人才培养与深层次科学研究相结合的良性关系，提高学校的竞争力和办学优势。

对于高校内部来说，统筹教学与科研，推进校园和谐发展，要完善健全一套综合评价指标体系，实现教学与科研评价的一体化，这套指标体系在内容上要充分考虑两者相互影响、相互包含的关系，实现两者的相互促进。在对教学水平进行评价时，可以在评价指标中引入科研要素，比如考察教师在授课过程中是否对该门课程相关领域进行动态追踪研究，是否有相关的科研成果，而对科研工作进行评价时，也可以引入教学因素，比如研究方向和内容是否与所授课程相关，科研成果是否转化到教学内容之中，以及学生参与教师科研的数量和质量等，这样可以借助科学的考评机制和方法鼓励教师将教学与科研有机结合起来，实现教学与科研的良性互动。

（3）激励机制

教学与科研的和谐发展，离不开教学与科研协同发展的激励机制。科学、规范、合理的教学与科研激励机制有利于调动教师的积极性，有利于提升学校教学与科研的整体水平。只有利益分配平衡，激励机制涵盖学校所有学科、各个学术层次、各类教学与科研工作，才能全方位的激励教师努力工作，做出成绩。对教学水平高、成果显著的教师，要制定相关的激励措施进行奖励，对于科研能力强、科研业绩突出的教师也要有相应的褒奖措施，而对于在教学与科研领域都做出贡献的教师，要制定更加强有力的奖励措施。同时，在制定激励标准时要做到教学与科研相同对待，标准保持一致，有的学校在奖励金额分配上，科研要远远高于教学，导致教师对于教学逐渐失去了积极性，只有将教学的激励标准提高，并落实到文字，形成制度，才能真正做到提高教学地位，实现教学与科研的一视同仁。此外，高校还应将教师的福利待遇与其教学质量和科研成果有机的结合起来，给予一定的物质奖励，鼓励教师在承担教学任务的同时多承担一些科研工作，学术水平较高的教师多承担一些教学任务，实现两者的相互促进，良性发展。

3.3　从教师的层面协调教学与科研的关系

（1）提高教师的综合素质

教师这个职业自古以来就肩负着传道、授业、解惑的责任，他们从事的不是简单机械的重复劳动，而是需要不断学习新知识，积累新经验，在传授知识的同时为社会提供服务。这就需要教师具备综合素质和道德修养，遵守教师的职业道德，为人师表。教师的一言一行都会对学生产生潜移默化的影响，所以教师要明确自身的权利与义务，在教学与科研发生矛盾时，能够处理好两者的关系。科研可以给教师带来直接的荣誉、地位以及利益，满足了自身的成就感，而教学主要是对知识的传授和人才的培养，其效果的好坏是无法快速体现出来的，但教师不能因为追求自身的利益和职业发展就忽视教学，这会在一定程度上对人才培养质量产生不好的影响，教师要意识到只要用心传授知识是会改变学生的生活和价值观的，是非常有意义的，这样才能使教师体会到教学的成就感和自豪感，从内心重视教学工作。

（2）改进教学方法、提高业务水平

教师要兼顾教学与科研，需要从两个方面进行改进：

第一，要重视教学科研活动。目前大多数教师从事的都是专业科研，而忽略了教学科研这一教师最应该关注的基础研究。所谓教学科研，是指教师在教学活动中所进行的理论与实践的探索，是关于教学方法、教学模式和教学规律等一系列问题的研究。随着高等教育的迅猛发展，学生人数的增加，科技的进步，传统的教学手段和经验已经不能应对当前的教学需求。因此，教师除了要掌握专业知识，还要熟悉教育理论，并熟练运用，只有这样才能将知识传授给学生，完成教学工作。可见，教学改革的科研与专业科研同等重要，应该同时兼顾两者，否则不利于高校的可持续发展。

第二，改进教学方法。为了实现教学与科研的统一，需要合理规划教学任务，在不影响教学质量的前提下进行科学研究。这要求学校对教学内容和方案进行调整，从课程的设置到授课时间的安排，都要结合实际，与时俱进，要适时地调整培养方案和教学计划，淘汰一些陈旧的、不适用的陈旧课程，合理安排教学内容。此外，还需要教师转变思想，根据课程的特色和学生的特点，改进教学方法，改变授课方式，不断研究如何才能提高自身的教学水平，使课堂的授课变得高效率，高质量。

3.4 改进人才培养模式

要培养创新型的人才，传统"填鸭式"的课堂授课方式应进行变革，给学生提供自主式和互动式学习平台，使学生在学习的过程中提升动手能力和主动参与的积极性，主要有以下两种方式：

第一，将科研的最新成果用于本科课程建设，完善实验教学体系，注重学生的实践与动手能力培养，将最新的科研成果用于本科生教材建设和实验教学之中。创新教材的编写要与相应的科学研究相结合。完善实验课程教学体系建设，为学生提供实验教学平台，不仅可以使学生学习基础知识，还为学生提供了自主设计实验的环节，拓宽了学生的学习实践领域，开阔了学生的眼界，进一步提高了实践能力和解决问题的能力，为今后的学习与研究打下良好的基础。此外，还要充分应用现代信息技术，把教师和学生取得的研究成果，添加到实验教学体系中去。

第二，增加学生参加学术活动和科研活动的机会。高校各学科都有许多学术交流活动，可以适当地组织一些在学科领域有造诣的专家针对学生作学术报告，并鼓励学生参加学术交流活动，拓宽知识领域，了解最新学术动态，激发参与科研的兴趣。同时，要为学生创造科研立项和实践的机会，并鼓励学生间的合作研究。一方面，让学生参与到以教师为主的科研活动中，直接在教师的指导下参加科研项目组的工作；另一方面，学校设立学生科研活动经费，选拔较好的项目给予立项资助，由教师进行指导，并对结果进行考评，组织汇报学习和研究实践的成果，以此锻炼学生开展科研和交流的能力。

参考文献

（1）李斐. 论我国高校教学与科研关系的演变与协调发展论[J]. 高校教育管理，2015（1）.

（2）侯清麟，刘文良. 高校教学、科研和谐发展的困惑与超越[J]. 高等工程教育研究，2012（6）.

（3）刘献君，张俊超，吴洪富. 大学教师对于教学与科研关系的认识和处理调查研究[J]. 高等工程教育研究，2010（2）.

作者简介

齐文，女，1983 年生人，助理研究员，天津财经大学经济学院。

地方应用型本科院校实施通识教育的探索

焦银鸽

摘　要： 通识教育是融合了古希腊、欧洲中世纪大学时期的普通教育理论和英国自由教育理论的教育理念，它强调要努力培养学生成为完整的人。文章阐述了通识教育的内涵，分析了地方应用型院校实施通识教育的必要性，指出了当前地方应用型院校实施通识教育中存在的主要问题，提出了更新教育观念，确立通识教育在应用型人才培养中的地位，完善通识教育课程体系建设，加强师资队伍建设，培育通识教育教学梯队等建议对策。

关键词： 通识教育；应用型人才；地方本科院校

自 20 世纪末以来,有关通识教育的理论研究与实践探索在我国高等教育领域呈现出日趋蓬勃、不断深化的态势。但迄今为止，有关通识教育的研究资料较多地将研究方向定位于研究型综合性大学，而对于地方本科院校较少关注。本文以地方应用型本科院校为视角，通过对通识教育、应用型人才培养等概念的辨析，对地方应用型院校实施通识教育的必要性、实施现状、存在问题和改进对策进行了思考。

1　通识教育的内涵

通识教育（General Education），也译为普通教育、一般教育等。它源于古希腊的自由教育或博雅教育（Liberal Education）。通识教育是融合了古希腊、欧洲中世纪大学时期的普通教育理论和英国自由教育理论的教育理念，它强调学生在整个教育过程中，首先作为人类的一个成员和一个公民所接受的那部分教育。狭义的理解是把通识教育看作非专业教育的部分，是指不直接为学生将来职业活动做准备的那部分教育，与专业教育一起构成高等教育。广义的理解是把通识教育看做一种教育理念、教育观，指大学教育应给学生全面的教育和训练，既包括专业教育也包括非专业教育。

《哈佛通识教育红皮书》指出，通识教育努力培养学生成为完整的人，应该具备四种能力，即"有效思考的能力、清晰交流思想的能力、做出恰当判断的能力、辨别价值的能力"。①综合国内多名学者的思想，通识教育的目标是要培养具备远大眼光、通融识见、博雅精神和优美情感的人，而不仅仅是某一狭窄专业领域的专精型人才。在通识教育模式下，学生需要综合、全面地了解人类知识的总体状况（包括主要知识领域的基本观点、思维方式和历史发展趋势），在拥有基本知识和教育经验的基础上，理性地选择或形成自己的专业方向。学生通过融会贯通的学习方式，形成较宽厚的专业基础以及合理的知识和能力结构，同时认识和了解当代社会的重要课题，发展全面的人格素质与广阔的知识视野。通识教育模式下培养出来的学生不仅学有专长，术有专攻，而且在智力、身心和品格各方面能协调而全面的发展；不仅具有高尚的道德情操、独立思考以及善于探究和解决问题的能力，而且能够主动、有效地参与社会公共事务，成为具有社会责任感的公民。

2 地方应用型本科院校实施通识教育的必要性

所谓通识教育，就是一种以人文素质培养为内核，关注学生道德、情感、理智的和谐发展，强调知识学习的广涉博采和融会贯通，注重健全人格的塑造及务实品格的培养。"人首先是人，然后才是商人、企业主或专家""教育不仅要使人学会做事，更要使人学会做人"。②因此，无论是何种类型与定位的高校，通识教育都应该理所当然地成为其教育内涵的应有之义。

随着我国高等教育迈入大众化教育阶段，经济社会对人才的需求提出了更高要求，越来越多的地方本科院校将人才培养目标定位于培养应用型人才。应用型人才应是理论基础扎实，专业知识面广，实践能力强，综合素质高，并有较强的科技应用、推广、转换、创新能力的中、高级人才，应具有团队合作精神和健全心理品质，具有自主学习能力与适应性，具有可持续发展的观念与能力和较强的应用性、实践性能力。由此可见，仅靠单一的专业化教育显然难以培养出高素质的应用型人才。通识教育作为大学教育的重要部分是对高等教育专门化、功利化导致的人的片面发展的一种矫正和超越，是高等教育本质和大学使命的回归。

随着经济社会的快速发展和社会对人才需求的改变，我国高等教育过分专业化的弊端逐步显现，培养出来的人才基础较弱、综合素质较差，无法适应社会的变化与需求。应用型本科教育较之研究型本科教育更加注重人才培养的市场导向，更加

---

① 哈佛委员会. 李曼丽译. 哈佛通识教育红皮书[M]. 北京大学出版社，2010.
② 布鲁贝克. 高等教育哲学[M]. 浙江教育出版社，2002.

强调学生实践动手能力的培养，其实用主义和功利主义的色彩更为鲜明。而通识教育里的融会贯通、全面和谐发展的理念，恰好为应用型人才的培养提供了最为科学、适用的环境。

3 地方应用型本科院校通识教育实践中存在的主要问题

3.1 通识教育理念尚未普及，氛围淡薄

目前，地方应用型本科院校中真正将通识教育作为本校的核心办学理念，并在实践中得到很好施行的比例还比较低，这与正确的通识教育理念尚未得到普及不无关系。由于对通识教育和应用型人才内涵的理解不够深入，部分高校观念上存在着一些误区，如认为培养应用型人才就应将主要精力投入到狠抓专业教学，强化学生实践动手能力培养等才是其教育教学的正确选择，对通识教育持排斥态度。通识教育实施成效的相对滞后也使得一些本着实用主义和功利主义价值取向的高校管理者、教师和学生对其敬而远之，宁愿沿袭既有的专业化人才培养模式。

3.2 通识教育课程设置方面存在的问题

（1）对通识教育理解偏颇，将通识教育的实施简单等同于增设一些通识课

部分高校由于对通识教育的内涵缺乏深刻认识，对其的理解仅停留在"通识"上，即各个领域的知识统统去学习一点，而未能分辨通识教育与专业教育在价值取向、培养方式和评价体系等方面所存在的本质区别。因此，这类高校的通识教育实践往往仅停留在增开一些徒有虚名的所谓通识教育课程的初级阶段，鲜有更为全面、深层的改革举措。这样的通识教育课程设置存在的问题是显而易见的。

（2）通识教育课程结构失衡，内容偏于应用性和专业化

目前大多数应用型本科高校开设的通识教育理论课程主要包括公共基础课、公共选修课两大类。在公共基础课中，占绝大部分学分比重的课程均为国家教育行政部门规定必须开设的课程，如思政类课程、大学英语、计算机、体育等，真正能够体现通识教育色彩的课程学分比例很低；而在公共选修课中，由于受本校学科门类总数、师资状况的制约，人文科学、社会科学和自然科学等不同类别的通识教育课程在构成比例上存在较大差别。许多通识教育课程只是将各院系开设的专业课程原封不动地搬到通识教育课程中来。

3.3　师资问题制约了通识教育的深入开展

较之专业教育，通识教育课程对教师的知识结构、学术水平、人文素养及教学方法等方面提出了更高要求，由于受我国高等教育领域长期专业化教育思想的影响，目前各地方应用型本科高校教师在教育观念和知识结构上还无法适应承担通识教育课程教授任务的需要，因此真正能够承担通识教育课程的教师数量还十分有限。各地方应用型本科高校以应用型人才培养为第一要务，进一步强化了教师对专业教学和科研的重视程度，不愿承担通识教育课程的教学任务；而在现有重科研的教师考核体系中，教师将大量精力投入到科研工作中，即使承担了通识课程教学任务也无法深入研究通识课程教学方式方法的改革，教学方法单一，教学效果较差。

4　地方应用型本科院校实施通识教育的对策建议

4.1　更新教育观念，确立通识教育在应用型人才培养中的地位

观念是行动的先导，没有明晰的通识教育理念，就难以达成卓有成效的通识教育实践。通识教育表达的是一种"全人"的教育理想，即大学教育的目的在于培养适应社会需要的具有健全人格的合格公民。通识教育与专业教育是一种协调互补的关系，正如有些研究者所指出的，"科学是求真，人文是求善""善必然以真为基础……同时真必然以善为导向"。这里所言"以善为导向"，正是今天施行通识教育的特殊意义和价值所在。因此，一个人在成为专家之前，必须先接受教育而成为一个生理与心理、智力与情感等方面全面协调发展的人。地方应用型本科院校有必要开展全校性教育思想大讨论，就本科应用型人才的内涵、培养目标要求，特别是通识教育与专业教育之间的关系等问题进行深入而充分的研讨，消除广大教学管理人员和师生的观念误区，在此基础上采取循序渐进的方式逐步推进学校通识教育改革。

4.2　完善通识教育课程体系建设

享誉世界的斯坦福大学秉承通识教育理念，于 2013 年再次改革通识教育，实施新的通识教育方案，包括思维与行为方法、有效思考、写作与修辞、语言等四类必修课程，实现了教育从"重视学科"到"重视能力"的转变。清华大学李曼丽教授通过对北大、清华、人大、北师大四所院校的通识教育现状调查分析，认为通识教育的效果受到多方因素影响，通识教育课程与专业课程的比例、通识教育中的全校必修课与文化素质教育课程的比例须认真研究解决。结合国内外通识教育实施经

验，地方应用型本科院校应在进一步明晰通识教育内涵的基础上，整体筹划，科学设计，建立一套符合国情校情的通识教育课程体系，对学校现有通识课程进行必要的梳理，淘汰一批、改造一批、精选一批划拨专项经费予以重点建设。同时应充分发挥校园文化等隐性课程在通识教育中的重要作用。

4.3　加强师资队伍建设，培育通识教育教学梯队

作为通识教育课程实施主体的师资队伍建设状况如何将直接关系到地方应用型本科院校实施通识教育的成效。各地方应用型本科院校需通过制定政策、完善机制，努力加强通识教育课程师资队伍建设。首先，应建立"外引内培"机制。"外引"一是指以人才引进的方式吸引一批高素质能胜任通识课程教学的老师，二是指可充分利用学校区域办学资源，即可用足用好该片区众多高校的优质师资，实现通识教育师资资源跨校共享；"内培"即积极采取措施做好校内教师的培养培训工作，如组织通识课程师资讲习班，召开通识课程教学改革研讨会等，使老、中、青各年龄层次的教师构成合理梯队，共同投身于通识教育实践。其次，应建立激励机制，在教师评价考核指标体系中适当向通识课程教师倾斜，鼓励教师进行通识课程教育教学改革，并对成效突出者给予公开表彰。

参考文献

（1）刘学东. 新思维，新课程——斯坦福大学通识教育改革[J]. 清华大学教育研究，2014（10）.

（2）李有亮. 通识教育视阈下的应用型人才培养[J]. 高校教育管理，2014（1）.

（3）张慧洁，孙中涛. 我国大学通识教育研究综述[J]. 高等工程教育研究，2009（5）.

作者简介

焦银鸽，女，法学硕士，政工师，天津财经大学经济学院。

财税专业大学生创新创业能力培养研究

翟　文

内容摘要：通过分析财税专业大学生创新创业能力的构成和社会需求，总结了在创新创业培养中存在的课程设置不完善、教学师资力量不强、缺乏实践平台等问题，从课程、师资队伍和实践实训三个方面研究了创新创业型人才培养策略，给出了财税专业大学生创新创业能力培养的建议。

关键词：创新创业；能力构成；培养途径；实践平台

创新创业教育是 1989 年联合国教科文组织召开的"面向 21 世纪教育国际研讨会"提出的，是以培养创新创业精神和能力为核心的一种教育模式。加强创新创业教育是知识经济时代对高等教育的必然要求，更是实现大学生自身发展的迫切需要。创新创业型人才是实现"创新型国家"重大战略的关键一环，财税专业的大学生，与其他学科门类学生相比，专业可操作性更强，他们也表现出更加活跃的思维、更加敏锐的市场眼光、更强烈的创业意愿和更浓厚的创业兴趣。结合学生特点，探索适合财税专业大学生创新创业能力培养的有效途径，提高创业成功率，具有较强的现实意义。

1 财税专业大学生创新创业能力构成

1.1 创新能力构成

大学生的创新能力包括逻辑思维能力、理论分析能力、专业实践创新能力、专业知识及信息获取能力、专业创新感知能力等，具体对应到财税专业创新能力构成如表 1 所示。从表中我们可以看出，要充分激发财税专业大学生的创新意识，需要将创新教育与素质教育、专业教育相结合。以培养财税专业大学生职业发展综合能力为中心，深化专业技能、加强实践经验，是构成财税专业大学生创新能力的核心构成。

表 1　创新能力构成与财税专业创新能力构成

创新能力构成	财税专业创新能力构成
实践创新能力	解决财税专业实际问题的能力、行业改革创新的能力
逻辑思维能力	财税专业知识运用和拓展能力
理论分析能力	财税专业知识的分析能力、认知能力、判断能力
知识及信息获取能力	与财税专业相关的信息检索能力、信息处理能力

1.2　创业能力构成

创业能力包括专业技能和经营管理能力两方面。专业技能，现代市场经济的创业环境要求创业者具备捕捉商业机会、市场营销、财务管理、企业管理、风险控制、统计分析等相关知识。因此，财税专业大学生创业需要认真学习专业知识，同时也要系统掌握具有广泛实用性和可操作性的相关学科专业技能。

经营管理能力，主要是指财税专业类大学生需具备良好的决策能力，创业前，众多的创业目标需要分析比较，进而选择出最适合发挥其自身特长与优势的创业方向；创业过程中，需要将各类具有不同能力的人整合在一起，优化人员配置，进而形成配合默契的集体活动。

2　财税专业大学生创新创业能力培养中存在的问题

2.1　学生本身缺乏创新创业意识

受到传统应试教育的影响，部分财税专业大学生还停留在被动接受知识的学习状态，缺乏独立思考和创新意识，其创新创业的意愿、认知、兴趣、决心、理念等各个方面都比较匮乏，即使参加各类创新创业比赛，也是抱着为了比赛而比赛的错误观念，不能将成果延展到今后的实践中。

2.2　教育体系仍不完善

（1）创新创业课程设置不完善

一是课程涉及领域过窄，仅局限于专业知识，导致学生的综合素质欠佳；二是教材更新缓慢，不利于学生综合能力的提升；三是实践课程比重偏低，仅有与专业相关的创业选修课，而没有专业化、系统化的创业课程。

（2）创新创业教学的师资匮乏

师资作为创新创业教育的关键要素，既要有广博的理论知识，又要有丰富的社会阅历及实践经验。但是，现在的师资不论是数量还是知识结构方面都未能满足创新创业教育多学科结构的要求。绝大多数从事创新创业教育的教师都是兼职教师，他们往往很难全身心地投入到创业教育中。

2.3　实践环节较为薄弱

创新创业实践基地不足，很少有企业愿意提供机会，让学生学习实际的财税业务操作。大学、企业、其他机构、政府没有形成开放的、多方互动的合力结构。

3　财税专业大学生创新创业能力培养的有效途径

3.1　注重思想教育，完善创新创业教育体系

（1）加强思想政治教育，增强学生创新意识和创业精神

以思想教育为主线，从班主任、辅导员这条线着手，在日常班会、团日活动中融入创新意识及创业精神，正确引导同学们的创新方式与方法。通过成功案例的分享以及榜样人物的学习等，在班内校内形成良好的创新创业氛围。

（2）加强创新创业师资力量

要想加强学生的创新创业能力，首先要有一支具有较高创造性思维和创新精神的教师队伍，只有不断加强创新创业教育师资队伍建设，才能培养出具有创新素质的学生。加大创业型导师培养力度，注重创业教育，加大资金投入，引导并组织教师多参加校外实践和创业模拟活动，加强教师与财税相关事业单位的联系，提升教师的创业素养，优化创业人才培养的师资力量，从数量和质量上给予大学生创业支持和扶助。

（3）增设创新创业教育的课程，丰富学生创新创业理论知识

改革传统的教学模式，增设创业教育课程，采用创业案例进行教学，也可以定期举办"创业企业家交流论坛""与企业面对面"等活动，请创业成功人士与学生进行面对面的沟通，帮助学生分析创业成功与失败的原因，为学生提供理论指导。

3.2　开展多种形式竞赛，营造创新创业氛围

（1）鼓励同学们多参与各类竞赛

充分发挥"挑战杯"课外学术科技作品竞赛、创业计划竞赛、科技论坛、大学

生就业创业论坛等创新创业活动的作用。通过比赛锻炼同学们的创新创业实践能力，并且将理论与实践紧密结合，设置奖励机制，对在创新创业方面表现突出的同学，进行正面宣传和有效激励，从而激发同学们的创新创业兴趣。

（2）充分发挥大学生社团的作用，营造创新创业文化氛围

通过大学生科技社团，开展丰富多彩的课外科技实践活动，开阔学生视野，激发学生的积极性，培养学生创新创业素质，在培养过程中发现、培养一批骨干分子，发挥示范作用。

（3）开展各种创新创业教育专题活动，拓展创新创业教育载体

在校园文化中开展各种创新创业教育专题活动，以社会实践为纽带，将创新创业教育的目标、任务、内容、要求有机地融入到校园文化中来，开展创新创业实践活动。鼓励在校大学生创业，大力营造创业光荣的氛围，带动更多的学生融入创业浪潮。

3.3　结合校内外资源，搭建大学生创新创业实训平台

（1）校内平台建设

将创新创业教育教学纳入社会实践活动和毕业生上岗实习课程，以实践活动为载体，将创新创业教育与实验教学、毕业生上岗实习、毕业论文设计以及丰富多彩、形式多样的大学生创新创业大赛等第二课堂活动相结合，以此来加强校内创新创业教育平台的建设。同时，可在资金、场地、设备等硬件设施上给予大学生创业扶持，发动大学生和学校二者联合，形成学生开设创业工作室，学院建立创业指导中心这种联动的实践基地建设模式。此外，为了加强信息交流，可建立大学生创新创业教育服务网站，提供政策咨询及创业指导，推介创业商机，了解典型创业学子的创业动态，做好创业跟踪服务。

（2）校外创新创业教育平台的拓展

主要可以通过拓宽创业渠道，整合社会有利资源，建立大学生就业创业基地的方式，来帮助学生更多地接触社会、了解社会，在社会中历练并提高自身的综合素质。校外创业实践基地是学生融入社会大市场，参与经营竞争的主要场所。因此，高校要充分依靠良好的社会系统环境的支持，坚持走校企联合之路，加强校企合作，为更多的学生进行社会实践提供良好的机会，使其能更直观地了解企业及企业的运作。

4　结语

大众创业、万众创新正在成为中国经济增长的新引擎，建设创新型国家需要大力培养创新创业型人才，我们应从改革教育体制、完善政策支持体系、搭建公共服务平台，培育大学生创新创业能力，鼓励大学生创新创业，进一步释放全社会创新创业活力。

参考文献

（1）吴远征，李璐璐，董玉婷. 大学生创新创业的综述——研究、政策与发展 [J]. 中国林业教育，2015（11）：1～7.

（2）李勇，洪倩. 工商管理类大学生创新创业能力提升策略研究 [J]. 高等财经教育研究，2014（6）：24～27.

（3）杨霞，李洁. 经济管理类大学生创业能力培养与实践研究 [J]. 赤峰学院学报，2015（8）：208～211.

（4）李伟，胡利洲. 大学生创新创业教育研究 [J]. 湖北科技学院学报，2015（6）：96～99.

（5）郑春龙，邵红艳. 以创新实践能力培养为目标的高校实践教学体系的构建与实施 [J]. 中国高教研究，2007（4）：85～86.

（6）甘瑁琴. 工商管理类大学生就业能力的结构及培养路径研究 [J]. 教育与职业，2011（36）：88～89.

作者简介

翟文，女，1985 年生人，管理学硕士，天津财经大学珠江学院学工部，助教。邮箱：xiaowenzi_1985@126.com